INSTRUCTION

SUR

L'ORGANISATION

DES

HUISSIERS.

DE L'IMPRIMERIE DE MIGNERET,

RUE DU DRAGON, F. S. G., N.º 20.

INSTRUCTION

SUR

L'ORGANISATION

DES

HUISSIERS,

Sur les Devoirs qu'ils ont à remplir, sur la
Taxe des Frais qui les concernent, sur la
Formation et sur le Partage de leur Bourse
commune ; enfin, sur toutes les autres Lois
relatives à leurs Fonctions.

PAR UN MAGISTRAT.

A PARIS,

Chez NÈVE, Libraire de la Cour de Cassation,
Palis de Justice, N.º 9.

~~~~~~~~~~

1813.

INTRODUCTION.

L<small>E</small> décret sur la nouvelle organisation des Huissiers a été préparé avec le plus grand soin ; il a été précédé de toutes les précautions qui pouvaient améliorer le régime de ces officiers ministériels.

Par un premier décret du 18 juin 1811, contenant réglement sur les frais de justice criminelle, Sa Majesté l'Empereur avait ordonné au Grand-Juge Ministre de la justice de lui faire un rapport,

1.° « Sur l'organisation en communauté des » Huissiers résidant et exploitant dans chaque » arrondissement communal ;

2.° » Sur le nombre d'Huissiers qui doivent » être attachés au service des audiences des » Cours et Tribunaux ;

3.° » Sur les indemnités qu'il pourra y avoir » lieu d'accorder aux Huissiers - audienciers » pour leur service particulier ;

4.° » Sur les réglemens de police et de discipline nécessaires pour tous ;

5.° » Sur l'établissement d'une bourse commune entre tous les membres de chaque communauté d'arrondissement. »

Sa Majesté a voulu que préalablement le Grand-Juge prît l'avis de ses Cours impériales, et qu'elles fussent obligées de lui transmettre leurs délibérations (1).

Les Cours impériales ont été consultées par Son Excellence ; les observations et les propositions qu'elles lui ont adressées, ont été examinées par une commission composée de trois Magistrats de Paris. C'est après ces sages précautions, que le Ministre de la justice a soumis à Sa Majesté le projet de décret qu'elle a d'abord envoyé à son Conseil-d'État, et ensuite approuvé le 14 juin 1813.

Ce décret, qui comprend tous les Huissiers sans exception, depuis ceux de la Cour de cassation, jusqu'à ceux qui se trouvent attachés aux justices de paix inclusivement, se divise en trois titres. Avant d'en faire connaître les principales dispositions, il n'est pas hors de propos de dire quelque chose du peu de considération que semble accorder aux Huissiers l'opinion presque générale ; de faire sentir la nécessité de relever cet état, et de le placer dans la société d'une manière convenable ; enfin, d'indiquer les moyens que doivent employer les Huissiers eux-mêmes, pour parvenir à cet heureux résultat.

_____

(1) Voir l'art. 65 du décret du 18 juin 1811.

1.º L'Huissier est un officier ministériel, revêtu d'un caractère public, dont les attributions émanent directement de l'Empereur; un officier qui assiste les Magistrats, qui contribue véritablement à l'administration de la justice, puisque c'est par son ministère que les procès sont introduits, qu'ils sont en partie instruits, et que les jugemens sont exécutés. Un Huissier exerce donc un état honnête, et qui ne doit pas être dédaigné; tout ce qui environne la justice doit né essairement être honoré, et se ressentir de nité des Magistrats.

Le minis de l'Huissier exige de l'intelligence, de l'instruction dans sa partie, et une probité sans le moindre reproche. Quelles sont, en effet, les premières qualités d'un Huissier estimable? Il sait libeller avec ordre et précision l'exploit qui fait la base du procès; il énonce clairement l'objet de la demande et les motifs sur lesquels elle repose; il évite par conséquent les exceptions de nullité et tous les autres incidens qu'une assignation mal rédigée occasionne si souvent avant d'arriver à la question du fond; il ne donne pas lieu aux frais de ces incidens, qu'on peut considérer comme autant de procès particuliers entés sur la contestation principale; il procède avec régularité dans les saisies-exécutions, dans les expropriations forcées, et dans toutes autres opérations de cette nature, dont

plusieurs sont épineuses ; il évite par conséquent encore ces nombreuses difficultés qui
naissent de l'inobservation des formes ; il accé-
lère par ce moyen les poursuites ; il épargne
encore des frais au débiteur, et autant qu'il est
en lui, il procure au créancier la prompte rentrée de ses fonds.

Un bon Huissier est un homme qui remplit
souvent un ministère paternel parmi la classe
la plus nombreuse et la moins aisée ; il est le
premier dépositaire de la confiance des parties ;
il connaît leurs secrets, leurs peines, leurs in-
tentions ; il est presque toujours le maître de
les diriger, lorsque les difficultés ne s'étendent
pas au-delà d'un certain cercle, et on sait que
ces sortes d'affaires sont en très-grandnombre ; il
engage les parties à se rapprocher, en employant
tous les moyens licites qu'il croit propres à y
parvenir ; il les concilie sur leurs différends, et
rétablit entr'elles la bonne intelligence.

Quelle jouissance pour cet Huissier qui parvient ainsi à empêcher deux parties de plaider,
au moment même où elles ont fait le premier
pas, et qui les voit s'éloigner du précipice,
contentes l'une de l'autre et de lui-même !
C'est alors qu'il honore son état, et que d'un
instrument de guerre judiciaire, il fait un instrument de conciliation et de paix.

Si cependant, comme on ne peut se le dissimuler, cette profession est frappée de quelque défaveur, il n'en faut chercher la cause que dans la conduite de quelques-uns de ses membres qui font ainsi refluer sur le corps entier une peine qu'eux seuls devraient subir individuellement.

2.º Le moment est enfin arrivé de faire cesser toute idée défavorable sur ces officiers de justice, dont on veut perfectionner le régime, et relever l'état. C'est à ceux qui sont restés fidèles à leurs devoirs au milieu des exactions et des injustices de tout genre, dont on a eu, il faut en convenir, trop souvent à se plaindre, qu'il appartient de régénérer leur profession. Tout va concourir au rétablissement qu'ils désirent. L'intention bien prononcée du Gouvernement, est d'améliorer cette institution, et de la purger de tous ceux qui méritent d'en être exclus: il veut que tous les officiers qui tiennent à l'ordre judiciaire soient honorés, parce que rien de ce qui environne la justice ne doit être avili.

Mais pour que les Huissiers soient honorés, pour qu'ils ne rougissent plus de leur état, il faut qu'ils se prêtent aux vues du Gouvernement; il faut qu'ils se rendent honorables: lorsqu'on verra par les effets combien leur institution pouvait devenir utile à l'ordre social, et combien elle était nécessaire à l'administra-

b..

tion de la justice, au maintien des lois, et à leur invariable exécution ; alors ils occuperont dans la société un rang qui les fera considérer.

3.º Pour atteindre ce but si important, les Huissiers ont deux règles principales de conduite à observer : d'abord un grand fond de probité et de délicatesse ; d'apporter ensuite dans l'exercice de leurs fonctions les connaissances nécessaires, tout le zèle possible ; en un mot, le sentiment de tous leurs devoirs.

Il ne suffit pas de faire strictement ce que la loi prescrit, et de s'abstenir des choses qu'elle défend : c'est le rempart ordinaire des gens de mauvaise foi. Combien de cas que la loi ne peut prévoir ! Il est impossible qu'elle descende jusqu'aux plus minutieux détails. Lorsqu'elle devient muette, et que l'Huissier ne veut pas prendre d'autre guide, combien il lui est facile de faire le mal avec impunité ; mais l'Huissier qui ne consulte que sa conscience, est lui-même son législateur ; lorsque la loi positive ne peut plus étendre son empire, il sait discerner ce qui est bien, d'avec ce qui est mal ; dans l'ombre, comme en public, il s'abstient de tout ce qui répugne à l'honnête homme ; il rejette fièrement toute proposition clandestine, quand elle est injuste ; il ne transige point avec ses devoirs, ni pour en rétrécir le cercle, ni pour le dépasser. Les hommes probes et intelligens ennoblissent toutes les fonctions.

On peut dire qu'un Huissier sera parfaitement honnête, et qu'il s'attirera l'estime des Magistrats et du public, s'il suit le plan de conduite que nous allons tracer.

Ce plan se réduit à-peu-près à ces quatre points principaux :

1.º Devoirs envers les Magistrats ;

2.º Devoirs envers les parties qui chargent l'Huissier d'instrumenter ;

3.º Devoirs envers les débiteurs, prévenus ou accusés ;

4.º Devoirs de l'Huissier envers tous ses confrères, et envers la société en général.

Nous allons présenter dans le même ordre, les principaux devoirs qui peuvent être renfermés dans chacune de ces divisions.

§. I.er *Devoirs des Huissiers envers les Magistrats.*

Après la probité la plus scrupuleuse, un Huissier doit mettre au rang de ses premiers devoirs, le respect et la soumission qu'il doit aux Magistrats en général, et particulièrement à ceux auprès desquels il est placé.

Le respect ne consiste pas seulement dans des signes extérieurs produits par la présence des juges, mais il se manifeste dans toutes les circonstances. L'Huissier ne doit jamais oublier que pour que la justice soit respectée, il faut que les hommes qui rendent ses décisions soient toujours environnés de la plus grande considération.

La soumission consiste à exécuter ponctuellement tous les ordres qui sont donnés, soit pour le service intérieur des audiences, soit pour des commissions particulières, soit enfin pour tout autre objet relatif à l'administration de la justice, au bon ordre, et à la discipline qui doit exister parmi les Huissiers.

§. II. *Devoirs des Huissiers envers les parties qui les chargent d'instrumenter.*

L'Huissier a également des devoirs importans à remplir envers ses cliens ; s'il s'en acquitte loyalement, il veille à leurs intérêts comme s'il agissait pour lui-même. Ainsi, il met dans la confection de ses exploits et de ses poursuites, toute la diligence possible, parce qu'un moment de retard peut causer à sa partie le plus grand préjudice, et qu'elle aurait droit dans ce cas à des dommages-intérêts. Il sait, suivant les circonstances, interposer sa médiation entre la passion de sa partie, et la position de la personne contre laquelle il est chargé de faire des

poursuites ;, afin de concilier la modération de
son ministère avec les intérêts de son client ; il
n'a jamais pour le débiteur d'indulgence répréhensible ; il ne s'entend jamais avec celui-ci ,
ni pour lui donner le temps de soustraire, ou
sa personne à l'emprisonnement, ou ses meubles à la saisie, ni pour qu'il se prémunisse
de toute autre manière contre les poursuites
qui sont dirigées contre lui. Loin d'un honnête
Huissier, toute proposition d'accommodement
dans son intérêt particulier ; loin de lui toute
idée de recevoir une récompense quelconque
pour suspendre la procédure, ou pour lui donner une direction oblique en faveur du débiteur ; loin de lui encore tout sentiment de pure
compassion qui n'est pas combattu par la légitimité de l'action du créancier , et par tous les
autres motifs qui doivent le déterminer à employer les voies de rigueur , accompagnées néanmoins de tous les ménagemens qu'il est possible
d'avoir sans compromettre les intérêts de sa
partie.

L'Huissier ne doit pas encore , ou par un
excès de zèle , ou dans la vue de se procurer
une affaire plus considérable et plus produc-
tive , excéder les pouvoirs qui lui sont donnés :
il doit se renfermer dans le cercle des actes et
des démarches qui sont nécessaires pour arriver
au but que sa partie se propose d'atteindre ;

autrement il s'exposerait aux reproches de sa conscience, au désaveu de cette partie, et peut-être à des dommages-intérêts.

§. III. *Devoirs des Huissiers envers les débiteurs, prévenus ou accusés.*

Les devoirs de l'Huissier embrassent aussi sa manière d'agir envers le débiteur, le prévenu ou l'accusé; il ne doit pas exciter le créancier à diriger des poursuites, en lui peignant le débiteur sous des couleurs odieuses, ou en employant toute autre voie; ce qu'il est tenu de faire se borne à lui donner sagement les conseils dont il a besoin, pour arriver soit au paiément, soit à toute autre fin; il doit prendre toutes les précautions nécessaires pour exécuter les ordres de la justice, ou pour le succès de l'action de sa partie.

Il faut qu'il ait soin de ne rien négliger pour faire une exacte perquisition des personnes ou des choses à saisir, et qu'il ait toute la fermeté convenable : cependant, s'il ne doit pas s'apitoyer avec trop de facilité, il ne lui est pas interdit de compatir au malheur; le véritable esprit de la loi, veut, au contraire, qu'il procède sans passion et sans rudesse; il peut, par le calme de sa conduite et par certains procédés permis, se faire estimer même de celui qu'il poursuit, et rendre son sort moins malheureux. Ses fonctions sont pénibles sans doute dans de telles circonstances; il en coûte à un homme sensible d'agir avec rigueur, mais son ministère devient moins désagréable lorsqu'il se comporte avec tous les égards que l'infortune demande, et qu'il parvient à rendre ses poursuites plus supportables.

Un Huissier serait bien répréhensible et même bien coupable, s'il maltraitait un individu qu'il est chargé d'exécuter ou d'emprisonner. Il ne lui est pas permis d'être plus rigoureux que la loi, et par conséquent d'aggraver arbitrairement la position d'un malheureux déja trop accablé par le sort. Il doit éloigner tout sentiment de vengeance ou de récrimination, et se rappeler toujours qu'il n'agit pas en son nom personnel, mais dans l'intérêt d'un tiers. Il y aurait de la lâcheté à profiter d'une telle occasion, pour se venger d'un ennemi qui ne pourrait opposer aucune défense.

§. IV. *Devoirs de l'Huissier envers ses confrères.*

Le bon ordre et l'intérêt même de tous les Huissiers, exigent qu'ils vivent entr'eux dans une parfaite intelligence; qu'ils s'aident mutuellement de leurs conseils; qu'ils se prêtent des secours et se rendent toute espèce de service;

qu'ils ne voient jamais d'un œil d'envie la prospérité de tel ou tel de leurs confrères ; qu'ils ne s'enlèvent point l'un à l'autre la confiance des parties, soit par intrigue ou par ruse, soit par tout autre moyen que la probité ne peut approuver : en entretenant ainsi la bonne harmonie parmi les hommes d'une même corporation, chacun y trouvera incontestablement son avantage particulier sous le rapport des relations qui existent entr'eux, et sous le rapport du contentement intérieur que produit toujours l'union entre des confrères.

Enfin, un Huissier véritablement probe n'est jamais d'intelligence, ni avec ses confrères, ni avec des gens d'affaires, ni avec toutes autres personnes, pour augmenter les produits de son état par des manœuvres que la loi et la conscience proscrivent. Il s'en tient à son gain légitime, et s'il ne néglige rien pour l'acquérir, on ne le voit point non plus s'immiscer dans ces spéculations ténébreuses qui ne reposent que sur des actes simulés et sur des prête-noms ; il ne trompe jamais la crédulité ou la bonne-foi du public. En un mot, il ne connaît ni la fraude, ni l'astuce ; il remplit toutes ses fonctions avec franchise et loyauté. C'est en se conduisant de cette manière, qu'il parvient à mériter l'estime des Magistrats et la considération publique.

Passons maintenant à l'analyse que nous avons

annoncée, du décret sur l'organisation des Huissiers.

Observations sur le nouveau Réglement.

Le décret du 14 juin 1813, a pour but l'amélioration de l'institution des Huissiers. Voici,
en substance, ses dispositions principales :

1.º Les Huissiers d'un même arrondissement
sont tous destinés au service de chacune des
juridictions qui y sont établies ; ils ont tous
les mêmes droits et les mêmes obligations, et il
n'existe plus entr'eux aucune distinction : cependant il en est choisi chaque année un certain nombre par les Cours et Tribunaux, pour
faire le service intérieur des audiences, et qui
sont appelés *Huissiers-audienciers.*

2.º Les Huissiers-audienciers étant obligés
d'employer la majeure partie de leur temps au
service des audiences, et ne pouvant faire à l'ex-
térieur que peu d'actes de leur ministère, reçoivent une indemnité qui n'est point accordée aux
autres : la dénomination et l'indemnité particulières qui semblent les distinguer, ne détruisent
pas néanmoins l'égalité parfaite qui existe entre
tous, parce que tel qui n'est pas audiencier cette
année, pourra l'être l'année suivante, et celui
qu'il remplacera, perdra l'espèce de privilège
dont il jouit, et rentrera dans la classe générale.

Ces places étant amovibles, les Huissiers qui seront chargés de les remplir chercheront à justifier la confiance dont ils se trouveront honorés. Ceux au contraire qui n'auront que l'expectative d'y être nommés, se conduiront de manière à fixer le choix des Cours et Tribunaux.

3.º Le nombre des Huissiers sera réduit, parce qu'il est assurément trop grand. On connaît tout le mal qui en résulte, et pour eux-mêmes et pour la société. Il en est qui vivent dans une indigence humiliante, faute de travail suffisant : d'autres croient trouver dans le besoin l'excuse de leurs infractions journalières. En réduisant leur nombre, chacun d'eux pourra se procurer un travail plus considérable, et par conséquent une occasion de vivre avec plus d'aisance. On ne verra plus de ces officiers dont la misère éloignait la confiance et inspirait la pitié.

4.º Il y a communauté entre tous les Huissiers d'un même arrondissement, et chaque communauté a une chambre de discipline. Outre le bienfait de la réduction des Huissiers, cette chambre de discipline sera d'une utilité incontestable. On voit le bon effet que produisent des établissemens semblables parmi les notaires et les avoués. Il est une foule de petites contraventions qui peuvent échapper à la surveillance du ministère public, et que la chambre est plus à portée de découvrir par ses relations avec le corps entier. Chaque Huissier contrevenant sera jugé par ses égaux, sauf l'intervention des Tribunaux dans les cas graves. La chambre maintiendra le bon ordre parmi les Huissiers ; elle fera cesser leurs différends ; elle veillera à ce qu'il ne se commette aucune action contraire à l'honneur et aux intérêts de la communauté ; cette chambre enfin établira entre les Huissiers une espèce de solidarité morale, et ils s'attireront dans la société un certain degré de considération dont tout honnête homme doit être jaloux.

5.º Le décret établit une bourse commune entre tous les Huissiers de chaque arrondissement, pour une quotité déterminée de leurs bénéfices. Les produits en sont repartis dans des proportions convenables, entre les membres de la communauté, et eu égard au service particulier dont quelques-uns d'eux sont chargés. Ce nouvel établissement produira encore un effet bien salutaire, car celui qui n'aura pas un grand nombre d'affaires sera dédommagé, en partie, par le gain que la bourse lui procurera : on ne verra plus des Huissiers transiger secrètement avec des avoués sur les rétributions que la loi leur accorde, afin d'éviter la concurrence avec leurs confrères. Rien n'était plus propre à faire cesser cet abus hon-

teux et à diviser le travail, que d'obliger tous
les Huissiers à verser dans la bourse commune,
les deux cinquièmes de tous leurs émolumens.

Telles sont les innovations les plus saillantes
que contient la nouvelle organisation ; ces
points principaux sont suivis de dispositions
moins essentielles, mais pourtant nécessaires,
et qui sont également nouvelles, ou renou-
velées et remises en vigueur sur d'anciens
réglemens. Parmi ces dispositions secondaires,
on remarque celles qui prescrivent aux Huissiers, sous des peines proportionnées, de ne
donner que des copies lisibles et correctes ; de
porter et remettre eux-mêmes les copies des
actes qu'ils signifient. Ces deux objets importans ont été jusqu'à présent bien négligés. Il
était le plus souvent dérisoire de présenter des
copies entièrement indéchiffrables : autant
eût-il valu qu'elles fussent écrites dans une
langue inconnue. Il en résultait des abus que
l'on signalera dans les observations sur l'art. 43
du décret.

En second lieu, presque tous les Huissiers
sont dans l'usage de faire porter leurs copies par
des clercs ou par d'autres individus. Cette habitude est tellement générale, que l'exécution
du décret sur ce point leur semble difficile ;
mais il faut absolument qu'ils remplissent un
devoir dont ils n'auraient jamais dû s'écarter,

Combien est-il important en effet que les copies soient remises par l'Huissier! S'il en charge
un tiers quel qu'il soit, ne peut-il pas en résulter de graves inconvéniens pour la partie?
C'est à celui que la loi charge d'exploiter, à
remplir cette mission; s'il ne le fait pas, il
commet deux fautes qui doivent être punies;
il expose les intérêts des parties; il ment à la
justice, en attestant qu'il a lui-même donné la
copie; il fait un faux évident.

Telle est l'analyse des principales dispositions
du décret du 14 juin; on ne tardera pas à en
ressentir les avantages; il va porter dans toutes
les parties du régime des Huissiers une vigueur
nouvelle; il fera disparaître tout ce qui pouvait le rendre défavorable. Il va devenir la bous-
sole des Huissiers, et formera un point central qu'ils ne perdront jamais de vue dans toutes leurs démarches et dans tous leurs actes.

Nous terminerons par observer que notre
ouvrage est divisé en deux parties:

La première contient le texte du décret d'organisation, avec des notes au bas de chaque
article, pour en faciliter l'exécution.

La seconde, est un supplément dans lequel
se trouvent, 1.º les lois ou dispositions de lois
dont la connaissance est nécessaire aux Huissiers pour l'exercice de leurs fonctions, avec
des notes pour faire saisir les rapports qu'elles

ont, soit entr'elles, soit avec le décret d'organisation.

2.º Le tarif des frais alloués aux Huissiers, tant en matière civile, qu'en matière criminelle, correctionnelle et de police, avec les éclaircissemens propres à prévenir les moindres erreurs dans la taxe de toute espèce de frais.

3.º Une instruction particulière sur la manière dont ils doivent rédiger leurs mémoires, en conformité des modèles que le Grand-Juge Ministre de la justice a fait faire exprès pour les Huissiers, et auxquels ils sont obligés de se conformer exactement, sous peine de rejet, lorsqu'ils adressent à Son Excellence des mémoires de frais à la charge des fonds généraux de justice.

NOUVEAU CODE

DES HUISSIERS,

Du 14 juin 1813.

Décret impérial portant Réglement sur l'Organisation et le Service des Huissiers.

TITRE PREMIER.

DE LA NOMINATION, DU NOMBRE ET DE LA RÉSIDENCE DES HUISSIERS.

§. I.er *De la Nomination et du Nombre des Huissiers.*

ARTICLE PREMIER.

Les Huissiers institués pour le service de nos Cours impériales et prévôtales, et pour tous nos Tribunaux, seront nommés par nous.

OBSERVATIONS. On voit que cette disposition ne concerne point les Huissiers au Conseil-d'Etat, dont les fonctions sont tout-à-fait par-

1

ticulières, et sortent du cercle ordinaire des attributions des Huissiers en général : le décret
impérial du 22 juillet 1806, détermine l'étendue de leur ministère.

Il n'est pas non plus question ici des individus qui portent également la qualification
d'Huissier, et qui sont attachés au Sénat-Con-
servateur, au Corps-Législatif, et au service des
Ministres de Sa Majesté. Leurs obligations et
leurs devoirs sont d'une espèce toute différente,
et ils ne peuvent faire aucun exploit, ni aucun
service intérieur dans les Cours et Tribunaux.

A r t. I I.

Ils auront tous le même caractère, les
mêmes attributions, et le droit d'exploiter
concurremment dans l'étendue du ressort
du Tribunal civil d'arrondissement de
leur résidence.

Néanmoins nos Cours et Tribunaux
choisiront parmi ces Huissiers, conformément au titre V de notre décret du
3o mars 1808, ceux qu'ils jugeront les
plus dignes de leur confiance, pour le
service intérieur de leurs audiences.

OBSERV. — *Ils auront tous le même carac-*

tère. Ainsi point de distinction au premier aspect; il y a un certain nombre d'Huissiers dans chaque arrondissement, pour le service de tous les Tribunaux qui y sont établis, soit supérieurs ou inférieurs, soit civils, commerciaux ou criminels, sans excepter même la Haute-Cour impériale et la Cour de cassation. Point de distinction non plus dans leurs attributions en général; ils ont tous les mêmes obligations et les mêmes devoirs à remplir; ils jouissent des mêmes avantages; aucun d'eux ne peut avoir un privilège quelconque qui soit interdit aux autres, sauf les modifications qui résultent de la seconde partie de l'article.

Autrefois, et avant 1789, il y avait plusieurs classes d'Huissiers; les uns étaient attachés exclusivement à telle juridiction, et avaient le privilège d'exploiter même au-delà du ressort; les autres appartenaient à tel autre siège de justice, et l'étendue de leurs fonctions était plus ou moins circonscrite.

Depuis le Gouvernement constitutionnel il y avait encore quelques distinctions entr'eux, quoiqu'il y eût pourtant beaucoup plus d'unité qu'auparavant. La loi du 29 janvier 1791, celle du 19 vendémiaire an 4, l'arrêté des Consuls du 22 thermidor an 8, le règlement du 30 mars 1808, ceux des 6 juillet 1810, 18 juin 1811, et d'autres encore que les circonstances exi-

1..

geaient, ont apporté des modifications qui, tout en perfectionnant cette partie de la législation, n'approchaient pas du point essentiel que ce décret à heureusement saisi.

Il convient en effet de remarquer que, entr'-autres lois sur cette matière, et en se reportant aux plus récentes, les *réglemens* des 30 mars 1808 et 6 juillet 1810 ne concernaient exclusivement que les Huissiers-audienciers. Aujourd'hui il s'agit de tous les Huissiers sans exception ; cependant ces réglemens ne sont pas abrogés ; ils sont toujours applicables aux Huissiers-audienciers, en ce qui n'est pas contraire à la loi nouvelle, comme on le voit dans la seconde partie de cet article, et dans les autres dispositions ci-après.

Néanmoins nos Cours et Tribunaux, etc. Cette seconde partie donne lieu à quelques remarques principales. On voit, 1.º que tous les Huissiers, quels qu'ils soient, sont obligés par leur seule qualité, de faire le service des audiences, et que cette obligation leur donne à tous le même droit aux avantages qu'il peuvent en retirer.

2.º Qu'aucun d'eux ayant obtenu le titre d'Huissier-audiencier, et en se prévalant de ces avantages, ne peut plus prétendre à une sorte de suprématie envers les autres, puisqu'il exerce ses fonctions particulières au nom de tous ; et d'ailleurs on va voir que cette suprématie ne serait qu'annuelle, parce que les Huissiers-audienciers sont renouvelés tous les ans, avec le droit néanmoins d'être réélus.

3.º Que ceux qui, par des motifs quelconques, voudraient ne pas être assujettis au service intérieur des audiences, ne peuvent plus s'y soustraire lorsqu'ils sont désignés par les Magistrats.

4.º Que ceux qui seront choisis pour les audiences, ne le pourront être que par suite des bonnes qualités qui les auront fait remarquer ; que cette distinction leur sera avantageuse, même à l'égard du public dont ils s'attireront plus facilement la confiance, et que tous ayant le droit d'aspirer à la même faveur, seront intéressés à se rendre irréprochables dans leur conduite.

Ainsi d'après cet article, le décret du 30 mars 1808 sera donc encore exécuté quant aux Huissiers-audienciers.

L'art. 94 de ce décret porte : « Nos Tribunaux de première instance désigneront, » pour le service intérieur, ceux de leurs Huissiers qu'ils jugeront les plus dignes de leur » confiance. »

Il faut observer que le mode de désignation des Huissiers, pour le service des Cours d'Assises et spéciales, se fera d'une manière parti-

culière, comme on le verra par l'article 21 ci-
après.

ART. III.

Les Huissiers ainsi désignés par nos
Cours et Tribunaux, continueront de porter le titre d'*Huissiers-audienciers* : ils
auront pour ce service particulier, une
indemnité qui sera réglée par les articles 93, 94, 95, 96 et 103 ci-après.

OBSERV. — Nous ferons quelques réflexions
sur cette indemnité, en nous occupant de ces
cinq articles. Ainsi nous nous contentons d'y
renvoyer.

ART. IV.

Le tableau des Huissiers-audienciers
sera renouvelé au mois de novembre de
chaque année : tous les membres en exercice seront rééligibles; ceux qui n'auront
pas été réélus rentreront dans la classe des
Huissiers ordinaires.

OBSERV. — Ce renouvellement annuel aura
donc lieu immédiatement après la rentrée des
Tribunaux; c'est-à-dire, après le temps des

vacances. Il se fera en entier, à la différence de
celui des membres de la chambre de discipline
établie par le titre III du décret, lesquels sont
renouvelés par tiers chaque année.

Cet article est sagement conçu : *Tous les*
membres sortans seront rééligibles : c'est ici
qu'on voit se réaliser, en quelque sorte, les
avantages dont nous venons de parler sur l'article 2, et nous pouvons ajouter, 1.º que l'Huissier-audiencier cherchera à continuer de mériter
ter la confiance des Magistrats, pour être réélu ;
que pour son intérêt même et en laissant de
côté son amour-propre, il pensera bien que s'il
se trouvait replacé parmi les Huissiers ordinaires, pour cause de mécontentement, ce
serait une sorte de disgrace que le public ne
saurait ignorer, et dont les effets lui seraient
toujours nuisibles. 2.º Que les Huissiers ordinaires ayant le droit d'arriver chaque année au
même degré que les audienciers, ils chercheront également à se distinguer par la pureté de
leur conduite, et qu'enfin il existera pour les
uns et pour les autres un motif d'encouragement
et d'émulation.

L'article ne parle pas du remplacement d'un
Huissier-audiencier en cas de mort, démission,
interdiction ou destitution dans le cours de
l'année, et en attendant le renouvellement ;
mais il est facile de voir que ce remplacement

aura lieu par une désignation provisoire dont
l'effet devra cesser à la prochaine élection : c'est
là l'esprit du décret; car on ne pourrait pas ima-
giner qu'il fallût attendre l'époque de cette
élection, malgré le besoin du service.

ART. V.

Les Huissiers qui seront en activité lors
de la publication de notre présent décret,
continueront provisoirement l'exercice de
leurs fonctions; mais ils ne seront maintenus qu'après avoir obtenu de nous une
commission confirmative.

A cet effet, ils remettront, dans les trois
mois de ladite publication, tous les titres
et pièces concernant leurs précédentes
nominations et réceptions, au greffe du
Tribunal de première instance de leur résidence.

Ils y joindront leur demande en commission confirmative ; et le greffier leur
donnera récépissé du tout.

Notre Procureur près le Tribunal de
première instance enverra cette demande,
avec l'avis du Tribunal, à notre Procu-

reur-général, qui prendra l'avis de la Cour impériale, et adressera le tout à notre Grand-Juge Ministre de la Justice.

OBSERV. — PARMI les Huissiers il y en a qui exercent depuis long-temps; qui ont reçu leur première commission sous l'ancien régime, et qui depuis ont été maintenus plusieurs fois, et aux différentes époques où l'ordre judiciaire à éprouvé des changemens. Ceux-là auront à produire, avec le décret de leur dernière nomination, toutes les pièces anciennes relatives à leurs précédentes commissions.

Quant à ceux qui n'exercent que depuis quelques années, ils ne pourront produire que la seule commission dont ils sont porteurs.

Ce sera par l'examen de ces pièces et des renseignemens qui y seront joints, que la maintenue définitive pourra être accordée.

Ainsi l'article, par les mots *titres et pièces*, n'entend pas le certificat ou brevet d'inscription de la caisse d'amortissement, pour raison du cautionnement, ni la quittance délivrée à ce sujet.

ART. VI.

Lorsque la liste des Huissiers auxquels nous aurons accordé la commission confirmative, aura été renvoyée par notre Grand-Juge à notre Procureur-Général, ceux qui ne se trouveront point sur la liste seront tenus de cesser leurs fonctions, à compter du jour où la notification leur en aura été faite à la diligence du ministère public. Cette même liste sera de plus affichée dans la salle d'audience, et au greffe de la Cour ou du Tribunal.

OBSERV. — CET article ne fixe pas précisément le nombre des Huissiers pour l'avenir, ainsi qu'on va le voir aux articles 8 et 9 ci-après : il ne présente seulement qu'un mode d'épuration parmi eux. Il écarte ceux dont la conduite est repréhensible ; il maintient dans leurs fonctions ceux qui ont rempli leurs devoirs : c'est après ce choix qu'on s'occupera de fixer en définitif le nombre des Huissiers, et le mode de réduction.

ART. VII.

Chacun des Huissiers qui auront obtenu la commission confirmative, prêtera, dans les deux mois, à compter du jour où la liste aura été affichée, et ce à l'audience de ladite Cour ou dudit Tribunal, le serment de fidélité à l'Empereur, et d'obéissance aux constitutions de l'Empire, ainsi que celui de se conformer aux lois et réglemens concernant son ministère, et de remplir ses fonctions avec exactitude et probité.

OBSERV. — LES Huissiers qui se trouveront sur la liste, ne seront pas considérés comme entrant nouvellement en exercice, mais seulement comme étant maintenus dans leurs fonctions : en conséquence, il n'y aura d'autre innovation à leur égard, que la prestation de serment ; ils ne seront pas assujettis à de nouvelles formalités pour raison de leur cautionnement, puisqu'ils les ont précédemment remplies. Il n'y aura en un mot aucune interruption dans l'exercice de leurs fonctions ; ils pourront instrumenter la veille de leur serment, le jour même avant ce serment : d'où on voit la différence qu'il y a entr'eux et l'aspirant qui vient d'obte-

nir sa nomination , puisque celui-ci ne peut
exercer qu'après sa prestation de serment, ainsi
que le prescrit l'article 12 ci-après.

D'après cet article , les Huissiers-audienciers
maintenus continueront leur service près les
Cours et Tribunaux , jusqu'au renouvellement
ordonné par l'article 4. Ils doivent prêter leur
serment devant les magistrats auxquels ils sont
particulièrement attachés.

Quant aux Huissiers ordinaires , ils prêteront
leur serment au Tribunal de première instance.

Cette distinction n'aura lieu que pour cette
fois seulement, parce qu'à l'avenir, l'Huissier
nommé prêtera son serment au Tribunal de
première instance , ainsi qu'il est dit à l'art. 11.

Art. VIII.

Notre Grand-Juge Ministre de la Justice, après avoir pris l'avis de nos Cours,
et les observations de nos Procureurs-
Généraux , nous proposera la fixation
définitive du nombre des Huissiers qu'il
doit y avoir dans le ressort de chaque
Tribunal civil d'arrondissement.

OBSERV. — Tout le monde sent la nécessité
d'une réduction dans le nombre des Huissiers.
Celui existant entraîne de graves inconvéniens,

qui disparaîtront dans le nouvel ordre de choses
à cet égard. Cette profession sera plus considérée, parce qu'elle sera exercée par des hommes
choisis qui, par leur travail, trouveront les
moyens de se procurer une existence honnête,
et ne seront plus exposés à une détresse qui en
a conduit quelques-uns à des actions répréhensibles.

La réduction, comme il est dit à l'article
suivant, ne se fera pas de suite ; elle produirait
un changement trop subit, qui froisserait les
intérêts les plus essentiels d'un grand nombre
de familles.

Art. IX.

Si le nombre des Huissiers maintenus
d'après l'article 6, excède celui qui sera
définitivement fixé par nous en exécution
du précédent article, la réduction à ce
dernier nombre ne s'opérera que par
mort, démission ou destitution.

Observ. — Ainsi, toutes les fois que les
Huissiers d'un arrondissement ne seront pas réduits au nombre définitivement fixé, il ne pourra
pas être nommé de nouveaux Huissiers. Les aspirans qui se destineront à cette profession, seront obligés d'attendre qu'il y ait une place va-

cante, sans cela on n'arriverait jamais à la réduction jugée nécessaire, tant pour l'intérêt des Huissiers, que pour celui de la société.

ART. X.

A l'égard de ceux qui aspireront, à l'avenir, aux places d'Huissiers ordinaires, les conditions requises seront :

1.º D'être âgé de vingt-cinq ans accomplis;

2.º D'avoir satisfait aux lois de la conscription militaire ;

3.º D'avoir travaillé, au moins pendant deux ans, soit dans l'étude d'un notaire ou d'un avoué, soit chez un Huissier, ou pendant trois ans au greffe d'une Cour impériale ou d'un Tribunal de première instance ;

4.º D'avoir obtenu de la chambre de discipline, dont il sera parlé ci-après, un certificat de moralité, de bonne conduite et de capacité.

Si la chambre accorde trop légèrement ou refuse sans motif valable ce certificat, il y aura recours au Tribunal de première instance, savoir : dans le premier cas, par le Procureur-Impérial, et, dans le second, par la partie intéressée. En conséquence, le Tribunal, après avoir pris connaissance des motifs d'admission ou de refus de la chambre, ainsi que des moyens de justification de l'aspirant, et après avoir entendu notre Procureur-Impérial, pourra refuser ou accorder lui-même le certificat, par délibération dont copie sera jointe à l'acte de présentation du candidat.

OBSERV. — LES fonctions d'Huissier ne sont pas aussi faciles à bien remplir, que beaucoup de gens se l'imaginent. Sans doute elles n'exigent pas de vastes connaissances, mais elles demandent du bon sens, la science élémentaire du droit, l'habitude des affaires, la pratique bien exercée des principaux actes de la procédure, et la manière de les rédiger purement et avec précision.

C'est pour cela que les lois exigent un certain temps de travail de la part de celui qui veut se faire admettre à ces fonctions, et le décret a même prolongé ce temps d'étude.

En effet, l'article 122 du Décret impérial du 6 juillet 1810 porte : « Ne pourront également » être nommés Huissiers, ceux qui n'auront pas

» travaillé au moins pendant une année dans l'é-
» tude d'un notaire ou d'un avoué, ou pendant
» deux ans chez un Huissier. »

On voit donc que le temps d'étude est augmenté d'un an, pour les aspirans qui auront
travaillé chez un notaire ou chez un avoué ; et
que le nouveau décret contient en outre une
disposition qui formait une lacune dans celui
du 6 juillet ; celle qui porte que ceux qui auront travaillé pendant trois ans au greffe d'une
Cour impériale ou d'un Tribunal de première
instance, pourront aussi être présentés comme
candidats. On voit encore que la loi ne fait pas
de distinction pour le temps d'étude, entre les
notaires des grandes ou petites villes, ou même
des campagnes, ni entre les avoués des Cours
impériales et ceux des Tribunaux de première
instance.

Il résulte du troisième numéro de l'art. 10,
que celui qui aurait travaillé trois ans ou même
pendant un plus long-temps dans le greffe d'une
Cour d'assises ou spéciale, dans celui d'une Cour
prévôtale ou d'un Tribunal ordinaire des douanes, ou enfin d'un Tribunal de commerce, ne
pourrait être admis aux fonctions d'Huissier, s'il
ne justifiait que de ce seul travail.

La raison de cette exclusion est sensible ;
1.º celui qui n'a travaillé que dans le greffe d'une
Cour d'assises ou spéciale, n'a pu y acquérir

l'expérience nécessaire pour l'exercice des fonctions d'Huissier. En effet, ce travail est tout-à-fait insuffisant, puisqu'il ne concerne que des affaires criminelles, et que les fonctions d'Huissier s'étendent à beaucoup d'autres objets

2.º Celui qui n'a travaillé que dans les greffes des Cours prévôtales et dans ceux des Tribunaux des douanes, ne peut encore avoir les connaissances requises ; car les affaires qui s'y portent ne sont instruites et jugées que d'après les formes criminelles et correctionnelles. Ces Cours et Tribunaux ne doivent avoir d'ailleurs qu'une existence limitée, puisqu'ils ne sont établis que jusqu'à la paix générale, aux termes du Décret impérial du 18 octobre 1810, qui les a institués.

3.º Enfin, celui qui n'a travaillé que dans un greffe du Tribunal de commerce, ne peut également pas connaître tout ce qui est nécessaire pour faire un bon Huissier : il saura bien ce qui concerne ses fonctions pour les matières de commerce, mais il ne saura que cela ; cependant les matières de commerce ne sont pas les seules dont l'Huissier peut s'occuper ; elles ne forment que la moindre partie de son état.

Il ne suffit pas de justifier du temps d'étude voulu par la loi, pour être admis comme candidat ; et quoique ce temps d'étude fasse présumer que l'aspirant possède les connaissances requises, il n'est pas dispensé de se faire recon-

2

naître comme capable. S'il n'obtient pas son certificat de capacité, il ne sera pas présenté : la chambre est pour lui une sorte de tribunal en premier ressort, chargé d'examiner sa conduite, et le degré de lumières qu'il peut avoir acquises.

Mais la chambre pourrait quelquefois accorder ou refuser injustement le certificat, et la loi a sagement prévu cette circonstance.

1.º Si l'insouciance, le desir trop ardent d'obliger, l'intrigue, et d'autres causes peut-être faisaient délivrer des certificats de capacité non-mérités, cet abus sera réprimé par le Tribunal, sur la poursuite du ministère-public. C'est le moyen de n'avoir plus de ces Huissiers absolument dénués de la plus légère instruction, et qui savaient à peine écrire ; c'est aussi le moyen d'écarter ces hommes qui déshonorent leurs fonctions par la manière dont ils les remplissent.

2.º Des motifs de haine ou de prévention, des erreurs résultant même de quelques apparences d'équité sur ce qui concerne l'aspirant, et mille autres raisons, peuvent contribuer à l'empêcher d'arriver au but qu'il desire atteindre. Dans ce cas il se pourvoira devant le Tribunal de première instance, qui statuera sur sa réclamation.

Le Décret ne s'explique pas sur la manière dont il pourra se pourvoir ; mais pour en suivre l'esprit, il adressera une requête au président du Tribunal, et cette requête contiendra ses moyens de justification. Le président en donnera connaissance au Tribunal, en la chambre du conseil, et il la communiquera au procureur-impérial. C'est de cette manière que l'admission sera définitivement accordée ou refusée.

3.º Il est dit que le Tribunal prendra connaissance des motifs de la chambre des Huissiers, et le moyen de les lui communiquer n'est pas indiqué ; mais comme la loi doit être exécutée, il est facile de voir que c'est au Procureur-impérial à les demander, et que la chambre doit déférer de suite à cette demande, en s'expliquant catégoriquement sur ce qui l'a déterminée à accorder ou refuser le certificat à l'aspirant.

4.º Cette dernière partie de l'article 10, suggère encore une réflexion. Le législateur suppose que l'aspirant a travaillé chez un notaire ou chez un avoué, ou chez un Huissier, ou enfin dans un greffe de l'arrondissement où il veut se faire admettre, et dans ce cas la chambre peut facilement s'expliquer sur son compte ; mais s'il n'a pas travaillé dans l'arrondissement, comment la chambre pourra-t-elle savoir si l'aspirant remplit les conditions prescrites, et lui donner ou lui refuser son certificat ?

Il est évident en effet qu'un homme qui a travaillé à Lyon et qui veut se faire recevoir

Huissier à Rouen, ne peut faire attester par la chambre de Rouen qu'il a le temps d'étude exigé par la loi ; mais alors il faut qu'il se retire par devers la chambre dans l'arrondissement de laquelle il a travaillé, et qu'il en obtienne un certificat qui constate son temps d'étude et sa bonne conduite ; muni de cette pièce, il se présentera à la chambre dans l'arrondissement de laquelle il veut se faire recevoir Huissier, pour être examiné par cette chambre, et en obtenir le *certificat de capacité*. C'est toujours la chambre des Huissiers du Tribunal où l'aspirant veut être reçu, qui doit délivrer le certificat de capacité et de moralité, parce qu'elle est intéressée à ce qu'il ne s'introduise pas de mauvais sujets dans son corps ; ce qui pourrait arriver s'il suffisait à un aspirant de rapporter un certificat du temps d'étude délivré par une chambre étrangère. Il faut bien faire attention que, dans ce cas particulier, l'aspirant doit avoir deux espèces de certificat : l'un, de temps d'étude donné par la chambre des Huissiers dans l'arrondissement de laquelle il a travaillé ; et l'autre, de capacité, qui ne peut être délivré que par la chambre dans l'arrondissement de laquelle il veut se faire recevoir.

Art. XI.

Ceux qui seront nommés Huissiers, se présenteront, dans le mois qui suivra la notification à eux faite du décret de leur nomination, à l'audience publique du Tribunal de première instance, et y prêteront le serment prescrit par l'art. 7.

Observ. — C'est donc au Tribunal de première instance que les Huissiers doivent à l'avenir prêter leur serment, à quelque Cour, à quelque autre Tribunal qu'ils soient ensuite plus particulièrement attachés.

Il n'en est pas de ces Huissiers comme de ceux qui ont été confirmés dans leurs fonctions d'après l'art. 7, et qui doivent prêter leur serment devant la Cour ou le Tribunal auquel ils sont attachés.

Les Huissiers ayant prêté leur serment au Tribunal de première instance, ne doivent cependant pas croire qu'ils y sont par cela seul immatriculés, et on a déjà vu qu'ils sont au service de toutes les Cours et de tous les Tribunaux de l'arrondissement. Ils peuvent dèslors se qualifier dans leurs exploits, suivant la position dans laquelle ils se trouvent ; par exemple :

Huissier assermenté au Tribunal de première instance de . . . . . .

Huissier assermenté au Tribunal de première instance de. . . . . et attaché au service de ses audiences.

Huissier assermenté au Tribunal de première instance de. . . . . et attaché au service des audiences de telle Cour ou du Tribunal de commerce de. . . . . ou du juge-de-paix du canton de. . . . .

Aʀᴛ. XII.

Ces Huissiers ne pourront faire aucun acte de leur ministère avant d'avoir prêté ledit serment; et ils ne seront admis à le prêter, que sur la représentation de la quittance du cautionnement fixé par la loi.

Oʙsᴇʀᴠ. —Les lois précédentes contiennent la même disposition. L'article ne fait que la rappeler.

Aʀᴛ. XIII.

Ceux qui n'auront point prêté le serment dans le délai ci-dessus fixé, demeureront déchus de leur nomination, à moins qu'ils ne prouvent que le retard ne leur est point imputable ; auquel cas, le Tribunal pourra déclarer qu'ils sont relevés de la déchéance par eux encourue, et les admettra au serment.

OBSERV. — Il peut arriver que l'Huissier n'ait pas eu connaissance de la notification dont parle l'art. 11, soit parce qu'elle ne lui est pas parvenue, soit parce qu'il était absent : on peut même la lui avoir soustraite; ou bien quoiqu'il ait reçu cette notification, et qu'il en ait eu connaissance, il a pu être empêché de se présenter pour le serment, soit parce qu'il était malade, soit par tout autre obstacle.

Dans tous les cas, l'Huissier qui n'aura pas été véritablement négligent, trouvera sans peine les moyens de se relever de la déchéance, puisque le Tribunal aura le droit d'admettre son excuse, et que les juges seront à portée de l'apprécier.

A R T. X I V.

La précédente disposition est applicable aux Huissiers dont il est parlé en l'article 5, relativement au délai fixé par l'article 7.

OBSERV. — CETTE disposition s'applique, comme on le voit, aux Huissiers actuels qui

seront maintenus définitivement, en exécution
de l'art. 6, et ce que nous venons de dire sur
l'art. 13 leur est commun.

§. II. *De la Résidence des Huissiers.*

ART. XV.

Les Huissiers-audienciers seront tenus,
à peine d'être remplacés, de résider dans
les villes où siègent les Cours et Tribunaux près desquels ils devront faire respectivement leur service.

Observ. — Il y a peu d'exemples que des
Huissiers-audienciers aient une résidence éloi-
gnée du Tribunal ; ces exemples sont plus fréquens dans les justices de paix des cantons ruraux ; mais l'obligation imposée par cet article
fera cesser les inconvéniens qui peuvent résulter de l'éloignement des Huissiers lorsqu'on a
besoin de leur ministère. C'est sur-tout en matière criminelle, où tout est urgent, où l'on
doit éviter le moindre retard, que ces inconvéniens se font sentir.

ART. XVI.

Les Huissiers ordinaires seront tenus,
sous la même peine, de garder la rési-

dence qui leur aura été assignée par le Tribunal de première instance.

OBSERV. — JUSQU'A présent les Huissiers, après avoir prêté leur serment, se sont fixés dans le lieu de l'arrondissement qui leur a convenu; ils n'étaient point astreints à telle ou telle résidence. Dans les grandes villes, le besoin de les repartir sur différens points n'est pas aussi important que dans les villes ordinaires et dans les communes rurales. C'est sur-tout dans ces derniers lieux que le choix de la résidence de la part des Huissiers peut causer du désordre. On en a vu jusqu'à quatre dans une commune d'une population de douze cents ames. Deux ou même un seul était fort occupé; les autres vivaient dans l'indigence : il existait entr'eux une jalousie scandaleuse. Le public en souffrait, et la détresse de ceux qui ne pouvaient pas exister les conduisait à des actions injustes et vexatoires dans l'exercice de leur ministère.

Aujourd'hui la résidence sera établie dans les lieux convenables, et de manière à ne pas mettre plus d'Huissiers dans une commune que le besoin ne l'exigera. Par ce moyen, et par toutes les autres précautions prises par le décret, pour que ce travail soit mieux reparti entre les Huissiers, il en résultera qu'ils seront tous occupés; que tous auront une part à la bourse

commune dont il sera parlé, et qu'ils seront
assurés d'une existence honnête, s'ils se conforment à leurs devoirs.

Art. XVII.

La résidence des Huissiers ordinaires
sera, autant que faire se pourra, fixée
dans les chefs-lieux de canton.

Observ.—Le chef-lieu est le centre des affaires
et des communications du canton; c'est ordinairement la commune principale où se tiennent les
marchés et les foires publics; les audiences du
juge-de-paix y attirent encore du monde, et il
est bien plus avantageux pour les citoyens, de
trouver l'Huissier sans se déranger et en faisant
leurs affaires, que d'aller le chercher dans une
commune isolée, où il faudrait qu'ils se rendis-
sent exprès.

La loi veut encore atteindre un autre but,
c'est de réunir autant que possible, tous les
officiers qui tiennent à l'ordre judiciaire, et de
les placer sous les yeux des Magistrats, qui par
ce moyen sont plus à portée de leur donner des
ordres et de les surveiller. Il est plus facile au
juge-de-paix de faire exécuter ses ordonnances,
lorsque l'Huissier est près de lui, et de connaître
les abus que celui-ci pourrait commettre impunément dans un autre lieu.

Au surplus, cet article est également favorable aux Huissiers, parce qu'en résidant au chef-lieu, ils sont assurés d'une plus nombreuse clientelle.

Art. XVIII.

Si des circonstances de localité ne permettent point l'établissement d'un Huissier ordinaire au chef-lieu du canton, le Tribunal de première instance la fixera dans l'une des communes les plus rapprochées du chef-lieu.

Observ. — Le cas prévu sera peu fréquent, et lorsqu'il se présentera, la résidence dans un autre lieu n'apportera pas une grande différence pour le public et pour l'Huissier, parce que celui-ci sera toujours porté à se rendre au chef-lieu le plus souvent qu'il le pourra.

Art. XIX.

Dans les communes divisées en deux arrondissemens de justice de paix ou plus, chaque Huissier ordinaire sera tenu de fixer sa demeure dans le quartier que le Tribunal de première instance jugera convenable de lui indiquer à cet effet.

Observ. — Il est possible aussi que quelques

circonstances ne permettent pas à l'Huissier de résider dans le quartier où le Tribunal désirerait qu'il s'établît, et alors on pourrait lui prescrire de résider dans le lieu le plus rapproché de ce quartier.

~~~~~~~~~~~~~~~~~~~~~~~~~~

TITRE II.

DES ATTRIBUTIONS DES HUISSIERS, ET DE LEURS DEVOIRS.

~~~~~~~~~~

CHAPITRE PREMIER.

ATTRIBUTIONS DES HUISSIERS.

§. I.er *Service personnel près les Cours impériales et prévôtales, et près les divers Tribunaux.*

ART. XX.

Les Huissiers-audienciers sont maintenus dans le droit que leur donne et l'obligation que leur impose notre décret du 30 mars 1808, de faire exclusivement, près leurs Cours et Tribunaux respectifs, le service personnel aux audiences, aux assemblées générales ou particulières, aux enquêtes, interrogatoires et autres commissions, ainsi qu'au parquet.

Pourront néanmoins nos Cours et Tribunaux commettre accidentellement des Huissiers ordinaires, à défaut ou en cas d'insuffisance des Huissiers-audienciers.

Observ. — Cet article retrace les principales fonctions de l'Huissier-audiencier, qui sont déjà fixées par les lois antérieures. Le décret du 30 mars 1808, auquel celui-ci se reporte particulièrement, contient à cet égard les dispositions qui suivent :

Art. 94. « Nos Tribunaux de première ins» tance désigneront pour le service intérieur,
» ceux de leurs Huissiers qu'ils jugeront les plus
» dignes de leur confiance.

Art. 95. « Les Huissiers-audienciers de nos
» Cours et de nos Tribunaux de première ins» tance, feront tour-à-tour le service de l'inté» rieur, tant aux audiences qu'aux assemblées
» générales ou particulières, aux enquêtes et
» autres commissions.

Art. 96. « Les Huissiers qui seront de ser» vice, se rendront au lieu des séances, une
» heure avant l'ouverture de l'audience ; ils
» prendront au greffe l'extrait des causes qu'ils
» doivent appeler.

» Ils veilleront à ce que personne ne s'intro-
» duise à la chambre du conseil sans s'être fait
» annoncer, à l'exception des membres de la
» Cour ou du Tribunal. Ils maintiendront, sous
» les ordres des présidens, la police des au-
» diences.

Art. 97. « Les Huissiers-audienciers auront
» près la Cour ou le Tribunal, une chambre
» ou un banc où se déposeront les actes et piè-
» ces qui se notifieront d'avoué à avoué.

Art. 98. » Les émolumens des appels des
» causes et des significations d'avoué à avoué,
» se partageront également entr'eux.

Art. 99. » Les Huissiers désignés par le pre-
» mier président de la Cour, ou par le prési-
» dent du Tribunal de première instance, as-
» sisteront aux cérémonies publiques, et mar-
» cheront en avant des membres de la Cour ou
» du Tribunal. »

Il est bon de remarquer que ces dispositions
du décret du 3o mars 18o8, ne concernent en
elles-mêmes que les Huissiers-audienciers des
Cours impériales et des Tribunaux de première
instance, mais que l'art. 20 dont il s'agit, rend
ce décret commun à tous les Huissiers-audienciers en général, sauf ce qui est dit en outre
aux articles ci-après pour ceux des Cours d'assises et spéciales.

Pourront néanmoins, etc. Cette disposition

fera cesser les désagrémens que quelques Huissiers non-audienciers se sont attirés, en pré-
tendant n'être pas obligés de faire, même pour
un jour, le service des audiences, en remplacement de ceux de leurs confrères qui en sont
tenus habituellement : c'était sans doute une
difficulté bien mal fondée ; mais aujourd'hui
que tous les Huissiers sans exception peuvent
être destinés au service personnel des Cours et
Tribunaux, nul d'entr'eux ne s'y refusera, parce
que, outre l'obligation qui lui en est imposée,
il sait qu'il n'est détourné de ses affaires que
pour un temps qui ne doit, presque toujours,
être que d'une courte durée.

Nous verrons bientôt que les Huissiers-audienciers reçoivent une indemnité pour leur
service ; mais l'article, ni même aucune autre
disposition du Décret, ne parle des émolumens
particuliers de l'Huissier ordinaire, pour le
temps pendant lequel il remplace momentanément un audiencier. Cependant il est juste de
lui en accorder dans certains cas et suivant les
circonstances.

Si le service momentané ne dure pas plus de
trois jours consécutifs, il n'en résulte pas un
grand préjudice, et il convient de ne rien allouer.

Mais si ce service est plus long, il est de
toute justice que l'Huissier remplaçant jouisse

des mêmes avantages que le remplacé, qui en demeurera privé tant que durera son remplacement.

Ainsi, la portion qui revient à l'Huissier absent, dans les émolumens attachés à sa place, doit donc être dévolue à celui qui a exercé pour lui, et cette portion doit être prélevée à la prochaine distribution, qui aura lieu de la manière prescrite au tit. 3, chap. 5 du présent Décret.

ART. XXI.

Le service personnel d'Huissier près les Cours d'assises et les Cours spéciales, sera fait, savoir : dans les villes où siègent nos Cours impériales, par des Huissiers-audienciers de la Cour impériale ; et partout ailleurs, par des Huissiers-audienciers du Tribunal de première instance du lieu où se tiendront les séances de la Cour d'assises ou de la Cour spéciale.

L'article 118 de notre décret du 6 juillet 1810, relatif au mode de désignation des Huissiers qui doivent faire le service près les Cours d'assises et les Cours spéciales des départemens autres que celui où siège la Cour impériale, continuera de recevoir son exécution.

Observ. — DANS les lieux ou siège la Cour impériale, une section de cette Cour forme celle des assises et celle spéciale ; les Huissiers de l'une sont nécessairement les Huissiers des deux autres, et il n'est donc pas besoin à cet égard d'établir *un mode de désignation.*

Quant aux Huissiers des Cours d'assises et spéciales qui siègent dans les autres lieux, ils sont désignés, comme on le voit, de la manière prescrite par l'art. 118 du décret du 6 juillet 1810, qui est le seul conservé ; cet article porte :

« A l'avenir, les Huissiers qui devront faire » le service près les Cours d'assises et les Cours » spéciales des départemens, autres que celui » où siège la Cour impériale, seront désignés » par le Procureur-impérial criminel, de con- » cert avec le président, parmi les Huissiers du » Tribunal de première instance. En cas de » dissentiment, il en sera référé au Procureur- » général. Jusqu'à ce qu'il ait statué, les Huis- » siers désignés par le Procureur-impérial cri- » minel, seront tenus de faire le service près la » Cour d'assises et spéciale, ainsi que tous ex- » ploits en matière criminelle. »

Suivant la dernière disposition de cet article 118, les Huissiers désignés par le Procureur-

impérial criminel, seront tenus provisoirement,
outre leurs autres obligations, de *faire tous
exploits en matière criminelle ;* cette attribu-
tion ne leur est pas donnée seulement à cause
de leur exercice provisoire, cela serait dépourvu
de raison, mais elle s'étend *à fortiori* aux Huissiers-audienciers de la Cour d'assises définitivement choisis. En effet, l'art. 118 du décret du
6 juillet, renferme la même disposition que
l'art. 117, qui porte entr'autres choses :

« Dans les lieux où il n'y a point de Cour
» d'appel, les Huissiers attachés aux Cours de
» justice criminelle, seront exclusivement char-
» gés du service personnel près la Cour d'assises
» et spéciale, *ainsi que de tous exploits en
» matière criminelle.* » Quoique le nouveau
décret ne fasse pas revivre positivement cet article 117, il n'en est pas moins vrai qu'il s'y
réfère, puisque l'art. 118 n'en est que la conséquence.

Nous faisons cette observation, pour nous
arrêter un instant sur les obligations particulières des Huissiers-audienciers de la Cour d'assises,
parce qu'elles ne sont pas déterminées aussi clairement que celles de tous les autres Huissiers-
audienciers.

Effectivement l'art. 25 ci-après, désigne les
espèces d'actes qui seront faits exclusivement
par les Huissiers de la Cour de cassation,

L'art. 26 désigne ceux des Huissiers des Cours impériales et des Tribunaux de première instance.

L'art. 27, ceux des Huissiers des Cours prévôtales et des Tribunaux des douanes.

L'art. 28, ceux des Huissiers de Justice de paix et des Tribunaux de police.

Il n'est pas question dans ces quatre articles des Huissiers de la Cour d'assises : il n'y a donc que l'art. 21, combiné avec les art. 117 et 118 du décret du 6 juillet 1810, qui indique, outre le service intérieur de l'audience, les actes qui sont faits par l'Huissier de la Cour d'assises.

Ainsi, il est donc évident que tous exploits en matière criminelle, doivent être faits par les Huissiers-audienciers de la Cour d'assises.

Il ne faut pas cependant donner à cette expression de la volonté du législateur, un sens entièrement absolu. Ces Huissiers sont tenus de faire tous exploits dans le lieu de la Cour d'assises ou spéciale, ou tout au plus dans l'étendue du canton, c'est-à-dire, qu'eux seuls sont chargés de signifier les exploits, procès-verbaux, mandats et cédules, tant aux accusés qu'aux jurés, si le cas y échet, et à toutes autres personnes résidant ou seulement présentes dans la ville ou dans le canton. A l'égard des assignations ou significations à faire hors du canton, elles seront données par les autres Huissiers;

3..

comme on l'a toujours pratiqué. Cela doit être ainsi ; car autrement , l'Huissier-audiencier de la Cour d'assises assignerait les témoins à dix , vingt, cent myriamètres, et même au-delà, suivant les circonstances, et ce n'est pas là l'intention de la loi. Nous allons voir à l'article 22, qu'ils ne peuvent *sortir* du canton de leur résidence ; à l'art. 24, que tous les autres peuvent *instrumenter* en matière criminelle , (sauf l'exception en faveur des premiers) ; et à l'art. 29, qu'il est défendu à tous d'*instrumenter* en matière criminelle hors de leur canton.

Ces observations sont communes aux Huissiers-audienciers des Cours impériales, qui font le service des Cours d'assises.

Art. XXII.

Les Huissiers qui seront désignés pour faire le service personnel près les Cours d'assises et les Cours spéciales , ne pourront, pendant la durée des sessions criminelles, sortir du canton de leur résidence, sans un ordre exprès du Procureur-Général ou du Procureur-Impérial criminel.

Observ. — L'article 116 du Décret impérial du 6 juillet 1810 , contenait une disposition moins étendue ; en voici le texte : « ceux qui

» seront spécialement chargés du service cri-
» minel, ne pourront instrumenter hors du
» canton de leur résidence, sans un mande-
» ment exprès de notre Procureur-général. »

L'Huissier ne pouvait alors instrumenter hors
de son canton, mais la prohibition se bornait
là. Aujourd'hui il existe une grande différence,
car non-seulement il ne peut exploiter au-delà
de son canton pendant la session de la Cour
d'assises ou spéciale, mais il ne peut pas même
sortir de ce canton sans permission.

On voit que la raison de cette défense est pui-
sée toute entière dans l'urgence du service criminel : que l'Huissier ne pouvant s'éloigner
qu'à une très-petite distance, il est toujours
sous la main et à la disposition des Magistrats.
Il est vrai pourtant que cette obligation n'est
point imposée à tous les autres Huissiers-audienciers, et que le service n'en souffre pas ; il
est vrai encore qu'il peut arriver, et sur-tout
dans les Tribunaux peu importans, que les
Huissiers se soient mal-entendus entr'eux sur
leur tour de rôle, et qu'il ne s'en trouve qu'un,
ou même pas un seul à l'audience ; mais ces cas-
là n'arriveront pas souvent, et les mêmes juges ne le souffriront pas deux fois.

On pourrait objecter que les juges criminels ont en main la même voie de répression ;
mais cette raison n'est pas suffisante ; l'impor-

tance des procès criminels ne permet pas d'attendre que l'Huissier manque à son devoir pour
le réprimander ; il faut même empêcher autant
que possible qu'il puisse s'en écarter. En matière civile, l'absence de l'Huissier n'est pour
l'ordinaire aucunement préjudiciable aux parties ; mais en matière criminelle, cette absence
peut ralentir l'expédition des affaires, et si
l'innocence doit être reconnue, chaque heure,
chaque minute de retard est un acte d'inhuma-
nité de la part de celui qui l'occasionne.

Ainsi le législateur a donc sagement défendu
à l'Huissier de s'absenter pendant la session de
la Cour.

Pour dernière réflexion sur ce point, nous
voyons que le Décret du 6 juillet 1810 n'empêchait que d'*instrumenter* hors du canton, mais
qu'il n'empêchait pas d'en *sortir*; en sorte que
l'Huissier qui aurait eu envie de s'éloigner, ou
pour ses affaires ou même pour toute autre cause,
aurait pu le faire, pourvu qu'il ne fît aucun exploit. Le but véritable de la loi n'aurait pas été
rempli, car il n'importe pas que l'Huissier instrumente ou qu'il n'instrumente pas, ce n'est que
sa seule absence que l'on veut prévenir. Le nouveau décret renferme une expression, qui ne
permet plus d'éluder cette disposition : l'Huissier ne pourra *sortir* du canton, c'est bien plus

que : *ne pourra instrumenter*, et il n'y a plus à équivoquer.

Avant le nouveau réglement, l'Huissier devait s'adresser au Procureur-général pour avoir la faculté de sortir du canton, et comme il n'y avait pas de distinction, les Huissiers des Cours criminelles des lieux où il n'y avait pas de Cour impériale, et par conséquent pas de Procureur-général, étaient soumis à la même règle. Cette obligation était gênante : il peut arriver que quelque chose d'important nécessite la présence de l'Huissier au-delà du canton ; que l'affaire soit pressée, et qu'il n'ait pas le temps d'écrire au Procureur - général, s'il n'est pas dans sa résidence. Aujourd'hui la loi fait cesser cet inconvénient ; on peut s'adresser aussi au Procureur-impérial criminel, qui représente le Procureur-général, et qui d'ailleurs est souvent plus à portée de connaître la cause et la nécessité de l'absence de l'Huissier.

Art. XXIII.

Il sera fait, par nos Cours et Tribunaux, des réglemens particuliers sur l'ordre du service de leurs Huissiers-audienciers, en se conformant aux dispositions du présent titre, et à celles du titre V de notre décret du 30 mars 1808.

Les réglemens que feront sur cet objet les Tribunaux de première instance ou de commerce, et les Tribunaux ordinaires des douanes, seront soumis à l'approbation des Cours auxquelles ces Tribunaux ressortissent.

OBSERV. —Les réglemens peuvent s'étendre à tout ce que les localités et l'importance du service exigent, pourvu qu'il ne soit point dérogé aux dispositions expresses de la loi, et qu'au contraire on s'y conforme strictement. Il s'ensuit que ces réglemens, sauf ce qui est d'obligation commune, doivent varier selon les lieux, les habitudes même du pays, et toutes autres circonstances.

Les seuls Tribunaux inférieurs seront obligés de soumettre leurs décisions sur cet objet, à la Cour impériale ou à la Cour prévôtale des douanes, selon les attributions de ces Tribunaux. Les Cours, même les Cours d'assises et spéciales, ne soumettront pas leurs réglemens à une autre autorité.

Quant aux Huissiers attachés au service des justices de paix, comme ils ne seront probablement pas plus de deux, même dans les villes les plus populeuses, le décret n'a pas cru devoir s'en occuper; il s'en est rapporté au juge-de-paix ; il est d'ailleurs à présumer que lorsque deux Huissiers seront attachés à une justice de paix , ils pourront facilement s'entendre sur la manière de remplir leurs devoirs communs.

Les dispositions du titre V du décret du 30 mars 1808, auquel cet art. 23 se reporte, sont rappelées dans le recueil des lois qui se trouvent à la fin de l'ouvrage.

§. II. *Droit d'exploiter, etc.*

ART. XXIV.

Toutes citations , notifications et significations requises pour l'instruction des procès , ainsi que tous actes et exploits nécessaires pour l'exécution des ordonnances de justice , jugemens et arrêts, seront faits concurremment par les Huissiers-audienciers et les Huissiers ordinaires ; chacun dans l'étendue du ressort du Tribunal civil de première instance de sa résidence, sauf les restrictions portées par les articles suivans.

OBSERV.—Nous venons de voir les règles particulières aux Huissiers-audienciers ; il s'agit ici de tous les Huissiers en général. Cette disposition n'est que le développement de celle que contient l'art. 2, qui pose en principe que tous les Huissiers ont le même caractère et les mêmes attributions. Cependant comme les audienciers remplissent des fonctions particulières pour la masse entière des Huissiers, il est juste qu'ils aient certains privilèges pour leur tenir lieu d'indemnité : c'est ce qui est établi dans les articles suivans.

Art. XXV.

Les Huissiers-audienciers de notre Cour de cassation continueront, dans l'étendue du lieu de la résidence de cette Cour, d'instrumenter exclusivement à tous autres Huissiers pour les affaires portées devant elle.

Observ. — *Dans l'étendue du lieu*, c'est-à-dire, dans l'étendue du ressort du Tribunal de première instance du lieu ou siège la Cour de cassation.

Ils reçoivent un traitement pour leur service aux audiences.

Art. XXVI.

Les Huissiers-audienciers de nos Cours impériales et ceux de nos Tribunaux de première instance, feront exclusivement près leurs Cours et Tribunaux respectifs, les significations d'avoué à avoué.

Observ. — La répartition des émolumens qui proviennent de ces significations est faite entr'eux de la manière établie ci-après à l'art. 95.

Les observations que nous avons faites à l'article 21, sur les Huissiers des Cours d'Assises, trouveraient naturellement ici leur place, si nous n'eussions pas été obligés, pour conserver l'ordre de la discussion, de les mettre à la suite de l'art. 21. Au surplus, il suffit de renvoyer à cet article.

Art. XXVII.

Les Huissiers-audienciers de nos Cours prévôtales et Tribunaux ordinaires des douanes, feront exclusivement, près leurs Cours et Tribunaux respectifs, et dans l'étendue du canton de leur résidence, tous exploits en matière de douanes.

Observ. — Ils ne peuvent instrumenter que dans leur canton ; 1.° parce qu'ils agissent comme en matière criminelle et de police correctionnelle, soit pour le service des audiences, soit pour exploiter ; et que, de même que les Huissiers des Cours d'assises, ils ne doivent pas s'éloigner des Magistrats. 2.° Parce que tout

Huissier ne peut exploiter en matière criminelle hors de son canton, ainsi qu'il est dit à
l'art. 29, sauf les exceptions qui y sont exprimées, et qui s'appliquent aussi aux Huissiers
des douanes.

ART. XXVIII.

Tous exploits et actes du ministère
d'Huissier près les justices de paix et les
Tribunaux de police, seront faits par les
Huissiers ordinaires employés au service
des audiences.

A défaut ou en cas d'insuffisance des
Huissiers ordinaires du ressort, lesdits
exploits et actes seront faits par les Huissiers ordinaires de l'un des cantons les
plus voisins.

OBSERV. — Ainsi tous les actes quelconques
du ministère de l'Huissier, concernant la justice de paix, seront faits par les Huissiers attachés à cette justice : cela est clair. On suppose
ici qu'il s'agit d'assigner une partie dans le canton, ou de lui signifier un jugement ou tout
autre acte ; et pour ce cas là il n'y a pas de difficulté ; mais si cette partie ne demeure pas
dans le canton, l'Huissier ne pourra rien lui
signifier comme Huissier du juge-de-paix, puis-

qu'il serait hors de son ressort. Donnons un exemple.

1.º *Pierre* et *Paul* sont débiteurs d'une même créance ; le premier demeure à Paris, l'autre à Amiens ; suivant l'art. 50 du Code de procéd. civile, il est loisible au créancier de les fa citer tous deux devant le juge-de-paix du domicile de celui de Paris : or, l'Huissier du juge-de-paix de Paris donnera bien la citation à *Pierre*, mais il n'ira point à Amiens, ni comme attaché à la justice de paix, ni même comme Huissier non chargé du service de cette justice, puisqu'il serait hors de son ressort.

La citation à donner à Amiens sera faite par l'Huissier du juge-de-paix de cette ville, quoique la comparution doive avoir lieu à Paris. C'est là l'esprit de la loi, et c'est ce qui se pratique toujours.

Il ne serait pas juste de charger un autre Huissier d'Amiens, qui ne ferait pas le service des audiences du juge-de-paix, parce que c'est un privilège qui ne lui est pas dû. Au surplus, le texte du décret porte : *que tous exploits, etc., seront faits par les Huissiers employés au service des audiences.* Il n'y a pas de distinction ; il n'est pas dit que l'Huissier ne fera de citations, qu'autant que les parties devront comparaître devant son juge-de-paix ; il en résulte que dès qu'il s'agit d'un acte relatif à une jus-

tice de paix en général, cet acte peut et doit
être fait par l'Huissier de cette juridiction, soit
que l'affaire doive être portée devant le Magistrat auquel il est attaché, soit que la connaissance en appartienne à un autre.

2.° Nous devons observer que les exploits et
actes du ministère d'Huissiers attachés aux justices de paix, ne peuvent pas être déclarés nuls
pour avoir été faits par d'autres Huissiers. Tous
ont caractère pour les faire d'après l'art. 2 du
décret, et le privilège accordé pour certains
actes aux Huissiers des justices de paix, n'est
relatif qu'à l'ordre du service entre les Huissiers
d'un même arrondissement. Celui qui y contre-
vient est répréhensible, mais l'acte qu'il signifie
n'en est pas moins valable.

3.° *A défaut ou en cas d'insuffisance*, etc.
Il faut bien remarquer que le décret ne donne
point aux Huissiers qui font le service des justices de paix, la qualification d'*Huissiers-audienciers;* que les Huissiers qui ne font point
le service des Cours et Tribunaux supérieurs,
sont appelés *Huissiers ordinaires;* et que ceux
de ces derniers qui sont attachés aux justices
de paix, n'ont d'autre désignation que celle
d'*Huissier ordinaire employé au service des
audiences.*

Cette observation nous ramène au véritable
tens de la dernière partie de l'art. 28.

En effet, par ce moyen on a l'intelligence des mots, *Huissiers ordinaires* employés différemment dans chacune des deux parties de cet article. On voit que dans la première partie, il s'agit de ceux qui font le service de la justice-de-paix; et que dans la seconde, il s'agit de ceux qui ne font ordinairement aucun service particulier. On voit aussi que ces derniers sont implicitement chargés de remplacer les autres, lorsque le besoin l'exige, puisqu'il n'y a lieu de recourir à ceux du canton, que lorsqu'il n'y a pas assez d'Huissiers ordinaires, ou lorsqu'il n'y en a plus aucun de disponible pour le service du juge-de-paix. On se tromperait donc, si on pensait qu'*à défaut ou en cas d'insuffisance des Huissiers ordinaires employés au service des audiences du juge-de-paix*, il faudrait que ce juge en prît dans le nombre de ceux faisant le service du juge-de-paix voisin, quoiqu'il existât dans son canton des Huissiers simplement *ordinaires*. Rien ne pourrait d'ailleurs justifier cette opinion.

4.° Il suit de la disposition de cet article, que non-seulement les Huissiers ordinaires, et à leur défaut ceux du canton voisin, doivent *exploiter* si ceux qui font le service des audiences en sont empêchés, mais qu'ils sont aussi tenus *de faire ce service* pendant cet empêchement. La loi ne le dit pas d'une manière for-

melle ; mais cela ne résulte-t-il pas suffisamment du principe que tous les Huissiers sont
particulièrement établis pour le service des Tribunaux ? Si, par l'art. premier du décret, ils
ont la concurrence pour tous les actes de leur
ministère, ne convient-il pas qu'ils puissent
aussi être appelés pour faire indistinctement le
service des audiences ? C'est une obligation ho-
norable qui leur est commune, et à laquelle
un Huissier ne saurait se soustraire, si jamais
son intérêt personnel pouvait le porter à vouloir s'en affranchir.

5.º Ce que nous avons dit à l'art. 20, pour les
émolumens des Huissiers qui remplacent momentanément les Huissiers des Cours et Tribunaux supérieurs aux justices de paix, s'applique
naturellement à ceux qui font par *interim* le
service de ces justices.

Ainsi il demeure donc incontestable que lorsque les Huissiers faisant le service sont mala-
des ou absens, ou lorsqu'ils ne sont pas en
nombre suffisant, le juge-de-paix a le droit d'appeler près de lui ceux des Huissiers ordinaires
qu'il n'a pas précédemment désignés pour son
service, et qui résident dans le canton.

Et que lorsqu'il n'y a pas dans le canton d'autres Huissiers ordinaires, il a droit d'en requérir dans le canton voisin.

ART. XXIX.

Défenses itératives sont faites à tous Huissiers, sans distinction, d'instrumenter en matière criminelle ou correctionnelle hors du canton de leur résidence, sans un mandement exprès délivré conformément à l'article 84 de notre décret du 18 juin 1811.

OBSERV. — LES lois antérieures ont déja fait de semblables défenses, comme l'annonce positivement cet article. L'unique objet de ces défenses se devine facilement ; c'est l'économie des frais de justice criminelle. Si l'on charge un Huissier du canton où les actes doivent être signifiés, il n'y aura presque pas de droits de transports pour cet Huissier ; il ne lui sera dû que les émolumens ordinaires, et les frais ne seront pas considérables pour le trésor public.

Il est possible cependant que la nature d'une affaire demande que l'Huissier chargé par le ministère public ou par le juge d'instruction, instrumente même au-delà de son ressort, et qu'on ne puisse agir autrement sans s'exposer à des inconvéniens graves pour le service de la justice. C'est pour cela que le décret fait exception à la règle dans différentes circonstances.

Ainsi, lorsqu'il y aura lieu d'envoyer l'Huissier hors de son canton, il faudra donc, pour le mandement exprès qui lui sera délivré, se conformer à l'art. 84 du réglement du 18 juin 1811.

Cet article est ainsi conçu :

« Nos procureurs et les juges d'instruction » ne pourront user, si ce n'est pour causes » graves, de la faculté qui leur est accordée » par la loi du 15 pluviôse an 13, de charger » un Huissier d'instrumenter hors du canton » de sa résidence : ils seront tenus d'énoncer » ces causes dans leur mandement, lequel con- » tiendra en outre le nom de l'Huissier, la dé- » signation du nombre et de la nature des » actes, et l'indication du lieu où ils devront » être mis à exécution.

» Le mandement sera toujours joint au mé- » moire de l'Huissier. »

Cette faculté accordée aux Magistrats, par la loi du 5 pluviôse an 13, leur a été donnée, par suite des dispositions semblables à celles du nouveau décret, en ce qui concerne l'économie des frais de justice. Il est bon de rappeler l'article premier de cette loi de l'an 13, pour saisir encore davantage l'esprit du décret sur l'organisation des Huissiers.

« Les citations, notifications, et générale- » ment toutes significations à la requête de la

» partie publique en matière criminelle ou de
» police correctionnelle, seront faites par les
» Huissiers-audienciers des Tribunaux établis
» dans les lieux où elles seront données, ou
» par les Huissiers des Tribunaux de paix : en
» conséquence, il ne sera jamais alloué de
» frais de transport aux Huissiers, à moins
» toutes fois qu'ils n'aient été chargés par un
» mandement exprès du Procureur-Général,
» ou du Procureur-Impérial, ou du directeur
» du *jury*, chacun en ce qui le concerne, de
» porter hors du lieu de leur résidence lesdites
» citations, notifications ou significations ;
» elles pourront aussi être données par les gen-
» darmes. »

Le but de cet article est encore évidemment de ménager les frais de transport des Huissiers.

Il faudra donc que le mandement donné à l'Huissier contienne toutes les énonciations prescrites, et que ce mandement soit joint au mémoire des frais de l'Huissier, afin que non-seulement le juge taxateur et le Préfet puissent l'examiner, mais afin qu'il passe aussi sous les yeux de Son Excell. le Grand-Juge Ministre de la Justice. C'est le moyen de ne pas laisser introduire d'abus dans cette faculté d'exception accordée aux Huissiers, pour instrumenter hors de leur canton.

Les articles suivans, jusques et compris l'ar-

ticle 34, ne sont que le développement du principe établi par celui que nous examinons. Nous
allons faire, en conséquence, sur chacune de
ces dispositions, différentes remarques que
nous croyons propres à l'exécution parfaite de
cet art. 29, dont l'objet est de la plus grande
utilité.

Art. XXX.

Nos Procureurs près les Tribunaux de
première instance, et les juges d'instruction, ne pourront délivrer de pareils mandemens que pou l'étendue du ressort du
Tribunal de première instance.

Art. XXXI.

Nos Procureurs-Impériaux criminels
pourront ordonner le transport d'un Huissier dans toute l'étendue du département.

Art. XXXII.

La disposition du précédent article est
applicable à nos Procureurs près les Tribunaux ordinaires des douanes, à moins
qu'il n'y ait dans le même département
deux ou plusieurs de ces Tribunaux :

dans ce dernier cas, ils ne pourront ordonner le transport que pour la partie de ce département formant le ressort de leur Tribunal.

ART. XXXIII.

Le transport des Huissiers dans les divers départemens du ressort de nos Cours impériales et prévôtales, ne pourra être autorisé, dans des affaires criminelles, que par nos Procureurs-Généraux près ces Cours.

OBSERV. — LE décret perfectionne les règles établies jusqu'ici sur la diminution de cette partie des frais de justice en matière criminelle et de police correctionnelle.

En effet, la loi du 5 pluviôse an 13 donne aux Magistrats qu'elle désigne, le droit de délivrer aux Huissiers des mandats exprès pour exploiter au-delà du lieu de leur résidence ; elle se borne à cela seulement. Ce droit est illimité ; on n'a point égard à la distance que l'Huissier doit parcourir ; les cas où on le commettra ne sont pas même déterminés ; en sorte qu'il peut être envoyé hors de son canton pour un motif peu important.

L'art. 84 du réglement de juin 1811, restreint beaucoup cette faculté; on n'en peut user, *si ce n'est pour causes graves*; elle se trouve donc limitée. Il faut aussi que ces causes soient exprimées dans le mandement, parce que sans cela il pourrait y avoir de l'arbitraire; il faut encore qu'on y ajoute le nom de l'Huissier, pour assurer que celui qui en a été chargé a rempli lui-même sa mission; que l'on désigne le nombre et la nature des actes, afin que l'Huissier ne puisse pas outre-passer ses pouvoirs; enfin que le lieu où il doit aller soit également indiqué, pour qu'il ne puisse pas de lui-même augmenter les frais de voyage.

Ces précautions sont fort sages; elles tendent à établir toute la clarté desirable dans la vérification que Son Excellence le Grand-Juge doit faire des mémoires des Huissiers, et elles préviennent les abus qui pourraient se glisser dans la délivrance et dans l'exécution des mandemens.

Cependant il restait encore une lacune à remplir, et le dernier décret l'a fait disparaître. Cette lacune résultait de l'égalité de pouvoir que les lois antérieures donnaient aux Magistrats pour délivrer les mandemens.

Aujourd'hui il ne suffit pas que l'objet du transport de l'Huissier hors de sa résidence soit nécessaire, pour qu'il lui soit donné ordre d'instrumenter, il faut encore avoir égard à la distance qu'il doit parcourir; et selon que cette

distance doit conduire l'Huissier sur tel point
de l'arrondissement ou du département, ou
même du ressort de la Cour impériale ou prévôtale, il faut qu'il roçoive sa mission des Magistrats, suivant le rang qu'ils occupent dans la
hiérarchie judiciaire.

Cette gradation est nécessaire ; elle met plus
d'obstacles à la faculté de délivrer les mandemens à mesure qu'ils peuvent occasionner de
plus grands frais ; elle fait connaître aux Magistrats supérieurs la nécessité de la mesure qui
doit être prise, lorsqu'il s'agit d'envoyer l'Huissier
au-delà de certaines limites ; elle proportionne
le degré du pouvoir de délivrer ces mandemens,
à celui de l'autorité des différens officiers du
Ministère-public : on peut ajouter qu'elle se
trouve par conséquent en harmonie avec toutes
les autres relations qui existent entre ces officiers.

Ainsi, d'après les quatre articles que nous
examinons,

1.º Lorsqu'il s'agira d'envoyer l'Huissier
hors de son canton, mais non au-delà de l'arrondissement, l'ordre lui en sera donné par le
Procureur-impérial ou le juge d'instruction.

2.º S'il s'agit de l'envoyer au-delà de l'arrondissement, mais toujours dans l'étendue du département, il faudra qu'ils en réfèrent au Procureur-impérial criminel, qui pourra délivrer
la permission à l'Huissier.

3.º Parconséquent, si c'est le Procureur-impé-rial criminel lui-même, qui éprouve la nécessité d'envoyer un Huissier dans le département, il peut le faire de son chef.

4.º Il en est de même du Procureur-impérial près le Tribunal ordinaire des douanes, qui peut envoyer l'Huissier, même dans tout le départe-ment, à moins qu'il n'y ait plusieurs Tribunaux semblables dans ce département, auquel cas il ne peut donner le mandement que pour ce qui concerne son ressort.

5.º Quand il faudra que l'Huissier se transporte dans l'étendue du ressort de la Cour impériale, c'est-à-dire dans l'étendue de plusieurs dépar-temens, le Procureur-impérial ou le juge d'ins-truction ou le Procureur-impérial criminel qui devront faire les diligences, s'adresseront au Procureur-général.

6.º Le Procureur-général, lui-même, ordon-nera de son chef le transport, quand il se trou-vera dans le même cas.

7.º Lorsqu'il s'agira d'ordonner le transport dans l'étendue du ressort d'une Cour prévôtale, le Procureur-impérial près le Tribunal des doua-nes, en référera au Procureur-général près cette Cour.

8.º Enfin, quand le Procureur-général de cette même Cour devra poursuivre personnellement, il n'aura point à consulter une autre autorité.

Il faut remarquer que le ressort d'une Cour prévôtale, a généralement plus d'étendue que celui d'une Cour impériale, et que par conséquent les frais de transport doivent s'élever bien davantage dans la première, que dans celle-ci. Cette observation n'a point échappé aux méditations du législateur ; il a pensé que cela doit être ainsi, parce qu'en matière de douanes, il y a souvent des affaires d'une très-haute importance, et qui demandent célérité, intelligence et discrétion de la part de l'Huissier. Il ne faut pas dans certaines circonstances envisager le montant des frais : on entraverait le succès des poursuites.

Nous faisons une dernière réflexion sur la manière d'exécuter les articles dont il s'agit. La loi du 5 pluviôse an 13, exige que le lieu où l'Huissier doit instrumenter, soit désigné dans le mandement, afin qu'il ne puisse se transporter plus loin, dans les cas où les circonstances le lui permettraient, ce qui peut quelquefois arriver. Cette mesure est assurément fort utile ; mais il faut convenir pourtant, que si la loi était toujours strictement suivie à cet égard, les poursuites du Ministère-public perdraient, dans certains cas, leur efficacité. Supposons par exemple, qu'un Huissier de Versailles soit chargé par le Procureur-impérial criminel d'instrumenter à Mantes, qui est un autre arrondissement du même département ; que cet Huissier y étant arrivé, n'y trouve pas l'individu auquel il doit signifier un acte quelconque, et qu'il apprenne que cet individu est à un myriamètre de là ; ne serait-il pas juste qu'il se transportât à cette autre distance? L'inconvénient résultant d'une petite addition aux frais de transport, pourrait-il raisonnablement balancer celui qui résulterait des frais d'un nouveau transport, et sur-tout du retard qu'éprouverait la justice dans l'exécution de ses ordres?

Nous pensons que dans ces cas rares, il faut laisser à l'Huissier la faculté d'aller au-delà du lieu déterminé, sauf toutes fois l'examen scrupuleux à faire ultérieurement à ce sujet, par le Ministère-public et le juge taxateur. On pourrait encore astreindre l'Huissier à faire constater son transport imprévu par le maire du lieu, ou employer enfin tout autre moyen pour connaître la vérité et la nécessité des démarches non-autorisées.

Art. XXXIV.

En matière de simple police, aucun Huissier ne pourra instrumenter hors du canton de sa résidence, si ce n'est dans le cas prévu par le second paragraphe de l'article 28 du présent décret, et en vertu

d'une cédule délivrée pour cet effet par le
juge-de-paix.

OBSERV. — CETTE disposition est encore une
conséquence de l'art. 29 ; elle est la dernière de
celles qui en dérivent, et qui sont exprimées
dans les précédens articles.

Cependant il existe une différence entre l'objet de cet art. 34, et celui des quatre précédens.
Il y a à la vérité pour l'un et pour les autres,
une règle générale et commune ; il y a en outre
une exception, mais cette exception n'est pas
la même pour le cas de l'art. 34.

La règle commune consiste dans la défense à
l'Huissier d'instrumenter hors de son canton en
matière criminelle et correctionnelle.

L'exception pour tous autres Huissiers que
ceux de simple police, consiste dans la faculté
qui peut leur être accordée d'instrumenter au-
delà de leur canton.

L'exception qui concerne les Huissiers de simple police, n'a lieu qu'à l'égard de ceux du canton voisin qui sont appelés par le juge-de-paix,
lorsqu'il arrive par une circonstance quelconque, qu'il n'a point pour l'instant d'Huissier
ordinaire dans son ressort. C'est ce qui résulte
de ces mots : *si ce n'est dans le cas prévu par
le deuxième paragraphe de l'art.* 28. Or cette
seconde partie de l'art. 28, porte, ainsi que nous

l'avons vu : « *à défaut ou en cas d'insuffisance*
» *des Huissiers ordinaires du ressort , lesdits*
» *exploits seront faits par les Huissiers ordi-*
» *naires de l'un des cantons les plus voisins.* »

Ainsi , et en thèse générale , l'Huissier de
simple police , ne doit donc jamais exploiter
hors de son canton en cette qualité ; il ne peut
que remplacer momentanément l'Huissier du
canton voisin.

Art. XXXV.

Dans tous les cas où les réglemens ac-
cordent aux Huissiers une indemnité pour
frais de voyage , il ne sera alloué qu'un
seul droit de transport pour la totalité des
actes que l'Huissier aura faits dans une
même course et dans le même lieu.

Ce droit sera partagé en autant de portions égales entre elles , qu'il y aura d'originaux d'actes ; et à chacun de ces actes ,
l'Huissier appliquera l'une desdites portions : le tout à peine de rejet de la taxe,
ou de restitution envers la partie, et d'une
amende qui ne pourra excéder cent francs ,
ni être moindre de vingt francs.

OBSERV.—LES mesures que contient cet aricle, sont d'une très-grande importance; elles produiront un effet salutaire pour l'intérêt des citoyens et pour l'honneur du corps des Huissiers, si d'après l'amélioration qu'on apporte dans leur institution, il pouvait encore s'en trouver qui ne se renfermassent point dans les bornes de leurs devoirs.

Qu'il nous soit permis de rappeler ici un de ces abus qui se commettaient si fréquemment; il fera mieux sentir l'urgente nécessité de faire cesser ce mal, qui depuis quelques années a fait tant de progrès.

En effet, parmi les exactions si nombreuses qu'on avait à reprocher à certains Huissiers, il y avait tel d'entr'eux qui se faisait payer jusqu'à six fois un seul voyage de dix francs; il considérait six exploits qu'il signifiait au même lieu, comme ayant dû occasionner, et comme ayant effectivement nécessité un transport séparé.

Le silence de la loi favorisait la cupidité, et ce qu'il y avait de plus malheureux encore, c'est qu'elle s'exerçait presque toujours envers la classe la moins fortunée; car c'est dans les campagnes que les droits de transports sont plus fréquens, parce qu'il y a certaines distances à parcourir.

Il faut pourtant rendre justice aux Huissiers qui n'ont pas suivi le mauvais exemple des autres. Il y en a beaucoup , qui d'après leur propre conscience , partageaient les frais de transport de la manière indiquée, par le décret. Ils continueront sans contrainte d'observer cette règle équitable. Ils chercheront en outre à interpréter de bonne-foi toutes les dispositions qui les concernent ; ils savent que , malgré les précautions du législateur, il est quelquefois possible d'éluder la loi , parce qu'elle n'a pas dû descendre dans trop de détails. Ils savent en un mot, qu'ils sont leurs premiers juges pour se déterminer dans chaque circonstance. C'est donc à eux de saisir toutes les nuances ; c'est donc à eux , lorsqu'il s'agit de répartir les frais de transport , de peser avec justice les différens cas où il y a nécessité de faire supporter à telle partie plus de frais qu'à telle autre ; quoique l'art. 35 demande un partage égal. Nous allons bientôt démontrer que l'inégalité de répartition est quelquefois dans l'esprit de la loi.

On ne doit pas se dissimuler qu'il pourra se commettre encore des abus sur cette partie du décret ; mais la surveillance de la chambre de discipline , et celle du Ministère-public , préviendront ces abus. La punition réservée à l'Huissier qui voudrait les exercer, mettra un frein à son avidité.

L'examen approfondi de cet art. 35 , nous a suggéré plusieurs idées qui nous paraissent uti-

es, et nous avons remarqué qu'il est suscepti-
le d'explications abstraites, que nous rendrons
lus faciles par des exemples. Nous allons en
uelque sorte parler aux yeux, afin de soulager
'attention du lecteur.

Nos observations se divisent naturellement
n deux parties ; la première a pour objet la ré-
artition que l'Huissier doit faire de ses frais de
ransport, et la seconde est relative à la taxe
ui en est demandée au juge.

Répartition des frais de transport.

I.er EXEMPLE.

-Jean.

4 kil. de Traville.   Traville.

3 kil. de Traville.

Un myriam. de Luzy.

Rohard.

7 kil. de Luzy.

Luzy.

L'Huissier qui aura porté un exploit au chef-
lieu d'une commune, et qui le même jour et
dans la même course en aura porté un autre
dans un village dépendant de cette commune,
ne serait pas fondé à prétendre qu'il lui serait
dû deux voyages, en alléguant que la loi dit
dans le même lieu, et qu'il aurait été dans deux
endroits. Toute la commune, quelque divisée
qu'elle soit, est considérée comme un seul
lieu ; ce ne serait pas saisir l'esprit du décret
que de soutenir le contraire. En effet, la disposition que nous expliquons se lie intimement
à l'art. 93 du décret du 18 juin 1811, qui, en
parlant des frais de voyage, porte : « Que
» pour faciliter le réglement de cette indemnité,
» les Préfets feront dresser un tableau des dis-
» tances en myriamètres et kylomètres de *cha-*
» *que commune* au chef-lieu de canton, au
» chef-lieu d'arrondissement, et au chef-lieu
» de département. » La distance ne doit donc
se calculer que du chef-lieu de la commune où
réside l'Huissier, au chef-lieu de celle où il va
exploiter. S'il en était autrement, il faudrait
que le tableau des distances comprît dans le
plus grand détail jusqu'au plus mince hameau,
jusqu'à l'habitation la plus isolée ; mais la loi
dit la distance de *chaque commune*, et non pas
de chaque section de commune.

Il s'établit, au surplus, une compensation

en faveur de l'Huissier ; nous pouvons le démontrer.

Lorsque cet Huissier part de *Luzy*, lieu de son domicile, pour aller à *Saint-Jean*, dépendant de la commune de *Traville*, il parcourt 1 myriamètre 4 kilomètres ; néanmoins il ne reçoit pour frais de transport que ceux dûs pour un myriamètre, parce qu'il n'y a qu'un myriamètre pour aller au chef-lieu.

Lorsque le même Huissier se rend à *Rohard*, autre hameau de Traville, il ne parcourt que 7 kilomètres, et quoiqu'il n'ait pas instrumenté dans les autres parties de la commune, il reçoit de même les frais dûs pour un myriamètre.

C'est toujours le chef-lieu qu'il faut considérer, et la compensation est certaine, puisqu'on n'accorde qu'un myriamètre pour Saint-Jean, quoiqu'il y ait 4 kilomètres de plus, et qu'on alloue le même droit pour aller à *Rohard*, quoiqu'il y ait 3 kilomètres de moins.

Ainsi en matière civile, par exemple, comme il est dû quatre francs de transport par myriamètre, l'Huissier qui aura fait dans le même jour et dans la même course deux actes à *Traville* et un à *Saint-Jean*, n'aura donc toujours que quatre francs, puisqu'il n'y a qu'un myriamètre, et il devra partager cette somme par tiers, en joignant chacun de ces tiers au coût de chaque exploit. N'oublions pas de remarquer que le partage se fait ici par égales portions.

II.me EXEMPLE.

♂ Orbec. 1 myriamètre de Luzy.

♂ Nerville. 6 kilomètres de Luzy.

♂ Luzy.

Les frais de voyage doivent aussi être partagés, lorsque l'Huissier signifie dans une même course, un ou plusieurs actes dans les lieux intermédiaires, sur la route du terme le plus éloigné de cette course. Il ne serait pas juste d'allouer deux voyages, sous prétexte que les exploits n'auraient pas été laissés au même lieu; ce serait un moyen trop facile d'éluder la loi. Le partage est égal ou inégal, selon que la différence des circonstances l'exige, ainsi que nous allons le voir.

Dans l'exemple donné, l'Huissier partant de *Luzy* pour aller à *Orbec*, éloigné d'un myriamètre, et passant à *Nerville*, où il fait un acte et où il n'y a que 6 kilomètres, devra partager ses frais de transport en deux parties.

Il lui est dû quatre francs ; ce sera donc deux francs pour chaque acte. Le partage est encore égal ici, malgré l'inégalité des distances, et voici pourquoi il est dû à l'Huissier quatre francs pour le plus long trajet ; s'il n'eût pas été au-delà de Nerville, il lui serait également dû 4 fr., car c'est le *minimum* des frais de transport. Le partage doit être fait par égale portion, quoiqu'il y ait une différence dans les distances, puisque le plus long trajet ne donne pas un droit plus fort que le plus court. C'est comme si l'Huissier eût signifié ses deux actes au même lieu, et chaque partie doit donc supporter deux francs de frais de voyage.

III.me EXEMPLE.

⚜ Orbec. 3 myriamètres de Luzy.

⚜ Nerville. 2 myriam. de Luzy.

⚜ Luzy.

Ici on suppose que *Nerville* est à 2 myriamètres de *Luzy*, et *Orbec* à 3 myriamètres.
L'Huissier qui est allé à *Orbec*, a fait un acte
en passant à *Nerville*, et la totalité des frais est
de 12 fr. ; s'il n'eût pas été au-delà de Nerville,
il ne lui serait dû que huit francs, puisqu'il n'y
a que deux myriamètres. Or, il n'y a donc que
quatre francs de plus pour Orbec; il est juste
que la partie à laquelle il a signifié un acte dans
cette dernière commune, ne paye que ce surplus de distance.

Il n'est dû douze francs à l'Huissier, que
lorsqu'il se transporte exprès de Luzy à Orbec.
Mais lorsqu'il est notoire qu'il se trouve à Nerville, on ne peut nier qu'il n'a pas autant de
chemin à faire ; que ce chemin lui ayant déjà
été payé jusqu'à Nerville, il ne lui reste dû que
celui qu'il doit parcourir au-delà.

Le partage égal ne doit donc pas avoir lieu
comme dans les autres exemples ; car il serait
injuste que la partie d'Orbec payât la moitié de
la course, tandis que l'Huissier n'en aurait fait
pour elle que le tiers, et de ne faire supporter
à la partie de Nerville que l'autre moitié de
cette course; tandis que, soit qu'il allât à Orbec, soit qu'il ne dépassât pas Nerville, il fallait nécessairement qu'il fît, pour cette partie
de Nerville, les deux tiers de cette même course.

Ainsi il demeure constant que pour se conformer à la loi, la partie domiciliée à Nerville payera huit francs, et celle d'Orbec, 4 francs.

IV.me EXEMPLE.

♂ Orbec. 3 myriam. de Luzy.

.
.
.
.
.

Sagré. ♂ 6 kilom. de la route.

.
.

♂ Nerville. 1 myriam. de Luzy.

Lorine. ♂ 4 kilom. de la route.

.
.
.
.
.

♂ Luzy.

Ce que nous venons de voir dans les exemples précédens, doit s'observer aussi pour les exploits portés à des distances inférieures, au terme le plus long du voyage, et qui ne sont pas éloignées de la route directe de plus d'un demi-myriamètre.

S'il y a plus d'un demi-myriamètre, on peut accorder deux voyages, parce qu'alors la course se prolonge, et que d'ailleurs au-delà de cette

distance il est alloué un transport, par l'art. 66
du tarif des frais de procédure civile.

Ici l'Huissier a fait un acte au village de
Lorme, éloigné de 4 kilomètres de la route
d'Orbec ; un à *Sagré*, distant de 6 kilomètres
de cette route ; 2 à *Nerville*, où il y a 1 myriamètre de Luzy ; et 1 à *Orbec*, éloigné de
3 myriamètres.

Au troisième exemple, la distance de Nerville est de 2 myriamètres, et nous ne le met-
tons dans celui-ci qu'à un seul, pour varier les
circonstances.

La plus longue distance est encore de trois
myriamètres, et il est dû à l'Huissier douze fr.
de transport. Le voyage n'est pas dû pour le
village de *Lorme*, parce qu'il est situé à moins
d'un demi-myriamètre de la route d'*Orbec*. Les
deux exploits laissés à Nerville supporteront
chacun deux francs de transport, parce qu'il
n'est dû que quatre francs jusque-là, et que le
partage doit se faire par moitié, puisque les
deux exploits sont laissés au même lieu ; l'exploit d'*Orbec* supportera les huit fr. restant.

A l'égard du voyage de *Sagré*, il est dû en
totalité à l'Huissier, parce que ce village est
situé à plus d'un demi-myriamètre de la route
d'*Orbec*; et supposé qu'il y ait un myriamètre
et demi de Luzy, il sera payé séparément six
francs pour ce voyage.

Taxe du Juge.

La seconde partie de l'article porte, entr'autres choses : *le tout à peine de rejet de la taxe ou de restitution envers la partie*, etc. Il est bon de bien faire sentir l'objet de cette disposition.

Quand l'Huissier fera taxer ses actes, les frais de transport frauduleusement employés seront rejetés de la taxe, et il sera condamné à l'amende voulue par la loi.

Quand il se sera fait payer sans avoir présenté ses actes à la taxe du juge, la partie intéressée aura le droit de se faire restituer les frais indûment exigés, et l'Huissier sera encore condamné à l'amende.

Et quand il y aura lieu à restitution, le contrevenant n'aura pas seulement à rendre à la partie plaignante, mais encore à toutes celles entre lesquelles les frais de voyage auraient dû être partagés. Un exemple fera mieux ressortir cette pensée.

Vme EXEMPLE.

♂ Orbec. 3 myriam. de Luzy.

.
.
.
.
.

♂ Nerville. 1 myr. de Luzy.

.

Lorme. ♂ 4 kil. de la route.

.
.
.

♂ Luzy.

Le quatrième exemple nous a fait voir qu'il n'est dû ici que douze francs de transport pour tout le trajet ; savoir : quatre francs pour *Nerville*, et huit francs pour *Orbec* ; il n'est rien dû pour *Lorme*.

Si l'Huissier a pris pour Nerville, quatre fr. à *Pierre* et quatre fr. à *Paul*, et s'il a pris en outre douze fr. à *Jean* pour aller à Orbec, il s'ensuit qu'il doit restituer huit francs.

Supposons que *Jean* demande la taxe ; dès qu'on aura découvert le motif du rejet, on sera convaincu qu'au lieu d'une personne lésée, il y en a trois ; qu'il faudra que l'Huissier rende à

Jean ce qu'il lui a pris de trop, et que ne fût-ce même que pour le bon ordre et dans l'intérêt de la loi, il faut ordonner aussi la restitution en faveur de *Pierre* et de *Paul*. Les frais de transport n'étant donc pour *Jean* que de huit fr., tandis qu'il a payé douze fr., l'Huissier restituera 4 francs.

Le transport pour Nerville n'étant que de quatre fr., et devant être payé par moitié entre *Pierre* et *Paul*, ce qui fait deux fr. pour l'un et deux fr. pour l'autre seulement; il sera donc restitué deux fr. à chacun d'eux, puisque chacun d'eux a indûment payé 4 francs.

Les infractions devront éveiller l'attention du juge taxateur; il ne doit point s'en tenir au simple rejet de la taxe, pour le seul acte qui lui est présenté; ce ne serait qu'une demi-mesure, qu'une demi-justice, car il ne ferait droit qu'en faveur d'une seule partie intéressée, tandis qu'il peut y en avoir trois ou quatre, ou même un plus grand nombre. Il doit se concerter avec le ministère public, dénoncer le coupable à la chambre des Huissiers, dont il va être parlé; en un mot, il doit agir de manière à faire opérer les restitutions et acquitter l'amende encourue. Cette surveillance de la part du juge taxateur est très-nécessaire pour atteindre le but de la loi.

Art. XXXVI.

Tout Huissier qui chargera un Huissier d'une autre résidence d'instrumenter pour lui, à l'effet de se procurer un droit de transport qui ne lui aurait pas été alloué s'il eût instrumenté lui-même, sera puni d'une amende de cent francs. L'Huissier qui aura prêté sa signature, sera puni de la même peine.

En cas de récidive, l'amende sera double, et l'Huissier sera de plus destitué.

Dans tous les cas, le droit de transport indûment alloué ou perçu sera rejeté de la taxe, ou restitué à la partie.

Observ. — C'est encore un abus bien fréquent, que celui que le décret veut faire cesser; mais il faut convenir que lors même qu'il ne serait pas réprimé, il deviendrait plus rare, d'après l'obligation la plus expresse et la plus stricte qui est imposée à l'Huissier par l'art. 45 ci-après, de remettre lui-même et personnellement les copies de ses actes. La manière dont on extorquait des frais de transport, était véritablement criante. Un Huissier de Versailles, par exemple, avait un exploit à signifier dans cette ville, ou dans une commune voisine, dont la distance

ne lui aurait pas procuré de frais de transport,
il en chargeait son confrère de Rambouillet,
et la complaisance de celui-ci valait environ dix-
huit francs de pur bénéfice, non-compris les
droits de l'acte. Ni l'un ni l'autre ne se dépla-
çait; l'Huissier de Rambouillet avait eu soin de
donner d'avance des signatures en blanc, comme
celui-ci en avait reçu de l'autre; on envoyait
porter la copie par un clerc, la partie payait un
voyage, et on n'avait quelquefois pas fait vingt
pas. Mais aujourd'hui il faut que le transport
personnel ait lieu, et l'Huissier complaisant ne
voudra pas se charger si volontiers d'une corvée
gratis, qu'il faisait auparavant d'une manière
si facile.

Si des Huissiers pouvaient se plaindre de la
sévérité des précautions prises par le décret pour
prévenir les malversations qui se commettaient
dans la taxe de leurs émolumens, qu'ils lisent
le compte que nous allons rendre d'une affaire
très-connue, mais dont les circonstances ont
besoin d'être précisées, pour que l'on sache
d'une manière certaine à quel point les abus
ont été portés, au milieu même de la ville de
Paris. L'exposé de cette affaire fera connaître
en même temps les principes qui ont servi de
base à sa décision, et qui doivent toujours être
présens aux Huissiers dans l'exercice de leurs
fonctions.

Avant la nouvelle organisation des Cours impériales, les Huissiers attachés à la Cour criminelle de la Seine, étaient au nombre de six. Il
y avait entr'eux communauté de travail et de
profits. Un de ces Huissiers, appelé *Codron*,
était chargé de la comptabilité : il rédigeait tous
les mémoires qui devaient être acquittés par le
trésor public ; il en touchait le montant, et le
partageait avec ses confrères.

Les lois ont pris et multiplié en tout temps
les précautions pour s'assurer de la fidélité de
ces mémoires. Ils doivent être successivement
soumis à la vérification du président du Tribunal et du Ministère-public, à celle du préfet du
département, à celle de l'administration des domaines. Ce n'est qu'après toutes ces formalités,
que les frais de justice criminelle peuvent être
taxés, ordonnancés et payés.

Mais ces mesures seraient illusoires, si les
mémoires des frais n'étaient pas rédigés de manière à en faciliter l'examen, et à faire aisément
découvrir les faux ou les erreurs qui y existent.
C'est dans cette vue que les Huissiers sont obligés « de désigner à chaque article l'*affaire* où
» ils ont instrumenté, la *date* et le *nombre* des
» significations, les *personnes* à qui elles ont
» été faites, les lieux où ils se sont transportés,
» et leur *distance* à celui de leur domicile. »

Chaque article étant ainsi désigné, on voit

au premier coup-d'œil si la taxe demandée par l'Huissier est ou non conforme au tarif. D'ailleurs, et ceci est non moins important, s'élève-t-il des soupçons sur l'existence d'un acte porté dans ces mémoires, on sait, d'après les indications qu'ils renferment, quelle est l'affaire, dans quel greffe elle se trouve ; on peut, sur-le-champ, s'en faire représenter les pièces et éclaircir les doutes.

Pour certains actes, la vérification est plus facile encore ; car l'Huissier doit avoir entre les mains, et annexer à son mémoire la pièce justificative. Telle est la règle pour un grand nombre de significations ou de diligences que l'Huissier ne peut faire, comme on l'a dit sur les précédens articles, que par ordre des Magistrats, et dont il ne peut demander la taxe sans exhiber cet ordre.

Enfin un dernier moyen de vérification est dans le répertoire que chaque Huissier est obligé de tenir, sur lequel il doit inscrire tous ses actes, et qu'il doit représenter lorsqu'il en est requis.

Pendant plusieurs années, l'Huissier Codron était parvenu, on ne sait par quel procédé, à éluder la disposition des lois et tromper la surveillance de ceux qui devaient observer sa conduite. La plupart de ses mémoires étaient rédigés dans une forme qui en rendait la vérification impossible. Dans d'autres, régulièrement dressés, il portait en compte des actes qui n'avaient jamais existé. Dans tous, il répétait des sommes énormes que le tarif ne lui allouait pas, et il trouvait le secret de faire acquitter tous ces mémoires.

Ce ne fut qu'à la fin de 1807, après quatre ans et demi de prévarications commises par cet Huissier et ses confrères, qu'on parvint à découvrir qu'ils avaient réclamé et touché 21,000 fr. qui ne leur étaient dus à aucun titre.

Son Excell. le Grand-Juge s'empressa d'ordonner la restitution de cette somme, et la révision de tous les mémoires qui avaient été précédemment taxés et soldés depuis le premier germinal an 12, jusqu'au 16 octobre 1807, époque vers laquelle ces Huissiers furent destitués.

Ces mémoires, au nombre de cent quatre-vingt-quinze, se montaient en total à 720,950 fr.; ils furent réduits à 170,717 fr. : d'où il suivait qu'on avait payé de trop 558,133 fr.

Par plusieurs ordonnances de Son Excel. le Grand-Juge, les six Huissiers furent condamnés solidairement à restituer cette dernière somme.

Codron acquiesça par le fait à cette condamnation; il disparut.

Quatre des autres Huissiers attaquèrent devant Sa Majesté la décision de son ministre,

Leur réclamation fut jugée par décret du 26 novembre 1808.

Au nombre des demandes qu'ils présentèrent
alors, il en est une qui fut formellement rejetée, et qu'ils cherchèrent ensuite à renouveler.
Il est inutile d'en faire connaître l'objet.

La comptabilité de ces Huissiers se rapportait
à deux temps différens ; l'un antérieur au 5 pluviôse an 13 , l'autre postérieur.

Les mémoires relatifs à cette dernière époque
étaient rédigés de manière à pouvoir être vérifiés ; ils l'ont été.

Mais il en était autrement de ceux concernant la première époque : 1.º ils ne renfermaient
aucun des renseignemens prescrits par la loi sur
la nature des affaires , sur la date des actes , sur
la qualité , le domicile des parties qui avaient
reçu les significations , etc. Ainsi, impossibilité
de juger si les sommes demandées étaient dues ;
impossibilité de savoir dans quels greffes se trouvaient les procédures ; impossibilité de se les
faire représenter et d'en confronter les actes avec
ceux énoncés dans les mémoires : 2.º un grand
nombre d'articles auraient dû être appuyés de
pièces justificatives, et aucune n'était produite :
3.º les Huissiers ne représentaient pas de répertoires, et il est à remarquer que leurs mémoires, pour cet espace de temps , qui ne compre-
nait que dix mois , s'élevaient à 306,671 fr.

Son Exc. le Grand-Juge avait rejeté en totalit cette dépense, parce que rien n'en justifiait la légitimité, parce qu'il était impossible d'en vérifier les états, suivant le mode prescrit par l'arrêté du 6 messidor an 6.

Les Huissiers, en attaquant cette décision, convenaient qu'ils ne s'étaient pas conformés à cet arrêté de l'an 6, ni aux lois qui y sont rappelées; mais ils soutenaient que, dans les premiers temps de leur exercice, ces lois étaient tombées en désuétude, abrogées par le fait, et qu'elles n'avaient été remises en vigueur que par une circulaire de Son Exc. le Grand-Juge, au commencement de pluviôse an 13; qu'ainsi, avant cette époque, ils n'étaient pas assujettis aux réglemens dont on leur demandait l'exécution.

Mais ce système fut proscrit par un décret du 26 novembre 1808, qui confirma les ordonnances de Son Exc. le Grand-Juge. Ainsi les dispositions concernant la comptabilité antérieure au 5 pluviôse an 13 furent maintenues; et il fut dès-lors irrévocablement décidé, que pour ce temps-là, on ne pourrait allouer que les frais justifiés de la manière voulue par la loi.

Quant aux mémoires présentés depuis le 5 pluviôse an 13, il fut ordonné que la taxe en serait réformée en quelques points à l'avantage des Huissiers.

Ce décret rendu, les Huissiers présentèrent de nouveau leurs mémoires à Son Excell. le Grand-Juge.

Ils reproduisirent, et toujours sous la même forme et sans pièces, ceux antérieurs au 5 pluviôse an 13, et en demandèrent l'allocation. Mais il y avait contre cette demande autorité de chose jugée ; elle fut rejetée.

Quant aux mémoires postérieurs à pluviôse an 13, qui étaient dans une forme régulière, ils furent revisés et taxés de nouveau, d'après les bases posées par le décret.

On a vu que le premier décompte avait constitué les Huissiers débiteurs de plus de 500,000 francs.

La nouvelle liquidation diminua leur débet d'environ 75,000 fr., et le réduisit définitivement à *483,038 francs.*

Par une dernière ordonnance du 18 février 1812, ils ont été condamnés à restituer cette somme au trésor public.

C'est cette ordonnance qu'ils ont encore dénoncée à Sa Majesté. Ils ont pris trois chefs de conclusions.

Par le premier, ils ont persisté à soutenir, toujours par les mêmes motifs, que les frais faits avant pluviôse an 13, devaient leur être alloués, malgré l'irrégularité de leurs mémoires ; malgré le manquement absolu de preuves justi-

ficatives; malgré l'impossibilité résultant d
leur propre fait, de procéder à une vérificatio
et à une taxe.

Mais on a pensé que cette première demande
devait être rejetée, sauf aux réclamans à présenter de nouveaux mémoires dans la forme
prescrite par la loi, en les accompagnant de
pièces justificatives.

Le deuxième chef de demande était relatif à
la taxe des procès-verbaux de perquisition. Les
Huissiers sont souvent chargés d'arrêter des
prévenus dont la demeure est inconnue. La
recherche qu'ils en font se constate par un procès-verbal de perquisition, pour lequel on leur
alloue trois francs. Mais lorsqu'ils veulent se
procurer un gain illicite, ils supposent qu'ils
ont multiplié les recherches; ils multiplient, en
conséquence, leurs procès-verbaux, et par suite
les articles de leurs mémoires. C'est ce qu'avait
fait l'Huissier Codron, agissant au nom et dans
l'intérêt de ses confrères; il a été reconnu au
procès : « Que le terme moyen des procès-ver-
» baux de perquisition établi par ces Huissiers,
» dans les mémoires de frais, était de *trente*
» *par individu recherché*..... » c'est-à-dire,
qu'au lieu de trois francs qui étaient dûs, Codron demandait quatre-vingt-dix francs.

Son Excell. le Grand-Juge n'a passé en taxe
qu'un seul procès-verbal et un seul droit de

trois francs, à raison de chaque individu dont il avait été fait perquisition.

Les réclamans convenaient que ce serait beaucoup trop de leur allouer trente procès-verbaux; mais ils disaient que ce n'était pas assez de n'en compter qu'un seul, et ils concluaient, « à ce que, statuant par forme de transaction, » ces procès-verbaux fussent portés à cinq pour » chaque individu recherché. »

Mais on leur a observé que proposer sur ce point une transaction, ce serait convenir que la demande que l'on formait n'était pas légalement *justifiée*. Or, on a vu que le décret du 26 novembre 1808, défend d'allouer ce qui est dépourvu de justification. Ainsi cette seconde demande a encore être rejetée.

Le troisième chef de demande concernait la taxe des procès-verbaux d'exécution. Le décret du 26 novembre 1808, porte : « Pour assistance » aux exécutions de jugemens criminels, on » allouera quarante-cinq francs. » Son Excell. le Grand-Juge a entendu cet article en ce sens, que la somme de quarante-cinq francs n'est due que pour chaque exécution, quel que soit le nombre des condamnés, soit qu'il n'y en ait qu'un, soit qu'il y en ait plusieurs.

Les Huissiers ont prétendu, au contraire, que ce droit leur était accordé en raison du nombre des condamnés; qu'ainsi, autant il y avait d'individus exécutés le même jour, au même moment, autant de fois ils devaient percevoir cette somme de quarante-cinq francs.

Mais on a décidé que Son Excell. le Grand Juge avait donné au décret l'interprétation dont il était susceptible ; car, en ces sortes d'affaires, l'usage est de payer les Huissiers par vacations, et de ne leur allouer qu'un seul droit pour chacune d'elles, quelle qu'en soit la durée. Ainsi cette troisième demande a encore été rejetée.

Voici le décret qui a été rendu sur cette affaire le 20 août 1813.

Napoléon, Empereur des Français, etc.;

Vu, etc.

« Considérant, 1.º que les mémoires de frais réclamés par les supplians, depuis le premier germinal an 12, jusqu'au 5 pluviôse an 13, ne sont pas rédigés dans la forme, ni justifiés de la manière prescrite par les réglemens; que par suite la vérification et la taxe en sont impossibles; qu'ainsi en rejetant en totalité ces mémoires, l'ordonnance attaquée a fait une juste application des lois de la matière et de notre décret du 26 novembre 1808.

Considérant, 2.º que rien ne justifiant la nécessité de cinq procès-verbaux, pour constater la recherche d'un individu, il a été juste de

n'en allouer qu'un seul pour chaque personne
dont il a été fait perquisition. »

« Considérant, 3.º qu'en rendant notre décret du 26 novembre 1808, il a été dans notre
intention, conforme en ce point à l'usage, de
n'accorder qu'un seul droit d'assistance à l'exécution des jugemens criminels, quel que soit le
nombre des condamnés.

» Notre Conseil-d'Etat entendu,

» Nous avons décrété et décrétons ce qui
suit :

» La requête des ex-Huissiers de la Cour criminelle de Paris est rejetée, sauf à eux, en ce
qui concerne les frais faits antérieurement au
5 pluviôse an 13, à présenter à notre Grand-
Juge Ministre de la Justice, et dans le délai
qu'il fixera, de nouveaux mémoires rédigés et
justifiés de la manière prescrite par la loi. »

Ce décret fixe, d'une manière certaine et ir-
révocable, les principes que doivent suivre les
Huissiers pour ne pas être exposés à voir rejeter
de la taxe leurs mémoires de frais. Il faut qu'ils
se rappellent bien de les rédiger dans la forme,
et de les justifier de la manière prescrite par les
réglemens, et notamment par l'art. 82 du décret du 18 juin 1811, sans quoi la vérification
et la taxe en seraient impossibles, ce qui en
rendrait le rejet inévitable.

Les lois anciennes et nouvelles contenaient

à cet égard les mêmes dispositions. Ces lois so
fondées sur le principe que tout comptable do
un compte en bonne forme et des pièces
l'appui. Ce principe vrai, sous toutes les légis
lations, le serait également en l'absence des lo
positives.

En second lieu, les Huissiers se rappelleron
que lorsqu'ils sont chargés de faire la recherch
d'un individu, il ne peut leur être allou
qu'un seul procès-verbal pour chaque personn
dont il a été fait perquisition, parce que la lo
n'en alloue qu'un, et qu'on ne peut lui donn
d'extension.

Enfin, un troisième objet que les Huissier
attachés aux Cours d'assises ne doivent pa
perdre de vue, c'est qu'il ne peut leur être ac
cordé qu'un seul droit d'assistance à l'exécution
des arrêts criminels, quel que soit le nombre de
condamnés.

§. III. *Prisées et Ventes publiques de meubles et effets mobiliers.*

ART. XXXVII.

Dans les lieux pour lesquels il n'est
point établi de commissaires-priseurs exclusivement chargés de faire les prisées et
ventes publiques de meubles et effets mo-

biliers, les Huissiers tant audienciers
qu'ordinaires continueront de procéder,
concurremment avec les notaires et les
greffiers, auxdites prisées et ventes publiques, en se conformant aux lois et réglemens qui y sont relatifs.

OBSERV. — IL n'y a qu'à Paris qu'il est établi
depuis plusieurs années des commi·saires-pri-
seurs vendeurs ; par-tout ailleurs les notaires,
greffiers et Huissiers ont le droit de faire les
prisées aux inventaires, et de vendre les meubles aux enchères. Ainsi rien de nouveau sur
ce point, en ce qui concerne les Huissiers ; ils
sont soumis aux anciens réglemens.

Les commissaires - priseurs remplacent les
Huissiers-priseurs qui ont été originairement
établis par l'édit du mois de février 1556. Néanmoins il y a une différence dans les attributions
des uns et des autres ; car les Huissiers-priseurs
avaient, outre le droit de faire les prisées et
estimations de biens, meubles, ainsi que les
ventes publiques et mobilières, tant volontaires
que forcées, celui d'exploiter comme les simples
Huissiers, dans le ressort de leur résidence. Les
commissaires-priseurs ne sont point Huissiers ;
ils ne peuvent faire aucun acte étranger aux
prisées et ventes mobilières.

Les offices d'Huissiers-priseurs ont été suppri-
més par l'assemblée nationale, en 1790. La loi
du 21 juillet de la même année, sanctionnée par
le Roi, le 26, porte, art. 1.er :

« Les notaires, greffiers, Huissiers et ser-
» gens sont autorisés à faire les ventes des
» meubles dans tous les lieux où elles étaient
» ci-devant faites par les jurés-priseurs. »

L'art. 2 : « Les procès-verbaux de ventes et
» de prisées faits par les officiers ci-dessus dé-
» signés, ne seront soumis qu'aux mêmes droits
» de contrôle que ceux des jurés-priseurs. »

La loi du 17 septembre 1793, décrétée par la
convention nationale, confirme celle de 1790.
Elle porte aussi par son art. 1.er : « Les notai-
» res, greffiers et Huissiers sont autorisés à faire
» les prisées et ventes de meubles dans toute
» l'étendue de la république. »

Ces deux lois n'ont pas été exécutées ponctuellement. Quelques individus se prévalant de
ce qu'elles ne contenaient aucune peine contre
ceux qui procéderaient aux prisées et aux ventes, sans avoir la qualité de notaire, de greffier
ou d'Huissier, et de ce qu'elles ne faisaient même
aucune défense à cet égard, se sont imaginés de
faire des prisées et des ventes comme les officiers à qui ce droit est attribué. Cet abus a été
réprimé par un arrêté du directoire exécutif du

12 fructidor an 4, (29 août 1796). Il est ainsi conçu :

Le directoire exécutif arrête ce qui suit :

« Art. 1.er Conformément aux lois des 26
» juillet 1790 et 17 septembre 1793, et aux
» réglemens antérieurs, maintenus provisoire-
» ment par le décret de la convention natio-
» nale du 21 septembre 1792, il est défendu à
» tous autres que les notaires, greffiers et
» Huissiers, de s'immiscer dans les prisées et
» estimations et ventes publiques de meubles
» et effets mobiliers, soit qu'elles soient faites
» volontairement après inventaire, ou par au-
» torité de justice, en quelque sorte et manière
» que ce puisse être et sans aucune excep-
» tion.

» 2. Les contrevenans seront poursuivis de-
» vant les Tribunaux, à la requête et diligence
» des commissaires du directoire exécutif près
» les administrations, pour être condamnés aux
» amendes portées par les réglemens non-abro-
» gés, sans préjudice des dommages-intérêts,
» des notaires, greffiers et Huissiers, pour
» raison desquels ceux-ci se pourvoiront con-
» tr'eux, ainsi qu'ils aviseront. »

Un autre arrêté du directoire exécutif du 27
nivôse an 5 (16 décembre 1797), contient aussi
des mesures relatives à la punition des contrevenans au droit exclusif des officiers qui peu-

vent faire les prisées et les ventes de meubles

Les Huissiers sont tenus, avant de procéde à une vente mobilière, d'en faire la déclaration au bureau de l'enregistrement, ainsi qu'il est prescrit par la loi du 22 pluviôse an 7, imprimée dans le recueil des lois qui sont à la fin de l'ouvrage.

L'art. 39 du décret du 16 février 1807, sur les frais de justice, fixe les droits de vente pour les Huissiers. Ce décret est imprimé dans le recueil dont nous venons de parler.

ART. XXXVIII.

Les Huissiers ne pourront, ni directement ni indirectement, se rendre adjudicataires des objets mobiliers qu'ils seront chargés de vendre.

Toute contravention à cette disposition sera punie de la suspension de l'Huissier pendant trois mois, et d'une amende de cent francs pour chaque article par lui acheté, sans préjudice de plus fortes peines dans les cas prévus par le Code pénal.

La récidive, dans quelque cas que ce soit, entraînera toujours la destitution.

OBSERV. — Cet article contient des mesures

sévères ; mais ces mesures sont devenues nécessaires , par la fréquence du mal qu'elles doivent
faire cesser. Il était trop commun en effet de
voir des Huissiers s'adjuger des objets d'un prix
important , pour une valeur bien inférieure. Ils
seront donc punis lorsqu'ils se rendront adjudicataires directement ou sous le nom de quelqu'un. Ils seraient aussi repréhensibles , s'ils
adjugeaient évidemment à vil prix , certains
objets à une personne qu'ils voudraient favoriser , puisqu'ils auraient causé aux parties intéressées le même préjudice et de la même manière que s'ils eussent adjugé les objets pour leur
propre compte ; ils doivent donc être punis d'une
peine semblable. Si cette peine ne leur était pas
infligée, ils devraient au moins en subir une
autre, car ils ont commis un délit, et cette
autre peine est celle prononcée par l'art. 412
du code pénal, qui est ainsi conçu : « Ceux qui
» dans les adjudications de la propriété, de
» l'usufruit ou de la location de choses mobi-
» lières, ou immobilières , d'une entreprise ,
» d'une fourniture, d'une exploitation ou d'un
» service quelconque, auront entravé ou trou-
» blé la liberté des enchères ou des soumissions
» par voies de fait, violences ou menaces, soit
» avant , soit pendant les enchères , ou les
» soumissions, seront punis d'un emprisonne-
» ment de quinze jours au moins, de trois

» mois au plus, et d'une amende de cent francs
» au moins, et de cinq mille francs au plus.

» La même peine aura lieu contre ceux qui
» par dons, ou promesses, auront excité les
» enchérisseurs. »

CHAPITRE II.

DEVOIRS DES HUISSIERS.

ART. XXXIX.

Les Huissiers sont tenus de se renfermer
dans les bornes de leur ministère, sous
les peines portées par l'art. 132 du Code
de procédure civile.

OBSERV. — Voici le texte de l'article 132 du
code de procédure, qui doit en quelque sorte
former une seule teneur avec celui-ci.

» Les avoués et Huissiers qui auront excédé
» les bornes de leur ministère, les tuteurs, cu-
» rateurs, héritiers bénéficiaires ou autres ad-
» ministrateurs qui auront compromis les inté-
» rêts de leur administration, pourront être
» condamnés aux dépens, en leur nom et sans
» répétition, même aux dommages-intérêts,

» s'il y a lieu ; sans préjudice de l'interdiction
» contre les avoués et Huissiers , et de la des-
» titution contre les tuteurs et autres , suivant
» la gravité des circonstances. »

Cette disposition ne parle pas de peines plus
grandes ; mais si l'Huissier s'est attiré plus de
sévérité par sa conduite , les Magistrats auront
toujours le droit de provoquer même sa destitution. C'est une mesure qu'il peuvent prendre
dans tous les cas où elle devient nécessaire pour
l'intérêt de la société.

ART. XL.

L'exercice du ministère d'Huissier est
incompatible avec toute autre fonction
publique salariée.

OBSERV. — AINSI l'Huissier peut être maire
ou membre du conseil municipal ; il peut aussi
être membre d'un comité de bienfaisance , et
être admis à toute autre place semblable. Cependant il est des fonctions publiques non salariées
qui sont incompatibles avec le ministère d'Huissier , comme celles de notaire , d'avoué , de juge
suppléant , d'agent-de-change et autres de cette
nature.

ART. XLI.

Il est défendu aux Huissiers, sous peine d'être remplacés, de tenir auberge, cabaret, café, tabagie ou billard, même sous le nom de leurs femmes, à moins qu'ils n'y soient spécialement autorisés.

OBSERV. — CET article confirme les anciennes lois sur ce point, car l'ordonnance de 1670, la déclaration du 28 mars 1720, et plusieurs autres réglemens plus récens, contiennent la même défense, sauf quelques légères modifications.

On conçoit le motif de cette défense. Les maisons où se tiennent les auberges, cabarets, etc., sont toujours au moins pour la plus grande partie le rendez-vous d'une certaine classe d'individus dont l'éducation et les usages ne sont pas épurés. Ces hommes se livrent souvent aux excès du vin, et par suite, au désordre et à tous les effets de l'ivresse. Lors même qu'ils ne s'abandonnent pas à l'intempérance, il s'élève fréquemment entr'eux des querelles qui les conduisent au tumulte et aux voies de fait. Jamais ces sortes de maisons ne sont constamment tranquilles, et il est facile de voir que ceux qui les conduisent ne doivent pas en

même temps exercer une profession qui tient à
l'ordre judiciaire , et qui exige par conséquent
une décence , une certaine tenue qu'il n'est pas
possible d'observer dans un billard , une tabagie , ni dans les autres lieux semblables. Qu'il
y survienne quelque action qui nécessite la des-
cente du juge d'instruction ou du Procureur-
impérial , l'Huissier peut-il faire son service
auprès d'eux , et répondre aux interpellations
sur les faits dont il a été témoin ?

Cependant il ne faut pas croire que la loi qui
pèse tout avec circonspection , ait voulu établir une prohibition entièrement absolue. Il
est certaines professions parmi celles dont il est
parlé dans l'art. 41 , qui peuvent être exercées
honorablement par la femme d'un Huissier :
nous disons la femme ; car nous pensons que
dans aucuns cas il ne doit être dérogé à la
règle pour l'Huissier lui-même. Dans les grandes villes , par exemple , il existe des cafés où
règne le meilleur ton , où la décence est rigoureusement observée. Ces cafés doivent être exceptés de tous les autres , puisque l'inconvénient que la loi veut éviter ne s'y rencontre
pas. La femme d'un Huissier peut donc diriger
une maison de cette espèce , mais elle ne le
peut sans autorisation. Cette mesure est fort
sage , parce qu'autrement on pourrait trop
étendre les cas où la prohibition est susceptible

d'être levée; elle ne cessera d'exister que dan
des circonstances rares et après un examen s'
rieux de la part de ceux qui accorderont l
permission.

La loi n'indique pas le moyen d'obtenir l'au
torisation spéciale qu'elle prescrit; mais il fau
dra nécessairement que l'Huissier s'adresse a
Tribunal ou à la Cour auprès desquels il exerc
ses fonctions.

Le décret ne comprend pas les hôtels garni
dans la prohibition; c'est une autre sorte de
maison publique; et on peut dire généralemen
qu'un Huissier, même en son propre nom, ne
blessera pas les convenances de son état, en
tenant des appartemens meublés, car en géné
ral il ne s'y commet pas de désordres.

Néanmoins comme il est des nuances dans
tout, il est probable que les Magistrats s'oppo-
seraient à ce qu'un Huissier voulût tenir une
de ces maisons qualifiées aussi d'hôtels garnis,
mais qui sont loin d'être aussi décentes que les
autres. Il en existe en effet qui ne sont autre
chose que des cabarets; il y en a même qui
sont l'asyle de la débauche et de la corruption.

Art. XLII.

Les Huissiers sont tenus d'exercer leur
ministère toutes les fois qu'ils en sont requis, et sans acception de personnes,

sauf les prohibitions pour cause de parenté ou d'alliance portées par les art. 4 et 66 du Code de procédure civile.

L'article 85 de notre décret du 18 juin 1811, sera exécuté à l'égard de tout Huissier qui, sans cause valable, refuserait d'instrumenter à la requête d'un particulier.

OBSERV. — LES anciens *réglemens*, notamment la déclaration du 9 août 1564, et l'art. 2, titre 15 de l'ordonnance de 1667, obligeaient aussi les Huissiers de prêter leur ministère à toute personne. Ils prononçaient également des peines contre l'Huissier refusant, et ils s'expliquaient même d'une manière plus positive que la loi nouvelle, sur les cas d'excuse susceptibles d'être allégués. Ils peuvent servir à interpréter justement le sens de l'article, ainsi que nous le verrons dans un instant, en examinant la seconde partie de cet article.

Les prohibitions pour cause de parenté sont clairement établies par le Code de procédure civile; il convient d'en rappeler les art. 4 et 66 dont il est ici question.

L'art. 4 porte entr'autres choses qui sont étrangères à notre objet : « L'Huissier de la justice de paix ne pourra instrumenter pour

» ses parens en ligne directe, ni pour ses frères
» sœurs et alliés au même degré. »

Ainsi il ne peut exploiter pour ses père et
mère, aïeux et aïeules légitimes ou naturels ;

Ni pour ceux de sa femme.

Pour ses enfans, petits-enfans et leurs
femmes, légitimes ou naturels reconnus, ni
pour ceux de sa femme.

Pour ses frères et sœurs, beaux-frères et bel
les-sœurs, légitimes ou naturels.

Ni pour ceux de sa femme ; mais il peut exploiter pour ses oncles, neveux et autres parens
plus éloignés sans distinction.

L'art. 66 du Code de procédure contient
cette disposition : « L'Huissier ne pourra ins-
» trumenter pour ses parens et alliés, et ceux
» de sa femme, en ligne directe à l'infini, ni
» pour ses parens et alliés collatéraux jusqu'au
» degré de cousin issu de germain inclusive-
» ment ; le tout à peine de nullité. »

Il faut entendre aussi que les parens naturels reconnus sont compris dans cette prohibition jusqu'au même degré.

La computation des degrés de parenté en
ligne collatérale, a été fixée par l'art. 738 du
Code Napoléon ; elle variait auparavant selon
les différentes coutumes de la France ; comme
elle est maintenant uniforme et que les anciens
usages peuvent encore causer quelques erreurs

à ce sujet , sur-tout dans les pays nouvellement
réunis au territoire Français, il est bon de
transcrire ici cette disposition du Code , en y
ajoutant une petite explication pour en faciliter
l'intelligence.

« En ligne collatérale , les degrés se comp-
» tent par les générations , depuis l'un des pa-
» rens jusques et non compris l'auteur com-
» mun , et depuis celui-là jusqu'à l'autre pa-
» rent.

» Ainsi deux frères sont au deuxième de-
» gré ; l'oncle et le neveu sont au troisième
» degré ; les cousins-germains au quatrième ,
» ainsi de suite. »

Un exemple qui frappe les yeux fera mieux
saisir les dispositions de cet article.

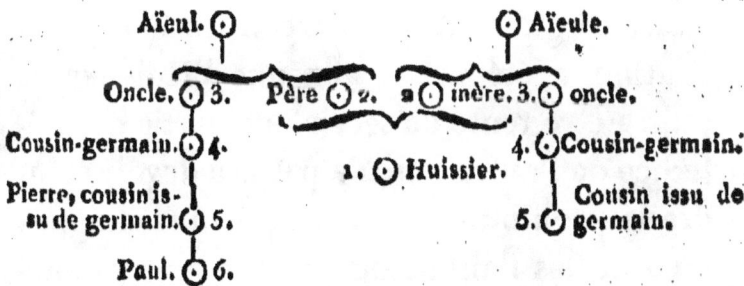

LIGNE PATERNELLE.   LIGNE MATERNELLE.

Aïeul. ⊙   ⊙ Aïeule.

Oncle. ⊙ 3.   Père ⊙ 2.   2 ⊙ mère. 3. ⊙ oncle.

Cousin-germain. ⊙ 4.   4. ⊙ Cousin-germain.

                        1. ⊙ Huissier.

Pierre, cousin is-   Cousin issu de
su de germain. ⊙ 5.   5. ⊙ germain.

Paul. ⊙ 6.

Pierre est parent de l'Huissier; je veux savoir
à quel degré. Je compte un degré en partant de
cet Huissier; ensuite j'arrive à son père, voilà
deux degrés ; l'aïeul étant l'auteur commun du

père et de l'oncle, et par conséquent aussi l'auteur commun de l'Huissier et de *Pierre*, je ne compte pas cet aïeul, je m'arrête donc à l'oncle, et je trouve trois degrés; je passe au cousin germain qui est au quatrième; et enfin à *Pierre* qui est au cinquième degré.

D'après l'art. 66 du Code de procédure civile, l'Huissier ne peut donc pas même instrumenter pour *Pierre*, parce que Pierre est encore à un degré prohibé; mais comme il est au dernier de ces degrés, l'Huissier pourrait exploiter à la requête de *Paul.*

On voit que les prohibitions sont bien moins étendues pour les Huissiers de justice de paix, que pour les autres. La raison de cette différence se trouve dans le rapport fait au Corps-législatif, à sa séance du 24 août 1806, par M. Faure, tribun, orateur du Gouvernement.

Voici ce qu'il dit sur l'art. 4 : « Cette pré-
» caution a été prise, afin que l'Huissier ne
» puisse être tenté de servir une partie au pré-
» judice de l'autre : on n'a pas cru devoir éten-
» dre la prohibition à un degré plus éloigné,
» vu que les liaisons de parenté plus rappro-
» chées dans les campagnes, mettraient sou-
» vent l'Huissier dans la nécessité de s'abstenir.
» Il faudrait alors recourir à d'autres Huissiers
» plus éloignés, ce qui augmenterait les frais
» sans nécessité. »

Et il s'exprime ainsi sur l'art. 66 : « L'acte
» serait encore nul, si l'Huissier instrumentait
» pour ses parens et alliés, et ceux de sa femme
» en ligne directe à l'infini, ou pour ses parens
» et alliés collatéraux, jusqu'au degré de cousin
» issu de germain inclusivement ; le motif est
» encore plus fort qu'à l'égard des Huissiers de
» justices de paix, car les affaires soumises aux
» Tribunaux inférieurs sont bien plus impor-
» tantes. Aussi la prohibition est-elle étendue
» plus loin : d'ailleurs il est moins difficile de
» trouver un autre Huissier. »

Au moyen de ce que le présent décret s'applique à tous les Huissiers, quels qu'ils soient,
et de ce qu'il pose pour règle sur les cas où ils
ne peuvent instrumenter, celles établies par le
Code de procédure civile, il s'ensuit que ces
règles, qui n'existaient que pour les matières
civiles seulement, doivent être maintenant
également observées en matière criminelle.
Cette uniformité est plus en harmonie avec le
système général : elle remplit le vide du décret
du 18 juin, sur ce point important. Il est vrai
qu'en matière criminelle, l'Huissier agit bien
rarement à la requête des particuliers ; mais ce
cas arrive quelquefois, et en police correctionnelle sur-tout, les citoyens ont souvent des
actions à former en leur nom personnel.

On remarquera que d'après le second para-

graphe de l'article que nous discutons, la disposition de l'art. 85 du réglement du 18 juin,
qui ne concernait que les Huissiers chargés
d'exploiter en matière criminelle et correctionnelle, devient maintenant commune à tous indistinctement. Elle contenait une omission
pour le cas d'empêchement; le nouveau décret
répare cette lacune; et il s'ensuit que de la
combinaison des règles prescrites à cet égard
par les deux décrets, tous les Huissiers savent
à quoi s'en tenir, soit qu'ils agissent au criminel, soit qu'ils instrumentent en matière civile.

Rapportons le texte de cet art. 85 du réglement du 18 juin.

« Tout Huissier qui refusera d'instrumenter
» dans une procédure suivie à la requête du
» ministère public, ou de faire le service au-
» quel il est tenu près la Cour ou le Tribunal,
» et qui après injonction à lui faite par l'offi-
» cier compétent, persistera dans son refus,
» sera destitué, sans préjudice de tous dom-
» mages-intérêts et des autres peines qu'il aura
» encourues. »

On n'y voit point que l'Huissier puisse en aucun cas être dispensé d'exploiter; c'est assurément une omission; il y a lieu de croire cependant que les Magistrats auraient admis l'excuse
de l'Huissier, qui n'aurait pu instrumenter au
moment de la réquisition qui lui en aurait été

aite ; mais à la rigueur il semble qu'il n'y avait
as lieu d'obtenir de dispense. Maintenant il
faut *une cause valable* pour présenter son excuse aux Magistrats , comme pour refuser d'instrumenter à la requête d'un particulier. Cette
addition est infiniment juste : elle était très-
nécessaire.

Les anciens réglemens déterminaient cette
cause valable ; c'étaient les cas d'absence , de
maladie , d'affaires importantes et urgentes , et
même d'inimitié grave contre la partie , etc.

Il est juste en effet de ne pas forcer l'Huissier
de prêter son ministère , par exemple dans une
convalescence , ou au moment où il est occupé
d'une affaire majeure , dont sa fortune peut
dépendre , ou même celle de ses plus proches
parens. Un ennemi pourrait choisir ce moment-
là pour le constituer en faute , le dénoncer , le
poursuivre en dommages-intérêts , et même le
faire destituer.

L'Huissier aura encore une *cause valable* de
dispense , lorsqu'il sera prêt d'exploiter pour
une partie qui l'aura chargé antérieurement à
celui qui exigerait sur-le-champ l'exercice de
son ministère.

Les art. 4 et 66 du code de procédure civile
veulent que l'*Huissier ne puisse instrumenter
pour ses parens , alliés ,* etc. ; mais ils ne disent
pas qu'il ne pourra instrumenter contr'eux. Ils

semblent au contraire annoncer qu'il ne doit
avoir aucune considération pour les personnes
auxquelles il signifie des actes, quelques rapports, quelqu'affinité qui les attachent à lui.
L'article qui nous occupe dit formellement,
*que les Huissiers seront tenus d'exercer leur
ministère toutes les fois qu'ils en sont requis et
sans acception de personnes.* Voilà qui confirme bien positivement ce qui semblait s'induire
des dispositions du code de procédure.

Ainsi, l'Huissier qui ne peut agir à la requête
de son père, est tenu de le saisir, s'il en est requis par un tiers. Nous prenons cet exemple
parmi tous ceux qui s'en rapprochent, parce
qu'il est le plus frappant ; car nous pourrions
parler du père, de l'oncle, etc.

Mais cette obligation est si dure, que le législateur n'a vraisemblablement pas voulu l'im-
poser à l'Huissier, en ne faisant pas d'exception
à cet égard ; elle se trouve comprise dans ces
mots de l'article : *sans cause valable.*

Il répugne en effet au bon sens, aux bonnes
mœurs, même à la nature, de forcer un homme,
sous peine de destitution, à poursuivre son propre père, à lui vendre ses meubles, à l'emprisonner pour dettes, et ce qui fait encore plus
d'horreur, à le conduire dans les fers en matière criminelle. Ne serait-ce pas là qu'un ennemi triompherait encore, s'il pouvait obliger

'Huissier d'agir avec rigueur dans une telle circonstance.

Quelle est la raison qui a fait prohiber l'exercice du ministère des Huissiers à la requête de leurs parens? C'est l'intérêt du débiteur qui pourrait se trouver compromis par la passion, les complaisances ou même les manœuvres répréhensibles que l'Huissier apporterait souvent dans ses poursuites afin d'obliger des individus qui lui sont chers.

Pourquoi n'aurait-on pas la même considération pour l'Huissier lui-même, lorsque ses affections les plus sensibles se trouvent froissées? Pourquoi n'aurait-on pas la même considération pour la morale publique, qui intéresse tous les citoyens?

S'il y a raison d'empêcher l'Huissier d'exploiter pour ses parens, il y a aussi raison de ne pas le forcer d'exploiter contre eux.

On sent bien qu'il faut s'arrêter à un certain degré, et celui qui est fixé par le code de procédure peut servir de bornes.

Quant à toutes autres personnes, quels que soient leur rang et les motifs de considération, l'Huissier ne peut se dispenser de les poursuivre.

Au surplus, toutes les fois que l'Huissier sera de bonne foi, et qu'il exposera des motifs d'excuse raisonnables aux Magistrats, il en sera toujours favorablement écouté.

Nous terminerons cet article par une obser
vation que les Huissiers ne doivent pas perdre
de vue. Ils ne peuvent se dispenser d'exécuter
les arrêtés des conseils de préfecture et des pré
fets, sous prétexte qu'ils ne sont pas en forme
exécutoire. Une instruction de Son Excellence
le Grand - Juge, du 28 floréal an 12, a
fait disparaître les doutes qui s'étaient élevés à
cet égard, et le principe sur lequel cette instruction est fondée, a été formellement consacré par trois décrets impériaux, rendus sur l'a-
vis du conseil-d'état, les 16 thermidor an 12,
19 octobre 1811 et 24 mars 1812. Ces décrets
portent que les condamnations et les contraintes
émanées des administrateurs *dans les cas et pour*
les matières de leur compétence, seront exé-
cutoires comme les jugemens des Tribunaux.

A r t. XLIII.

Les copies à signifier par les Huissiers
seront correctes et lisibles, à peine de rejet de la taxe, ou de restitution des sommes reçues.

Les papiers employés à ces copies ne
pourront contenir, savoir : plus de quarante lignes par page de moyen papier,
et plus de cinquante lignes par page de

rand papier, à peine d'une amende de ingt-cinq francs, conformément à l'ar- icle 26 de la loi sur le timbre, du 13 bru- aire an 7.

Si la copie d'un arrêt ou d'un jugement en dernier ressort n'est point conforme à ce qui est prescrit par le présent article, l'Huissier qui l'aura signée sera de plus condamné à une amende de vingt-cinq francs, sur la seule provocation du mi- nistère public, et par la Cour ou le Tri- bunal devant lequel cette copie aura été produite.

Nos Procureurs-généraux et impériaux sont chargés spécialement de veiller à l'exécution du présent article.

Observ. — CET article doit être remplacé par le décret du 29 août 1813, dont voici les dis- positions.

NAPOLÉON, etc. ;

Sur le rapport de notre Grand-Juge ministre de la justice ;

Vu l'art. 8 de la loi du 13 brumaire an 7 ;

L'art. 43 du décret du 14 juin 1813, con- cernant l'organisation et le service des Huis- siers ;

Considérant que le petit papier ayant été omis dans l'art. 43 de notre décret du 14 jui 1813 , il est nécessaire de réparer cette omis sion.

Notre conseil-d'état entendu ,

Nous avons décrété et décrétons ce qui suit:

ART. 1.er Les copies d'actes , de jugemens, d'arrêts et de toutes autres pièces qui seront faites par les Huissiers , doivent être correctes et lisibles , à peine de rejet de la taxe , ainsi qu'il a déja été ordonné par l'art. 28 du décret impérial du 16 février 1807, pour les copies de pièces faites par les avoués.

Les papiers employés à ces copies ne pourront contenir plus de 35 lignes par page de petit papier.

Plus de 40 lignes par page de moyen papier.

Et plus de cinquante lignes par page de grand papier , à peine de l'amende de 25 francs prononcée pour les expéditions par l'art. 26 de la loi du 13 brumaire an 7.

ART. 2. L'Huissier qui aura signifié une copie de citation ou d'exploit de jugement , ou d'arrêt qui serait illisible , sera condamné à l'amende de 25 francs, sur la seule provocation du ministère public , et par la Cour ou le Tribunal devant lequel cette copie aura été produite.

Si la copie a été faite et signée par un avoué,

l'Huissier qui l'aura signifiée sera également condamné à l'amende, sauf son recours contre l'avoué, ainsi qu'il avisera.

ART. 3. Les art. 43 et 57 de notre décret du 14 juin 1813 sont rapportées.

ART. 4. Notre Grand-Juge ministre de la justice est chargé de l'exécution du présent décret, qui sera inséré au Bulletin des lois.

Il faut remarquer dans ce décret trois dispositions bien distinctes, dont deux sont communes aux avoués et aux Huissiers, et la troisième particulière à ces derniers.

En effet, 1.º l'Huissier est obligé de faire des copies correctes et lisibles, à peine de rejet de la taxe et de restitution des sommes reçues. C'est ce qui a déja été ordonné par l'article 28 du décret impérial du 16 février 1807, pour les copies des pièces faites par les avoués.

2.º Les avoués et les Huissiers sont également obligés de ne pas excéder dans leurs copies le nombre de lignes fixé pour la page de chaque papier ci-dessus désigné, à peine d'une amende de 25 francs, telle qu'elle a été prononcée par l'art. 26 de la loi du 13 brumaire an 7, contre les officiers et fonctionnaires publics qui, dans les papiers employés à ces *expéditions*, excèdent le nombre de lignes fixé par l'art. 20 de la même loi.

L'amende prononcée pour les expéditions,

par la loi sur le timbre, devenant applicabl
aux simples copies ; il en résulte que cett
amende ne peut être encourue, qu'autant qu
le papier employé à la copie, contient, *com
pensation faite d'une feuille à l'autre*, confor
mément à ce qui est prescrit pour les expéditions, un nombre de lignes plus considérable
que celui qui est prescrit.

Nous devons observer que depuis la publication du code de procédure, les placards an-
nonçant vente sur saisie immobilière, signés
d'un Huissier, doivent être frappés du timbre
de dimension ; c'est ce qui résulte d'une décision du ministre des finances, du 18 juillet 1809,
rapportée dans le journal de Sirey, tom. 9,
2.e partie, pag. 397.

3.º Il est imposé aux Huissiers l'obligation
particulière de ne jamais signifier une copie de
citation ou d'exploit d'ajournement, de jugement et d'arrêt, qu'elle ne soit lisible, à peine
d'une amende de vingt-cinq francs. Ainsi il ne
suffit pas pour cette espèce de copie, qu'elle
ait le nombre de lignes fixé par la loi, il faut
encore qu'elle soit lisible : si elle ne l'est pas,
non-seulement elle doit être rejetée de la taxe
comme toutes les autres copies, mais elle rendra encore l'Huissier passible d'une amende de
vingt-cinq francs.

On doit sentir facilement le motif d'une paeille sévérité. Quand on signifie (et cela n'arrive que trop souvent aujourd'hui), une copie illisible, soit d'une demande quelconque, soit d'un jugement, soit d'un arrêt, il est certain que la partie à laquelle cette copie est signifiée ne peut pas savoir si elle doit ou non acquiescer à ce qu'on lui demande; elle n'est pas à même de pouvoir apprécier les motifs de la réclamation qui lui est faite, du jugement ou de l'arrêt qui la condamne; ce qui peut lui faire soutenir un procès auquel elle aurait peut-être renoncé, si elle avait pu connaître elle-même ce qu'on lui demandait, sans remettre ses pièces dans les mains d'un avoué. Cet avoué lui-même, digne de la confiance de son client, peut de bonne-foi l'engager dans une contestation, qu'il aurait fait abandonner dès le principe, s'il avait pu connaître par la copie les causes qui y donnent lieu; mais le premier pas une fois fait, l'amour-propre s'en mêle et conduit souvent à soutenir ce que l'on reconnaît avoir trop légèrement entrepris.

La nécessité de signifier des copies lisibles se fait particulièrement remarquer pour les arrêts ou jugemens en dernier ressort. Souvent une partie condamnée ne se serait pas pourvue en cassation, si son défenseur avait pu lire tous les motifs qui avaient donné lieu au jugement ou à l'arrêt attaqué. Comment aussi pouvoir reconnaître les vices ou les irrégularités sur de copies illisibles? Comment les Magistrats supé-rieurs pourraient-ils eux-mêmes sur ces copie apprécier les pourvois portés devant eux, sur-tout si l'on fait attention que le demandeur en cassation est seul entendu devant la sec-tion des requêtes, qui ne peut prononcer que sur la copie signifiée et mise sous les yeux de la Cour?

C'est pour prévenir tous les abus et la perte de temps qui résultent de ces copies illisibles, qu'il a été sagement ordonné aux Huissiers de ne jamais signifier de pareilles copies, et qu'on les a rendus seuls responsables de l'infraction à cette prohibition. On ne saurait donc trop prévenir les Huissiers de ne pas accepter de la part des avoués des copies qui ne seraient pas conformes à la loi; ils s'exposeraient à des amendes qui seraient prononcées en leur ab-sence, et sur le simple vu de la copie défec-tueuse, par le Tribunal ou la Cour qui en serait saisie.

Si le décret réserve un recours à l'Huissier, contre l'avoué qui aurait fait et signé la copie qui a donné lieu à l'amende, il ne faut pas qu'il soit moins sur ses gardes pour ne point signi-fier de copies illisibles, parce qu'il s'expose, en cas de récidive, aux peines portées par l'ar-ticle 44.

Nous terminerons cet article par rappeler les ispositions du décret impérial du 16 février 807 sur les frais de justice, et duquel il résulte que les copies de pièces sont faites concurremment par les avoués et par les Huissiers, comme aussi que la taxe doit en être la même pour tous.

« ART. 28. Pour les copies de pièces qui doi-
» vent être données avec l'exploit d'ajourne-
» ment et autres actes par rôle contenant vingt
» lignes à la page et dix syllabes à la ligne, ou
» évalué sur ce pied,

» A Paris, ... 25 cent.

» Par-tout ailleurs, ... 20

» Le droit de copie de toute espèce de pièces
» et de jugement appartiendra à l'avoué, quand
» les copies de pièces seront faites par lui ;
» l'avoué sera tenu de signer les copies de pièces
» et de jugement, et sera garant de leur exac-
» titude.

» Les copies seront correctes et lisibles, à
peine de rejet de la taxe. »

ART. XLIV.

Si l'Huissier contrevenant à l'une des ispositions du précédent article, est onvaincu de récidive, le ministère public

8

pourra provoquer sa suspension, ou même
son remplacement, s'il y a lieu.

OBSERV. — LES motifs exposés sur le précédent article, justifient toute la sévérité de c
lui-ci. Il faut que l'Huissier se pénètre bier
qu'on a voulu le rendre responsable de l'infraction à l'article 2 du décret du 29 août 1813
que la copie ait été faite par l'avoué, ou
qu'elle ait été faite par l'Huissier; dans les deux
cas, la garantie de ce dernier étant la même
il doit s'attendre à la même peine, s'il es
convaincu de récidive.

ART. XLV.

Tout Huissier qui ne remettra pas lui-
même à personne ou domicile l'exploit e
les copies de pièces qu'il aura été charg
de signifier, sera condamné, par voie de
police correctionnelle, à une suspension
de trois mois, à une amende qui ne pourra
être moindre de deux cents francs, ni
excéder deux mille francs, et aux dom-
mages et intérêts des parties.

Si néanmoins il résulte de l'instruction
qu'il a agi frauduleusement, il sera pour-

suivi criminellement, et puni d'après l'art. 146 du Code pénal.

OBSERV. — LES Huissiers ont constamment enfreint jusqu'ici toutes les lois qui les ont obligés de porter eux-mêmes les copies de leurs actes. Cet abus qui ne s'est propagé que par le silence et la modération des magistrats, doit cesser entièrement. Il entraîne des suites trop graves pour qu'il puisse être toléré plus long-temps. Pourquoi ne punirait-on pas ce faux matériel et évident, comme les autres faux dont parle la loi criminelle ? Le décret est encore indulgent, car il n'inflige dans cette circonstance qu'une simple peine correctionnelle.

Lorsque l'Huissier ne remet pas lui-même la copie, ne peut-il pas en résulter un grand préjudice pour les parties ? Et si pour la plupart du temps il n'en résulte ni bien, ni mal, en est-il plus excusable, quoiqu'il mente à la justice en attestant un fait contraire à la vérité ? Si un mensonge commis devant les juges par un particulier qui n'exerce aucune fonction, est puni par la loi, pourquoi la fausse assertion de l'Huissier qui abuse de son caractère, de la confiance des juges et du public, resterait-elle impunie ?

D'après ce présent article la récidive ne sera as susceptible d'entraîner une peine plus forte.

Cette peine est assez sévère pour la premièr
fois, et l'Huissier la recevra telle qu'elle e
établie, aussi souvent qu'il s'y exposera.

S'il se joint cependant au défaut de remis
de l'acte par l'Huissier personnellement un ca
ractère de dol ou de fraude, pour employer l
langage de l'article, il y aura lieu à poursuit
criminelle. Voici le texte de l'art. 146 du Cod
pénal, qui doit être appliqué dans cette ci
constance.

« ART. 146. Sera aussi puni de trayaux for
» cés à perpétuité tout fonctionnaire ou off
» cier public, qui en rédigeant des actes de so
» ministère, en aura frauduleusement déna
» turé la substance ou les circonstances, so
» en écrivant des conventions autres que cell
» qui auraient été tracées ou dictées par l
» parties, soit en constatant comme vrais d
» faits faux, ou comme avoués des faits qui n
» l'étaient pas. »

En général, tout acte qui doit être fait pa
un officier public ne doit jamais l'être par u
tiers, qui n'est point revêtu du caractère lég
à cet effet.

Le notaire est obligé de recevoir lui-mêm
des parties les conventions qu'elles veulent ré
diger ; si ces conventions lui avaient été trans
mises par un tiers et qu'il les signât, il s'expo
serait assurément à être poursuivi comme faus

aire ; il en est de même de l'Huissier, lequel st exclusivement chargé de la signification des ctes ; lui seul doit donc remettre la copie sous, es peines portées par la loi.

Ainsi, que les Huissiers ne se retranchent plus ur l'exactitude de leurs clercs , sur la surveillance u'ils exercent à l'égard de ces derniers qu'ils hargent de remettre les copies ; ils sont délé- ués par la loi ; ils ne peuvent transmettre à l'autres l'accomplissement de leurs droits ; qu'ils essent aussi d'alléguer qu'ils sont dans l'im- ossibilité de remettre eux-mêmes les copies de outes leurs significations ; que chacun d'eux ne se charge que du nombre qu'il peut en faire lans la journée , alors l'ouvrage se trouvera éparti plus également entre tous les Huissiers, et le but du législateur sera rempli.

Si on ne tenait pas la main à l'observation rigoureuse de cette règle , l'institution des Huissiers deviendrait absolument illusoire ; elle n'aurait de but utile que leur seul intérêt par- ticulier et nullement celui de la société , pour laquelle ils sont établis exclusivement, sauf les avantages licites qu'ils peuvent en tirer eux- mêmes.

Si la justice ne trouve pas dans la personne de l'Huissier la garantie de la remise fidèle des, actes aux parties, autant vaudrait-il en charger le premier individu qui se rencontre.

Il est bon de rappeler ici différens arrêts qu
sont intervenus sur des questions de nullité r
sultantes de la manière dont le parlant à.......
d'un exploit avait été rempli, afin que les Hui
siers aient l'attention de ne pas renouveler d
pareilles nullités.

1.º Le parlant à...... d'un exploit doit,
peine de nullité, clairement indiquer le ra
port qui existe entre l'assigné et la personn
qui reçoit la copie ; il ne suffit donc pas de dire
*parlant à une fille de confiance, ainsi qu'ell
a dit être, sommée de le faire savoir.*

C'est ce qui a été jugé par un arrêt de la Cou
de cassation, du 4 novembre 1811, rapport
par Sirey, tom. 12, pag. 32.

2.º Il avait également été jugé par un arrêt
de la même Cour, du 24 ventôse an 11, que
signifier un exploit à domicile, *en parlant à une
femme aux injonctions de droit,* ce n'est pas
désigner, comme le veut la loi, la personne à
laquelle l'exploit est remis.

3.º Un exploit d'ajournement dont le *parlant à* est rempli au crayon, est nul ; dans ce
cas, c'est comme si on l'eût laissé en blanc :
voir un arrêt de la Cour d'appel de Colmar, du
25 avril 1807, rapporté par Sirey, tome 7, seconde partie, pag. 754.

4.º Il a été jugé par arrêt de la Cour de cassation, du 5 février 1810, qu'un exploit d'ajour-

ement, signifié au domicile d'un négociant, *arlant à un commis*, peut, selon les circous-ances, être déclaré nul, s'il n'est pas dit que le ommis soit celui de l'assigné. Voir Sirey, t. 10, ag. 206.

5.º Cependant il n'est pas nécessaire, sous eine de nullité, d'exprimer dans un exploit l'ajournement, que l'individu à qui la copie st laissée, est parent ou serviteur du maître de a maison ; il suffit que l'individu soit nommé, t qu'il ait réellement avec l'assigné les rapports que la loi exige.

Arrêt de la Cour de cassation, du 23 janvier 1810, rapporté par Sirey, tom. 10, pag. 130.

6.º Mais lorsqu'un Huissier remet la copie d'un exploit à un voisin, il est nécessaire, à peine de nullité, qu'il énonce expressément n'avoir trouvé au domicile de la partie, ni cette partie elle-même, ni aucuns de ses parens, do-mestiques ou serviteurs. C'est ce qu'a décidé la Cour de cassation, par un arrêt du 25 mars 1812. Voir Sirey, tom. 12, pag. 336.

Art. XLVI.

Les répertoires que les Huissiers sont obligés de tenir, conformément à la loi du 22 frimaire an 7, relative à l'enregis-trement, seront cotés et paraphés, savoir :

Ceux des Huissiers-audienciers, par le président de la Cour ou du Tribunal, ou par le juge qu'il aura commis à cet effet;

Ceux des Huissiers ordinaires résidant dans les villes où siègent les Tribunaux de première instance, par le président du Tribunal, ou par le juge qu'il aura commis à cet effet;

Ceux des autres Huissiers, par le juge-de-paix du canton de leur résidence.

OBSERV. — La loi du 22 frimaire an 7 sur l'enregistrement, portait dans son article 53, que les répertoires des Huissiers seraient cotés et paraphés par le juge-de-paix de leur domicile. Il s'était cependant élevé quelques difficultés résultant de cet article 53, et l'avis du Conseil-d'Etat, du 6 juillet 1810, a décidé que les répertoires des Huissiers attachés aux Cours et Tribunaux seraient paraphés par les présidens de ces Cours et Tribunaux.

Aujourd'hui la règle est à-peu-près la même; les répertoires sont paraphés par les différens magistrats, et d'après les distinctions qui sont établies par ce décret, il n'y à point à se tromper; chaque Huissier saura très-facilement à qui il doit s'adresser pour faire parapher son répertoire; il doit aussi y faire apposer le visa du receveur de l'enregistrement, à peine d'une amende de 10 fr. par chaque décade de retard.

Les notaires, greffiers et Huissiers qui tiennent leurs répertoires sur papier non timbré, ou qui n'y inscrivent leurs actes que par intercallation, encourent, dans le premier cas, une amende de 100 francs; et dans le second, une amende de 50 fr.

Arrêt de la Cour de cassation, du 19 décembre 1808. Voir Sirey, tom. 9, pag. 231.

Le registre des protêts que les Huissiers doivent tenir dans les mêmes formes que les répertoires, aux termes de l'article 176 du Code de commerce n'est pas soumis comme les répertoires au *visa* du receveur de l'enregistrement. C'est ce qui résulte d'une instruction de la régie de l'enregistrement et des domaines du 20 mars 1809.

ART. XLVII.

Outre les mentions qui, aux termes de l'art. 50 de la même loi, doivent être faites dans lesdits répertoires, les Huissiers y marqueront, dans une colonne particulière, le coût de chaque acte ou exploit, déduction faite de leurs déboursés.

OBSERV. — L'OBLIGATION imposée aux Huissiers par cet article est nouvelle; elle tend à un mode également nouveau, qui est établi par les art. 91 et suivans.

Il y a deux observations importantes à faire sur cette colonne qui doit être ajoutée aux répertoires.

1.º Il importera à tous les Huissiers de l'arrondissement de se prémunir contre les infidélités qui pourroient exister dans la mention de l'émolument des actes, comme on le verra à l'art. 91. L'Huissier aura intérêt de ne porter qu'au plus bas possible, dans la colonne additionnelle, le coût de ses exploits, parce qu'il y a établissement de bourse commune : il est donc nécessaire de surveiller l'exactitude de cette colonne, d'employer, en cas de soupçon, tous les moyens qui peuvent faire découvrir leur fraude ; par exemple, de faire représenter à la chambre de discipline les originaux des actes ou les copies si on peut se les procurer ; chacun des Huissiers est intéressé à exercer cette surveillance, à provoquer les restitutions à la bourse commune, et la punition du contrevenant.

2.º Les Huissiers porteront le coût de leurs actes dans la colonne du répertoire, en même temps qu'ils en feront les autres mentions prescrites par la loi sur les droits d'enregistrement, ou après la taxe qu'ils auront fait faire par le juge. S'ils font taxer de suite tous leurs actes, il ne résultera aucun désavantage pour eux de la mention de leurs émolumens ; mais s'ils diffèrent , ils peuvent éprouver quelques pertes. Voici pourquoi : c'est que comme il y a bourse commune, les bénéfices sont partagés au moins tous les trois mois ; si la taxe n'est faite qu'après le partage , et que les émolumens soient réduits, l'Huissier qui aura porté les émolumens trop haut, sera obligé de supporter la différence sans répétition ; car lors même qu'il seroit de bonne foi, ses confrères seraient fondés à lui dire : pourquoi avez-vous excédé le tarif? D'ailleurs, comment répéterait-il une somme souvent très-modique sur la masse des Huissiers de l'arrondissement ? Faudrait-il établir un compte particulier des réductions et changemens opérés par la taxe, six mois, un an et même davantage après le partage d'un trimestre ? Il est possible cependant que les Huissiers qui sont tous intéressés à lever cette difficulté, imaginent un moyen qui les mette à l'abri des réductions tardives : cela est à desirer.

Nous pouvons leur en proposer un qui n'évitera peut-être pas tous ces inconvéniens, mais qui néanmoins nous semble utile.

Ce serait d'ajouter encore une autre colonne au répertoire ; elle resterait en blanc jusqu'à la taxe, et chaque fois que le juge taxerait un acte, il énoncerait dans cette colonne le coût définitif qu'il aurait arrêté ; le paraphe du juge assurerait la vérité de cet énoncé.

Nous croyons devoir donner la manière d'établir le répertoire, pour faire voir que la marche que nous proposons peut être suivie.

MODÈLE DU RÉPERTOIRE.

Numéros d'ordre.	Dates des actes.	Nature des actes.	Noms, Prénoms et Domicile des Parties.	Relation de l'enregistrement.	Émolumens, ou coût des actes, déduction faite de déboursés.	Taxe de ces émolumens par le Juge.	Observations.
1.	2.	3.	4.	5.	6.	7.	8.

Il y aura huit colonnes au répertoire ; les cinq premières sont prescrites par l'article 50 de la loi du 22 frimaire an 7 ; la sixième est conforme au nouveau décret ; la septième n'est pas d'obligation, mais elle sera souvent nécessaire pour l'intérêt des Huissiers ; et la huitième, quoiqu'en apparence peu utile, est susceptible de le devenir dans plusieurs cas. Il arrivera plus d'une

fois que l'Huissier aura des observations à faire
sur ses émolumens , sur le nombre d'actes faits
le même jour , et sur tout autre objet qui se
rapportera soit à l'augmentation , soit à la diminution de ses droits. C'est pour cela que nous
avons pensé qu'il fallait encore ajouter cette
colonne.

Art, XLVIII.

Pour faciliter la taxe des frais , les Huissiers, outre la mention qu'ils doivent faire
au bas de l'original et de la copie de
chaque acte , du montant de leurs droits ,
seront tenus d'indiquer en marge de l'original le nombre de rôles des copies de
pièces , et d'y marquer de même le détail
de tous les articles de frais formant le
coût de l'acte.

OBSERV.—L'ART. 67 du code de procédure
civile confirmé par l'art. 66 du décret du 16 février 1807, sur les frais de justice, prescrit aux
Huissiers l'obligation de mettre au bas de leurs
actes la mention de leurs frais et émolumens. Il est
facile de trouver le motif de cette disposition, et
entr'autres avantages, le juge taxateur voit
d'un coup-d'œil ce qui a été exigé de la partie ,
sans avoir besoin de la faire venir avec l'Huis-

sier en personne pour s'en assurer, ni pour savoir ce qu'il veut demander. Mais pour mettre
le taxateur à portée de régler les droits et salaires, il ne suffit pas toujours de les énoncer
laconiquement. Il est souvent impossible de li-
quider les frais, si on n'a pas le détail des articles qui composent le coût d'un acte. On ne
pouvait donc atteindre le véritable but du code
de procédure, qu'en obligeant l'Huissier de faire
ce détail en marge de l'original.

Par ce moyen, le juge emploiera moins de
temps; il connaîtra sur-tout le nombre de rôles
des copies de pièces sur lequel il n'avait pas
toujours la certitude qu'il désirait; l'Huissier
ne s'en trouvera pas surchargé de travail, puisque pour mettre la mention voulue par le code
de procédure, il fallait qu'il fît séparément le
détail qui est exigé en marge.

Voici un exemple qui peut indiquer la manière dont ce détail doit avoir lieu.

Déboursés...	Enregistrement........	3 fr. 3o c.
	Papier, 3 feuilles à 55 centi-	
	mes, et une demi-feuille à	
	28 centimes.	1 93
Salaires..	.Original	2
	3 cop. d'exploit.	1 5o
	3 cop. de pièces de chacune	
	8 rôles, ce qui fait 24 rôles	
	à 25 c.	6
Total	....	14 fr. 73 c.

TITRE III.

DE LA RÉUNION DES HUISSIERS EN COMMUNAUTÉ D'ARRONDISSEMENT.

CHAPITRE PREMIER.

FORMATION DE LA COMMUNAUTÉ.

ART. XLIX.

Il y aura communauté entre tous les Huissiers sans exception, résidant et exploitant dans l'étendue du ressort du Tribunal civil d'arrondissement de leur résidence.

OBSERV.—Le décret impérial du 18 juin 1811, art. 69, a jeté les premières bases de l'établissement d'une communauté entre les Huissiers; c'est une institution nouvelle que le Gouvernement a cru propre à maintenir parmi ces officiers, le bon ordre, la probité et la décence nécessaires à leur ministère.

Toutes les dispositions qui nous restent maintenant à examiner, ne sont que le développement de cet art. 69 du réglement du 18 juin.

Voici la teneur de ce même article.

« En exécution de l'art. 120 de notre décre
» impérial du 6 juillet 1810, notre Grand-Juge
» ministre de la justice, après avoir pris l'avi
» de nos Cours impériales, qui lui transmet-
» tront leurs délibérations, nous présentera,
» d'ici au 1.er janvier 1810, un rapport

» Sur l'organisation en communauté des Huis-
» siers résidant et exploitant dans chaque arron-
» dissement communal;

» Sur le nombre des Huissiers qui doivent
» être attachés au service des audiences de nos
» Cours et Tribunaux;

» Sur les indemnités qu'il pourra y avoir
» lieu d'accorder aux Huissiers - audienciers
» pour leur service particulier;

» Sur les réglemens de police et de discipline
» nécessaires pour tous;

» Et sur l'établissement d'une bourse com-
» mune entre tous les membres de chaque
» communauté d'arrondissement. »

Ce sont absolument les bases de l'organisation
actuelle.

Il n'y aura point d'exception; tous les Huissiers de l'arrondissement, n'importe à quelle
autorité ils soient spécialement attachés, feront
partie de la communauté. Ceci rentre dans le
sens de l'art. 2, sur lequel nous avons fait nos
observations.

A r t. L.

Le département de la Seine n'ayant qu'un seul Tribunal civil, tous les Huissiers exerçant dans ce département, y compris ceux de notre Cour de cassation, seront réunis en communauté.

OBSERV. — LE décret dit que la communauté sera établie entre les Huissiers résidans dans l'étendue de chaque Tribunal de première instance ; voilà pourquoi le département de la Seine tout entier, formant le ressort d'un seul Tribunal civil, quoique divisé en plusieurs arrondissemens, n'est pas susceptible d'avoir plus d'une communauté d'Huissiers. Ce département est d'ailleurs le plus petit en étendue, et la communication entre tous les Huissiers est même encore plus facile que dans la plupart des arrondissemens communaux.

A r t. L I.

Il en sera de même du département de la Sesia, qui n'a également qu'un seul Tribunal civil : en conséquence, tous les Huissiers exerçant dans ce département

9

ne formeront aussi qu'une seule commu
nauté.

Observ. — Ce département est aussi de très
peu d'étendue, et comme il n'y a qu'un Tri
bunal de première instance, il ne peut y êt
établi plus d'une communauté, sans s'écarter d
la règle générale.

Art. LII.

Chaque communauté aura une chambr
de discipline, qui sera présidée par u
syndic.

Observ. — La chambre de discipline ser
établie et organisée à l'instar de celles des avoué
et des notaires, qui ont été créées par arrêtés de
Consuls, des 13 frimaire an 9 et 2 nivôse an 12
Il existe aussi une chambre de discipline pour
les commissaires-priseurs vendeurs de Paris, et
cette chambre, créée par arrêté du 29 germinal
an 9, est organisée, sauf quelques exceptions,
comme celle des avoués.

On a généralement senti l'efficacité de l'établissement de ces chambres ; elles centralisent
les relations des officiers d'un même corps ; elles
veillent à l'intérêt commun ; elles maintiennent
la décence et le bon ordre ; elles répriment les

bus et surveillent les membres qui s'écartent de leurs devoirs.

~~~~~~~~~~~~~~~~~~~~~~~~

CHAPITRE II.

ORGANISATION DE LA CHAMBRE DE DISCIPLINE.

ART. LIII.

Le nombre des membres de la chambre de discipline, y compris le syndic, est fixé, savoir:

A quinze, dans le département de la Seine;

A neuf, dans les autres arrondissemens où il y aura plus de cinquante Huissiers;

A sept, dans les arrondissemens où le nombre des Huissiers sera de trente à cinquante;

A cinq, dans les arrondissemens où il y aura moins de trente Huissiers.

OBSERV. — LE nombre des membres de la chambre est proportionné à celui de chaque communauté, comme le nombre des membres de la chambre des avoués et des notaires. Il ne peut y avoir aucune difficulté sur la manière l'entendre cet article.

ART. LIV.

Dans chaque chambre il y aura, out
le syndic, un rapporteur, un trésorier
un secrétaire.

OBSERV. — On va voir que le syndic et
trésorier sont choisis d'une autre manière qu
le rapporteur et le secrétaire. Le syndic est dé
signé par le président et le Ministère public.
trésorier est choisi par tous les Huissiers e
assemblée générale : le rapporteur et le secrétair
sont nommés par la chambre. Voir les art. 56, 6
et 65.

ART. LV.

Le syndic, et deux autres membres d
la chambre, seront nécessairement pri
parmi les Huissiers en résidence au chef-
lieu de l'arrondissement.

Dans les arrondissemens où siègent les
Cours impériales, il y aura toujours, à l
chambre de discipline, indépendamment
du syndic, au moins trois Huissiers du
chef-lieu.

Dans le département de la Seine, les
deux tiers au moins des membres de la

chambre, y compris le syndic, seront pris parmi les Huissiers de Paris.

OBSERV. — Le trésorier dont la nomination est prescrite par l'art. 60, pourra compter pour l'un des deux ou des trois membres dont il est question ici, à l'égard des différens Tribunaux, et pour les deux tiers à l'égard de celui de Paris.

ART. LVI.

Le syndic sera nommé tous les ans, savoir : dans les arrondissemens où siègent nos Cours impériales, par le premier président, sur la présentation qui lui sera faite de trois membres par notre Procureur-général ; et dans les autres arrondissemens, par le président du Tribunal de première instance, sur la présentation qui sera également faite de trois membres par notre Procureur-impérial. Le syndic sera indéfiniment rééligible.

OBSERV. — La nomination aura lieu à l'époque fixée par l'art. 67. Quoique la loi ne l'indique pas positivement, cette nomination devra être portée sur le registre des délibérations de la Cour ou du Tribunal, et il en sera

adressé expédition au titulaire. C'est de cett
manière que sont nommés par les premiers pré
sidens des Cours impériales, les présidens de
Cours d'assises, en exécution de l'art. 80 du décret du 6 juillet 1810.

Il faut saisir le motif de la loi, qui veut que
le syndic soit nommé par les Magistrats. Il
semblerait tout naturel que le choix en fût fait
par le corps des Huissiers, qu'il fût placé par
ses pairs à la tête de leur communauté. Mais on
a voulu donner à ce choix plus de poids, plus
de considération, en conférant au syndic une
sorte de suprématie qui émane d'une autorité
respectable. D'un autre côté, on sera sûr de voir
présider la chambre par un homme probe et intelligent, qui aura mérité la confiance des Tribunaux, qui fera honneur au corps entier ; car
ce sera toujours sur un sujet distingué que les
Magistrats fixeront leur attention. Si au contraire la nomination était faite par les Huissiers,
on pourrait voir quelquefois arriver à cette
place, un homme qui n'aurait en sa faveur
que des suffrages   tenus par concert ou par
adresse.

On aperçoit dans tout le décret l'intention
de faire sortir les Huissiers de cette sorte d'a-
baissement dans lequel ils sont tombés par l'in-
conduite de quelques-uns d'eux. On voit qu'il
veut donner au corps entier un degré de con-

sidération qui convient à des hommes dont les Magistrats sont tous les jours environnés, et qui contribuent à la marche générale de la justice.

Art. LVII.

Si pour la nomination du syndic il y a partage, il en sera référé à la chambre à laquelle le premier président ou le président est spécialement attaché, et au Tribunal même si le Tribunal n'est pas divisé en plusieurs chambres.

Observ. — Cet article a été rapporté par le décret du 29 août 1813; c'est sans doute par erreur qu'il avait été conservé. On présume que la première rédaction de l'article 56 portait d'abord, que le syndic serait nommé par le premier président et le Procureur-général des Cours impériales, ou par le président et le Procureur-impérial du Tribunal de première instance; et comme il pouvait arriver que ces Magistrats ne fussent pas toujours d'accord sur la nomination du syndic, le présent article ordonnait que dans ce cas, il en serait référé à la chambre à laquelle le premier président se trouverait spécialement attaché; mais cette disposition est devenue inutile par le changement qu'a éprouvé la première

rédaction de l'art. 56, qui veut que le synd
soit nommé par le premier président, sur
présentation qui lui sera faite de trois membr
par le Procureur-général. Il ne peut plus dès-lo
y avoir de partage : d'où il résulte que l'art. 5
est sans objet, et qu'il a dû être rapporté.

Art. LVIII.

La première nomination des autre
membres de la chambre de discipline,
sera faite de la même manière que celle du
syndic.

Observ. — Il était nécessaire que cela fût
ainsi ; car rien n'étant encore organisé, on aurait peut-être rencontré des difficultés en prenant un autre parti ; et comme celui-ci n'en
présente aucune, il était assurément préférable.
Ainsi, pour cette fois, tous les membres de la
chambre seront nommés de la manière prescrite
par l'art. 56, c'est-à-dire, que dans les arrondissemens où siègent les Cours impériales, les
membres de la chambre seront nommés par le
premier président, sur la présentation du Procureur-général ; et dans les autres arrondissemens par le président du Tribunal civil, sur la
présentation du Procureur-impérial.

ART. LXIX.

Après cette première nomination, les membres de la chambre de discipline, autres que le syndic, seront élus par l'assemblée générale des Huissiers, qui se réuniront pour cet effet au chef-lieu de l'arrondissement, sur la convocation et sous la présidence du syndic.

OBSERV. — LA chambre est renouvelée tous les ans, aux termes de l'art. 62. Ce sera donc pour la deuxième année que ses membres seront nommés par l'assemblée générale des Huissiers.

Ce renouvellement n'est pas total ; il n'est fait que partiellement et dans les proportions prescrites : or on se tromperait donc, en croyant, d'après l'art. 59, qu'aucun des membres désignés par les magistrats pour la première année, ne devra être conservé pour la seconde.

La première nomination se fera par les autorités, pour servir de base à l'organisation nouvelle et pour établir le point central, qu'il serait plus difficile aux Huissiers de former eux-mêmes, puisqu'ils n'ont jusqu'à présent aucune communication nécessaire entr'eux.

La seconde et les subséquentes nominations

seront faites sur cette base , c'est-à-dire qu'ell
n'auront pour objet que le choix des Huissie
destinés à remplacer ceux des membres de l
chambre qui devront en sortir chaqué année.
Nous allons développer nos idées à ce sujet , er
nous occupant de l'art. 62.

ART. LX.

L'élection des membres de la chambre
de discipline se fera au scrutin secret.

Un scrutin particulier aura lieu pour la
nomination du trésorier , qui sera toujours pris parmi les Huissiers du chef-lieu.

Les autres membres de la chambre seront nommés , sans désignation de fonctions, par bulletin de liste contenant un
nombre de noms qui ne pourra excéder
celui des membres à nommer.

Toutes ces nominations seront faites à
la majorité absolue.

OBSERV. — CE n'est pas sans motif que le
décret veut que le trésorier soit nommé par le
corps entier des Huissiers. Il semblerait que
l'assemblée générale pourrait se contenter de
nommer purement et simplement tous les membres qu'elle aura à désigner, en laissant à la

chambre le droit de choisir dans son sein les
officiers qui doivent remplir des fonctions particulières ; il semblerait par conséquent, que
cette élection d'un trésorier devait être regardée comme un objet d'ordre intérieur , mais il
n'en est pas ainsi.

Comme nous verrons aux art. 91 et suivans ,
qu'il y aura bourse commune entre tous les
Huissiers de chaque arrondissement ; nous verrons donc aussi que la nomination du trésorier
ne devait pas être confiée à la chambre seulement , mais à tous les Huissiers du ressort ,
c'est-à-dire à tous les intéressés. Il importe à
chaque Huissier d'élire lui-même celui qui sera
dépositaire d'une portion du bénéfice que son
état lui procure. Cette élection doit être le résultat de la confiance ; car il est essentiel pour
tous que le trésorier soit un comptable fidèle et
intelligent. L'importance de la nomination du
trésorier par tous les Huissiers , se fait encore
singulièrement remarquer, par les précautions
indiquées dans les art. 110 et 111, ci-après.

Il ne restera donc plus d'officiers de la chambre à nommer que le rapporteur et le secrétaire, puisque sur quatre, deux ne peuvent être
élus par elle. L'art. 65 prescrit la manière de
procéder à la nomination de ces deux officiers ,
dont le choix est confié à la chambre.

Supposons maintenant, pour l'exécution des

art. 59 et 60, qu'il s'agisse de procéder aux n
minations, prenons notre exemple dans un
chambre de discipline composée de neuf mem
bres, et voyons ce qui doit être observé po
se conformer au décret.

D'après l'art. 62, le renouvellement annue
sera de trois membres, non compris le syndic
dont l'élection est entièrement étrangère à l'a.
semblée, ainsi que nous allons le démontrer
cet art. 62.

Pour embrasser la double opération qu'il fat
dra faire lorsque le trésorier sera compris pan
les membres sortans, et afin de ne pas multipli
les exemples, supposons aussi que l'on de ce
trois membres soit le trésorier, et qu'il faille pa
conséquent en nommer un nouveau.

L'assemblée générale se réunira avant l'épo
que de la sortie des membres qui devront être
renouvelés, c'est-à-dire dans la première quin
zaine d'octobre, ainsi qu'il est dit à l'art 67.

A cette époque, le syndic alors en exercice
convoquera par lettres, tous les Huissiers de
l'arrondissement, en leur indiquant le lieu e
l'heure de la réunion.

Les opérations de l'assemblée se diviseront en
deux parties; il s'agira :

1.º De procéder à la nomination du trésorier, qui sera désigné parmi les Huissiers résidans au chef-lieu.

2.º De nommer ensuite les deux autres membres de la chambre, sans s'occuper du syndic.

Le procès-verbal qui doit être dressé pour constater ces nominations, devra énoncer distinctement les deux scrutins qui auront eu lieu pour le trésorier et pour les autres membres.

Nous croyons devoir, pour la commodité des Huissiers, donner ici un modèle de ce procès-verbal.

L'an 1814, le 6 octobre, dix heures du matin, les membres de la communauté des Huissiers de l'arrondisssement communal de . . . . département de. . . . . , . . sur la convocation du sieur *Noël*, syndic de leur chambre de discipline, se sont réunis en assemblée générale, au nombre de quarante-huit, dans le lieu de la tenue des séances de cette chambre, sise à . . . rue . . . . n° . . . . ,

Ledit syndic a exposé, qu'en exécution de l'art. 59 du décret impérial du 14 juin 1813, l'assemblée doit procéder au remplacement des membres sortans de la chambre de discipline, et par conséquent à la nomination de ceux qui, en nombre égal, doivent faire partie de cette chambre, à compter du premier novembre prochain.

Que le nombre des membres sortans est de trois, aux termes de l'art. 62, non compris le syndic, qui est exclusivement au choix des

Magistrats ; qu'aux termes de l'art. 55 ; deux membres de la chambre au moins , et non compris le syndic , doivent être choisis parmi les Huissiers qui résident au chef-lieu de l'arrondissement ; que deux des membres sortans y étaient domiciliés ; qu'il ne s'y en trouve pas parmi ceux qui continuent leurs fonctions à la chambre ; et que par conséquent, il est nécessaire de désigner deux Huissiers résidans au chef-lieu , en procédant aux nominations dont il s'agit.

Que parmi les trois membres à nommer , il en doit être choisi un pour le trésorier de la bourse commune établie par l'art. 91 , et que la nomination de ce trésorier doit être faite par un scrutin particulier, en désignant un Huissier du chef-lieu.

Il a en conséquence invité l'assemblée à procéder de suite et par distinction de scrutin , à la nomination dont il s'agit ; savoir, un pour le trésorier , et un pour les autres membres.

L'assemblée déférant à cette proposition , et sous la présidence du syndic de la chambre , a composé préalablement le bureau ; elle a désigné pour scrutateurs les sieurs *Pierre* et *Paul*, ceux des Huissiers présens qui, non compris le syndic, se trouvent les plus âgés, et pour secrétaire le sieur *Jean*, qui est le plus jeune.

Chacun des membres du bureau ayant pris

place, il a été procédé ainsi qu'il suit à la nomination des membres qui doivent entrer à la chambre de discipline.

NOMINATION DU TRÉSORIER.

Un premier tour de scrutin a eu pour objet l'élection du trésorier. Chaque Huissier a formé secrètement son bulletin, en y inscrivant le nom de l'un des membres de la communauté, présens ou absens, domiciliés dans le chef-lieu de l'arrondissement, et non membre restant, ni sortant de la chambre. Tous les votans ont ensuite déposé leurs bulletins dans un vase placé devant les scrutateurs, et ceux-ci en ont aussitôt fait le dépouillement en présence de l'assemblée.

Il est résulté de ce dépouillement, que le sieur *Paul*, Huissier, demeurant à . . . . a réuni seul la majorité absolue des suffrages.

En conséquence, et au nom de l'assemblée, le syndic président a proclamé trésorier ledit sieur *Paul*, ci-dessus qualifié.

NOMINATION DES AUTRES MEMBRES.

La première opération terminée, il a été fait un second tour de scrutin pour le choix des autres membres à nommer.

Chacun des Huissiers présens a formé un nou-

veau bulletin, dans lequel il a inscrit en secret
les noms de deux Huissiers de l'arrondissement
autres que les membres de la chambre restant
en fonctions, autres aussi que ceux qui doivent
en sortir au 1.er novembre, et que le trésorier
qui vient d'être nommé, en observant d'en désigner un au moins domicilié au chef-lieu, pour
compléter le nombre de ceux qui doivent avoir
cette résidence.

Cela fait, tous les bulletins ont été mis dans
le vase par chaque votant; ils ont ensuite été
retirés par les scrutateurs, qui en ont fait le
dépouillement en présence de l'assemblée.

Il résulte de ce dépouillement, que le sieur
Théodore, Huissier à . . . .
Et le sieur *Jacques*, Huissier à . . . .
ont réuni le nombre supérieur de suffrages.

En conséquence, le syndic, au nom de l'assemblée, a encore proclamé membres de la
chambre de discipline, ledit sieur *Théodore* et
ledit sieur *Jacques*.

(Si les membres élus sont présens, on dira :)
À l'instant le sieur *Paul* et lesdits sieurs *Théo-*
dore et *Jacques*, présens à l'assemblée, ont
déclaré respectivement accepter leur nomination.

Le syndic les a invités à se rendre au lieu
des séances de la chambre, le 1.er novembre
prochain, dix heures du matin, pour y être

istallés dans leurs fonctions ; ce à quoi ils ont
galement déclaré consentir.

(S'ils sont absens , on terminera ainsi :)

Il a en outre déclaré , qu'expédition du pré-
ent procès - verbal serait adressée à chacun
d'eux , avec invitation de se trouver au lieu
des séances de la chambre , le 1.er novembre
prochain , dix heures du matin , pour y être
nstallés dans leurs fonctions.

(Le procès-verbal sera clos ainsi dans les deux
cas :)

Fait et arrêté en l'assemblée générale des
Huissiers de l'arrondissement de. . . . .
les jour , mois et an susdits ; et tous les membres de l'assemblée générale ont signé le présent
procès-verbal.

A r t. L X I.

Lorsqu'il y aura cent votans et au-dessus , l'assemblée se divisera par bureaux ,
qui ne pourront être composés de moins
de trente ni de plus de cinquante votans.

Ces bureaux seront présidés , le premier
par le syndic , et chacun des autres par le
plus âgé des Huissiers présens ; les deux
plus âgés après lui feront les fonctions
de scrutateurs , et le plus jeune celles de
secrétaire.

Observ. — Les dispositions de cet article ne seront applicables qu'aux Huissiers de Paris, et à ceux de quelques autres grandes villes ; car il est vraisemblable que tous les autres arrondissemens n'auront pas chacun cent votans. La même règle est prescrite par l'art. 14 de l'arrêté qui a organisé les chambres des avoués, et elle n'est guère observée, non plus que dans un fort petit nombre de villes, parce qu'il en est peu où il y ait cent avoués.

A ʀ ᴛ. LXII.

La chambre de discipline sera renouvelée tous les ans par tiers, ou, si le nombre n'est pas susceptible de cette division, par portions les plus approchantes du tiers, en faisant alterner, chaque année, les portions inférieures et supérieures au tiers, à commencer par les inférieures, de manière que, dans tous les cas, aucun membre ne puisse rester en fonctions plus de trois années consécutives.

Observ. — *La chambre est renouvelée par tiers*, c'est-à-dire que dans une chambre composée de neuf membres, par exemple, il en doit sortir trois, outre le syndic qui est nommé et renouvelé d'une manière différente, comme il est prescrit par l'art. 56.

Pour former ce *tiers*, il ne faut pas compter le syndic pour un membre sortant, et n'y en ajouter que deux autres ; ce serait tomber dans l'erreur.

Il faut d'abord considérer la chambre en masse, en n'y voyant que des individus, sans faire la distinction du syndic et des autres Huissiers. Il faut dire : la chambre est de neuf membres, le tiers est de trois, ainsi trois membres doivent sortir, et l'assemblée générale doit en nommer trois autres pour les remplacer.

Voilà donc le nombre déterminé. Maintenant il faut se reporter à l'art. 56, qui donne aux seuls Magistrats le droit de nommer et de renouveler le syndic.

Après la fixation du tiers, le syndic doit être écarté du reste des membres de la chambre, et on ne prend que parmi ces derniers ceux qui sont désignés pour sortir.

En un mot, le syndic ne doit jamais faire partie du tiers sortant, parce que son renouvellement est l'objet d'une mesure toute particulière

Si cette opinion pouvait être combattue, il y aurait des preuves à l'appui, qui existent dans le décret même que nous expliquons.

En effet, il n'y a dans cette circonstance au-

cune analogie avec ce qui s'observe pour le re
nouvellement des chambres des notaires et de
avoués. Dans ces chambres, tous les membres
sont nommés par l'assemblée générale sans en
excepter le président; leurs fonctions durent
trois ans sans distinction.

Le syndic des Huissiers au contraire n'est
point choisi par l'assemblée, il est renouvelé
tous les ans ; voilà la différence. On ne pourrait exercer ici pour les Huissiers, ce qui se
pratique pour les notaires et pour les avoués.

C'est un mode nouveau que la loi établit, et
il est nécessaire de se bien pénétrer de ses con-
séquences.

Le décret s'exprime assez clairement dans ses
différentes dispositions à ce sujet, il ne faut
que les rapprocher l'une de l'autre pour s'en
convaincre.

L'art. 56 dit : *le syndic sera nommé tous les
ans.*

L'art. 58 : *la première nomination DES AU-
TRES MEMBRES sera faite de la même manière
que celle du syndic.*

L'art. 59 ajoute : *après cette première nomination, les membres de la chambre, AUTRES
QUE LE SYNDIC, seront élus par l'assemblée
générale.*

L'art. 60 : *l'élection des membres de la*

chambre se fera au scrutin secret, c'est-à-dire, d'après l'article 59, non compris le syndic.

Jusqu'ici il ne s'agit toujours que des *autres membres*, et non du syndic ; voyons s'il y a dérogation.

L'art. 62 dit : *la chambre sera renouvelée tous les ans par tiers*, c'est-à-dire encore non compris le syndic, puisque cet article n'est que la conséquence des précédens.

Les articles 58, 59, 60 et 62 ont strictement le même objet ; il n'y a de différence entr'eux que les développemens qu'ils contiennent chacun en particulier : ils ne s'étendent nullement à un autre cas ; on ne saurait trop bien saisir ce point essentiel.

Il est donc hors de doute que le syndic ne fait pas partie du tiers que l'assemblée générale doit faire remplacer.

Maintenant arrivons au mode d'exécution de l'art. 62 pour le renouvellement.

Nous croyons devoir faire à ce sujet une petite opération qu'il est utile de bien saisir, et des exemples basés sur l'art. 53 qui fixe le nombre des membres de différentes chambres des Huissiers, feront disparaître ce qui peut sembler abstrait à la première lecture.

Les chambres de discipline sont composées :

Ou de quinze membres,

Ou de neuf,

Ou de sept,

Ou de cinq.

Dans les arrondissemens où il y aura quinze ou neuf Huissiers, membres de la chambre, l'opération du renouvellement sera très-facile; il en sortira chaque année cinq pour le nombre quinze, et trois pour le nombre neuf.

Mais dans les arrondissemens où il y en a sept ou cinq, l'impossibilité de diviser par tiers sans fraction, nécessite une mesure qui est établie par le décret.

Voyons d'abord comment on doit procéder au renouvellement pour le nombre de sept membres. Voici leurs noms pour la première année, sans avoir égard aux qualifications de syndic, de rapporteur, etc., et sauf, après avoir déterminé le *tiers*, à en retrancher le nom du syndic.

1.er EXEMPLE.

1. Mathieu, syndic.
2. Paul.
3. Jean.
4. Louis.
5. Prosper.
6. Raphaël.
7. Pierre.

Il doit partir chaque année un tiers des sept membres; le tiers est plus de deux et n'est cependant pas de trois. D'après l'art. 62, il faut chercher les portions les plus approchantes de ce tiers ; or, ce sont ces nombres deux et trois.

L'un de ces deux nombres doit sortir chaque année alternativement : le nombre deux qui est inférieur commencera pour la première année ; le nombre trois sortira la seconde année, et ainsi de suite.

Pour plus de clarté encore dans l'exécution de la loi, supposons que les premiers renouvellemens de la chambre se sont opérés comme dans les exemples suivans :

PREMIÈRE ANNÉE.

La portion inférieure au tiers subira le renouvellement. Il est de deux ; il sortira donc deux membres.

On a employé le mode indiqué par l'art. 63, qui prescrit la voie du sort : il en résulte que *Paul* et *Raphaël* doivent sortir pour la première année, et la liste nouvelle offre les noms qui suivent, non compris le syndic.

II.me EXEMPLE.

1. André , successeur de Paul.
2. Jean.
3. Louis.
4. Prosper.
5. Philippe, successeur de Raphaël.
6. Pierre.

SECONDE ANNÉE.

Louis, *Philippe* et *Pierre* sont désign
pour la seconde année ; ils le sont encore |
la voie du sort, et la liste nouvelle présente |
changement ci-dessous :

III.me EXEMPLE.

1. André.
2. Jean.
3. Jules, successeur de Louis.
4. Prosper.
5. Didier, successeur de Philippe.
6. Simon, successeur de Pierre.

TROISIÈME ANNÉE.

A commencer de la troisième année, le renouvellement se fera par ordre d'ancienneté,
ainsi qu'il est établi au quatrième exemple ci-
après.

Cette troisième année, il n'y aura, comme
nous venons de le dire à la suite du premier
exemple, qu'un renouvellement de deux membres ; la quatrième, un renouvellement de trois
membres, et toujours ainsi alternativement.

Voilà pour ce qui est de la variation des individus qui doivent composer la chambre.

Maintenant il faut voir de quelle manière
aucun des membres ne pourra rester en fonctions plus de trois ans.

Suivant l'art. 63, après la seconde année, ou, ce qui revient au même, après les deux premières années de l'établissement de la chambre, le renouvellement se fait en désignant les plus anciens dans l'ordre de nomination.

Le renouvellement de la troisième année ne devant être que de deux membres, ce seront donc les deux plus anciens qui sortiront, puisque la loi le prescrit. Or, ce sont *Jean* et *Prosper*, car ils sont entrés dès le moment de la création de la chambre, c'est-à-dire depuis trois ans, tandis que les autres ont tous été nommés postérieurement.

Frappons l'œil par un nouvel exemple, afin de rendre cela plus sensible.

IVme EXEMPLE.

Temps écoulé depuis leurs nominations.

1. Jules. . . . . 1 an.
2. Didier. . . . . . 1 an.
3. Simon. . . . . . 1 an.
4. André. . . . . . 2 ans.
5. Jean. . . . . . . 3 ans.
6. Prosper. . . . . . 3 ans.

Jean et *Prosper* sortiront dans la troisième année, puisqu'ils sont les plus anciens, et qu'ils ne peuvent continuer au-delà de trois ans.

QUATRIÈME ANNÉE.

La quatrième année il devra sortir trois membres, et voici l'ordre d'ancienneté de tous.

Vme EXEMPLE.

Temps écoulés depuis leurs nominations.

1. Antoine, successeur de Jean. . . . . 1 an.
2. François, successeur de Prosper . . 1 an.
3. Jules. . . . . 2 ans.
4. Didier. . . . . 2 ans.
5. Simon. . . . . 2 ans.
6. André. . . . . 3 ans.

André sera le plus ancien, *Jules*, *Didier* et *Simon* auront deux ans d'exercice ; ils seront alors les plus anciens après *André*, et deux d'entr'eux devront se retirer pour compléter le nombre des sortans ; mais comment seront-ils désignés ?

Il est certain que l'un n'a pas plus le desir de rester que les deux autres, et quoique l'article 63 exprime le vœu que la désignation des sortans ne se fasse plus par le sort après la seconde année, il est pourtant nécessaire d'employer cette voie dans la circonstance, mais seulement entre les trois plus anciens, ayant même date de réception. La loi n'a indiqué la désignation par ancienneté, qu'autant qu'elle serait toujours praticable ; on ne peut pas lui supposer une autre intention.

Après la quatrième année , *André* sortira donc comme plus ancien , et le sort désignera entre *Jules, Didier* et *Simon* les deux autres membres sortans.

Voilà donc la chambre entièrement renouvelée ; il ne reste pas la quatrième année , toujours non compris le syndic , un seul des membres qui la composaient pendant la première. C'est ce qui peut mieux se prouver encore, en comparant la liste de cette première année à celle de la quatrième.

Supposons que *Jules* et *Simon* sont désignés pour les deuxième et troisième sortans ; que le successeur d'*André* était *Firmin*, et que ceux de *Jules* et *Simon* sont *Ambroise* et *Barnabé*.

VIme EXEMPLE.

Ire ANNÉE.	IVme ANNÉE.
1. Paul	1 Firmin.
2. Jean	2 Ambroise.
3. Louis	3 Barnabé.
4. Prosper	4 Antoine.
5. Raphaël	5 François.
6. Pierre	6 Didier.

On voit que la différence est totale.

En suivant ce qui est prescrit, les autres renouvellemens entiers se feront de la même manière ; car *Firmin, Ambroise* et *Barnabé* qui sont les derniers entrés , ne pourront rester que les quatrième, cinquième et sixième années. L'un d'eux devra même sortir la cinquième, puisque, comme au quatrième exemple, il n'en doit rester la sixième année que deux ayant trois ans d'exercice. La septième année verra donc aussi tous nouveaux membres , et cette marche se perpétuera.

Tout ce que nous venons de dire et de démontrer par des exemples, pour les années postérieures aux deux premières de l'établissement de la chambre de discipline , se réduit à ceci : chaque année il sort deux ou trois membres, selon l'alternative établie par l'art. 62.

Ces membres sortans sont désignés par leur ordre d'ancienneté de nomination.

S'il arrive qu'un des sortans doive être pris parmi plusieurs membres égaux en date de réception , il sera désigné par la voie du sort, entr'eux seulement et sans y faire concourir les autres membres de la chambre.

Cette marche sera toujours la même.

Il nous reste maintenant à parler de la chambre de discipline, qui n'est composée que de cinq membres ; posons aussi un exemple.

VII.me EXEMPLE.

1. Augustin.
2. Eusèbe.
3. Joseph.
4. Thimothée.
5. Charles.

Le tiers de ce nombre est plus d'un, et n'est cependant pas de deux. La portion inférieure la plus approchante du tiers est un, et sa portion supérieure est deux. D'après ce que nous venons de voir, il doit donc sortir un membre la première année, deux la seconde, un la troisième, deux la quatrième, et ainsi de suite.

Les deux premières années le renouvellement se fera par le sort.

Après cette époque, ce seront les plus anciens qui sortiront, et lorsqu'un seul devra sortir et qu'il sera de même date en réception qu'un autre, ils tireront au sort entr'eux, comme nous venons de l'indiquer pour la chambre composée de sept membres.

Enfin, tout ce que nous avons dit pour la chambre composée de sept membres, s'applique au surplus à celle composée de cinq.

ART. LXIII.

Le sort indiquera ceux des membres qui devront sortir la première et la seconde année : ensuite le renouvellemen s'opérera par ordre d'ancienneté de nomi nation.

Les membres sortans ne seront rééli gibles qu'après un an d'intervalle , à l'ex ception toutefois du trésorier , qui sera toujours rééligible.

Observ. — Au moyen des explications que nous venons de donner sur le précédent article, nous devons nous dispenser de faire d'autres observations sur celui-ci, puisque par la connexité qu'ils ont entr'eux, l'un et l'autre se trouvent suffisamment interprétés.

Art. LXIV.

Lorsque le nombre total des Huissiers formant la communauté , ne sera pas suffisant pour le renouvellement de la chambre , tel qu'il est prescrit ci-dessus, ce renouvellement n'aura lieu que jusqu'à concurrence du nombre existant.

Observ. — Il y a des arrondissemens d'une faible population et de peu d'étendue qui ne permettent pas d'avoir un grand nombre d'Huissiers. Le cas prévu par cet article est néanmoins

très-rare, parce qu'il suppose nécessairement
qu'il n'y aura que sept Huissiers au plus, dont
par conséquent cinq seront de la chambre et
deux seuls n'en seront pas.

S'il y en avait huit pour l'arrondissement, le
renouvellement alternatif d'un et de deux pourrait avoir lieu complètement ; car sur ce nombre
de huit, retranchons-en cinq pour la chambre ;
il en reste trois qui peuvent servir à remplacer
les membres sortans, y compris le syndic.

S'il n'en sort qu'un, le nombre restant est
plus que suffisant, puisqu'en prenant le second
pour remplacer le syndic, il y en aura encore
un qui ne sera pas de la chambre.

S'il en sort deux, le nombre restant sera justement suffisant, puisque le syndic remplacé,
il y en aura encore deux non membres de la
chambre.

Ce mouvement alternatif se fera toujours sans
obstacles ; c'est-à-dire, qu'il y aura toujours
assez d'Huissiers pour le renouvellement annuel.

Un exemple fera mieux sentir cette petite
opération.

HUISSIERS DE L'ARRONDISSEMENT.

1. Pierre.
2. Jean.
3. Maurice.
4. Benoît.
5. Cesaire.
6. Nicolas.
7. Didier.
8. Jacques.

MEMBRES DE LA CHAMBRE.	NON MEMB. DE LA CHAM.
1. Pierre, syndic.	1. Nicolas.
2. Jean.	2. Didier.
3. Maurice.	3. Jacques.
4. Benoît.	
5. Cesaire.	

Nicolas est nommé syndic pour cette année en remplacement de *Pierre*.

Jean et *Benoît* doivent aussi sortir, ils sont remplacés par *Didier* et *Jacques*; ainsi les Huissiers non membres de la chambre seront donc, { 1. Pierre. 2. Jean. 3. Benoît.

L'année suivante, il ne devra sortir qu'un membre outre le syndic. Un exemple est encore nécessaire.

MEMBRES DE LA CHAMBRE.	NON MEMB. DE LA CHAM.
1. Jean, synd. *au lieu de Nicolas*.	1. Pierre.
2. Didier.	2. Nicolas.
3. Benoît, *au lieu de Maurice*.	3. Maurice.
4. Jacques.	
5. Cesaire.	

Supposons que ce soit *Maurice* qui doive sortir, il pourra facilement être remplacé, puisque
le renouvellement du syndic opéré, il reste
deux Huissiers ordinaires qui ont leur intervalle
d'un an sans être de la chambre. Supposons
aussi que *Jean* soit nommé syndic à la place de
Nicolas, et que *Benoît* soit désigné pour remplacer *Maurice*, ceux qui ne seront pas de la
chambre seront donc
{ 1. Pierre.
2. Nicolas.
3. Maurice.

L'année d'après il sortira deux membres outre le syndic ; et supposé que *Maurice* devienne
syndic, ils seront remplacés par *Pierre* et *Nicolas*, et ainsi de suite.

Il est donc facile de voir que dès qu'il y a
huit Huissiers dans l'arrondissement, l'art. 64
n'est pas applicable.

Il n'en est pas de même pour le nombre sept ;
mais ce cas sera fort rare.

Si cependant il arrive qu'il n'y ait que sept
Huissiers, cinq sont de la chambre ; il n'en reste
plus que deux qui n'en sont pas, après le choix
du syndic : il ne peut donc en sortir qu'un seul
chaque année, puisqu'il n'est possible d'en
remplacer qu'un seul ; c'est alors que *le renouvellement n'a lieu que jusqu'à concurrence du
nombre existant*.

Nous le répétons, l'art. 64 du décret n'est
susceptible de n'avoir son application que pour

les arrondissemens où il n'existe que sept Huis
siers, si tant est qu'il y en ait un si petit nom
bre même dans les ressorts les moins étendus.

On peut ajouter pourtant qu'il est encore applicable pour les arrondissemens où le nombre
des Huissiers est suffisant, mais où ce nombre
devient momentanément insuffisant par mort,
démission ou destitution. Dans ce cas encore,
le renouvellement n'a lieu que jusqu'à concur-
rence du nombre existant.

Art. LXV.

Les membres de la chambre de discipline nommeront entre eux au scrutin secret, à la majorité absolue, un rapporteur et un secrétaire.

Cette nomination sera renouvelée tous
les ans, et les mêmes pourront être réélus.

Observ. — Le rapporteur et le secrétaire
sont les seuls officiers de la chambre qui puissent
être nommés par elle ; on en devine facilement
la raison, car les fonctions de syndic, et sur-
tout celles de trésorier, ainsi que nous l'avons
dit sur l'art. 60, sont plus importantes que les
autres. C'est ici qu'il s'agit d'un objet d'ordre
intérieur ; il importe peu à la communauté des
Huissiers que ce soit tel ou tel qui expose à la

hambre les difficultés ou les autres cas sur lesquels elle aura à prononcer, ou qui rédige ses
délibérations et ses procès-verbaux.

Lorsque le rapporteur et le secrétaire ne de-
vont pas sortir pour le renouvellement, et
il n'existe pas de motif pour les remplacer, ils
ontinueront leurs fonctions ; car c'est pour
la que l'article dit qu'ils pourront être réélus.
l est convenable qu'autant qu'il est possible,
l n'y ait pas de changemens à cet égard : les
hoses en vont toujours mieux.

Voici le procès-verbal qui sera dressé pour la
omination à faire par la chambre.

L'an 1814, le 7 octobre, dix heures du main, au lieu ordinaire des séances de la chambre
de discipline des Huissiers de l'arrondissement
de . . . . . département de . . . . . sur la
convocation du syndic nommé pour entrer en
exercice le premier novembre prochain, les
membres de cette chambre qui doivent également exercer leurs fonctions à partir de la même
époque, se sont réunis en exécution des articles 65 et 67 du décret impérial du 14 juin
1813, à l'effet de procéder entr'eux à la nomination d'un rapporteur et d'un secrétaire.

Il y a été aussitôt procédé de la manière suivante :

Chaque votant a fait en secret son bulletin;
il y a inscrit les noms des deux membres de la

11..

chambre, en désignant l'un pour rapporteur
et l'autre pour secrétaire.

Les votans ont ensuite déposé leurs bulletin
dans un vase, et le syndic, en leur présence
en a fait le dépouillement.

Il est résulté du scrutin que le sieur *Paul*
réuni la majorité absolue des voix pour *rappor
teur*, et que le sieur *Jean* a aussi réuni la ma
jorité absolue pour *secrétaire*.

En conséquence, le syndic a déclaré que ledit
sieur *Paul* est nommé rapporteur de la chambre, et que ledit sieur *Jean* est nommé secrétaire.

Ensuite le présent procès-verbal a été dressé
et signé par tous les membres de la chambre.

Fait et arrêté les jour, mois et an susdits.

Art. LXVI.

En cas de partage des voix pour ladite
nomination, le scrutin sera recommencé;
et si le résultat est le même, le plus âgé
des deux membres qui seront l'objet de
ce partage, sera nommé de droit, à moins
qu'il n'ait rempli, pendant les deux années précédentes, la fonction à laquelle
il s'agira de nommer, auquel cas la nomination de droit sera pour son concurrent.

Observ. — **Cet** article ne donne lieu à aucune observation ; il n'a pour objet que d'indiquer le moyen de faire cesser le partage qui peut exister dans le cas prévu.

Art. LXVII.

La nomination des membres de la chambre de discipline aura lieu chaque année dans la première quinzaine d'octobre, et sera immédiatement suivie de la nomination du rapporteur et du secrétaire.

Observ. — **C'est** à cette époque que se font ordinairement les mutations au palais ; c'est le temps des vacances et la suspension des affaires, qui donne le temps dont on a besoin pour opérer ces changemens.

D'après le sens de l'article , aussitôt que la chambre est renouvelée , il faut qu'elle nomme de suite son rapporteur et son secrétaire , afin que le changement soit complet au moment de l'entrée en exercice. Mais jusqu'à cette entrée en exercice , les membres de l'année courante ne cessent pas d'être en fonctions , eux seuls peuvent jusque-là appliquer les peines de discipline , diriger tout ce qui dépend des attributions de la chambre. Les nouveaux membres

ne sont encore investis d'aucun droit ; ils n'a
quièrent ce droit que le jour où ils son
installés.

Voir les observations faites à l'art. 65 pour
la nomination du rapporteur et du secrétaire.

ART. LXVIII.

La chambre et les officiers entreront en
exercice le premier novembre.

OBSERV. — C'EST le moment de la rentrée
des Tribunaux ; la nouvelle composition de la
chambre se trouvera en harmonie avec la marche
de la justice.

ART. XLIX.

La chambre tiendra ses séances au
chef-lieu de l'arrondissement : elle s'as-
semblera au moins une fois par mois.

Le syndic la convoquera extraordinai-
rement quand il le jugera convenable,
ou sur la demande motivée de deux autres
membres.

Il sera tenu de la convoquer toutes les
fois qu'il en recevra l'ordre du président
du Tribunal de première instance, ou de
notre Procureur près ce Tribunal.

OBSERV. — Il faut convenir que dans les arrondissemens où il n'y aura que huit ou neuf Huissiers, la chambre n'aura presque pour objet que l'administration de la bourse commune, dont il sera parlé article 91 et suivans. Mais il n'est pas de chambre qui ne puisse se faire remarquer par le bon ordre qu'elle établira parmi les Huissiers de son ressort, parce que le même mode de surveillance s'applique également que le nombre des Huissiers soit plus ou moins considérable.

CHAPITRE III.

ATTRIBUTIONS DE LA CHAMBRE DE DISCIPLINE, ET DE SES OFFICIERS.

Art. LXX.

La chambre de discipline est chargée,

1.º De veiller au maintien de l'ordre et de la discipline parmi tous les Huissiers de l'arrondissement, et à l'exécution des lois et réglemens qui concernent les Huissiers ;

2.º De prévenir ou concilier tous diffé-

rends qui peuvent s'élever entre Huissier
relativement à leurs droits, fonctions c
devoirs, et, en cas de non-conciliation
de donner son avis comme tiers sur ce
différends;

3.º De s'expliquer, également par forme
d'avis, sur les plaintes ou réclamations
de tiers contre des Huissiers à raison de
leurs fonctions, et sur les réparations civiles qui pourraient résulter de ces plaintes
ou réclamations;

4.º De donner son avis comme tiers sur
les difficultés qui peuvent s'élever au sujet de la taxe de tous frais et dépens réclamés par des Huissiers;

Lorsque la chambre ne sera point assemblée, cet avis pourra être donné par
un de ses membres, à moins que l'objet
de la contestation ne soit d'une importance majeure, auquel cas la chambre
s'expliquera elle-même à la prochaine
séance, ou, si le cas est urgent, dans une
séance extraordinaire;

5.º D'appliquer elle-même les peines de
discipline établies par l'article suivant, et

de dénoncer au Procureur-impérial les faits qui donneraient lieu à des peines de discipline excédant la compétence de la chambre, ou à d'autres peines plus graves;

6.º De délivrer, s'il y a lieu, tous certificats de moralité, de bonne conduite et de capacité, à ceux qui se présenteront pour être nommés Huissiers;

7.º De s'expliquer également sur la conduite et la moralité des Huissiers en exercice, toutes les fois qu'elle en sera requise par les Cours et Tribunaux, ou par les officiers du ministère public;

8.º Enfin de représenter tous les Huissiers sous le rapport de leurs droits et intérêts communs, et, en conséquence, d'administrer la bourse commune dont il sera parlé au chapitre V ci-après.

Observ. — Les attributions de la chambre sont clairement déterminées. Ce sont les mêmes que celles des chambres des notaires et des avoués, sauf les modifications qu'il était indispensable d'apporter.

Art. LXXI.

Les peines de discipline que la chambi peut infliger elle-même , sont,

1.º Le rappel à l'ordre ;

2.º La censure simple par la décisioi même ;

3.º La censure avec réprimande par l syndic à l'Hui ier en personne dans la chambre assembl ;

4.º L'interdiction de l'entrée de la chambre pendant six mois au plus.

Observ. — 1.º Le rappel à l'ordre consiste dans un simple avertissement à l'Huissier, que telle ou telle chose qu'il a faite ou qu'il se propose de faire, ne convient pas à l'exercice de ses fonctions ; comme de se présenter ans être dans un costume décent ; de ne pas se conformer strictement à ses devoirs , soit aux audiences, soit ailleurs ; d'injurier ses confrères , de criti-quer les opérations de la chambre ; de favoriser avec trop de passion *l'admittatur* d'un aspi-rant qui n'aurait que des droits équivoques.

Les observations de la chambre doivent va-rier, comme il est facile de le voir, autant de fois que l'objet de la réprimande présente de différence, et nous ne donnons ici que quelques exemples. Ces observations doivent être suivies de la défense de récidiver ; et d'après l'article, il n'est pas nécessaire de les consigner au registre des délibérations. Il ne s'agit que d'un simple avertissement verbal , qui ne doit avoir lieu que pour des fautes légères.

Si l'Huissier ne se présente pas au jour où il est appelé par la chambre , le syndic doit lui écrire pour le rappeler à l'ordre au nom de cette chambre.

2.º La censure simple a lieu pour les cas où l'Huissier se comporte d'une manière plus repréhensible , mais qui ne présente cependant rien de trop grave.

C'est, par exemple, lorsqu'il se conduit avec irrévérence envers les magistrats , ou qu'il se plaît à les calomnier. On pourrait citer d'autres cas, comme de mettre dans ses poursuites d'exécution plus de rigueur que la loi ne le permet , de traiter durement un débiteur , de faire toute autre chose qui ne mérite aucun châtiment quelconque , mais qui s'écarte pourtant des devoirs, de la décence , de la conduite irréprochable , en un mot, qu'un Huissier véritablement honnête est toujours jaloux de conserver.

Cette censure est insérée au registre, et il en est donné connaissance à l'Huissier inculpé, soit par la lecture de l'arrêté s'il est présent, soit par l'expédition qui lui en est adressée , s'il ne

s'est pas trouvé à la chambre. On voit la différence qu'il y a entre le rappel à l'ordre, et la
censure simple. Comme le dernier cas offre
quelque chose de plus sérieux que le rappel à
l'ordre, l'article veut qu'il soit dressé procès-
verbal, ou rédigé un arrêté quelconque, qui
constate les observations faites à l'Huissier.

3.º La censure avec réprimande se fait en y
mettant plus de rigueur ; elle n'a lieu que pour
les fautes graves et qui peuvent avilir les fonctions d'Huissier, comme de paraître créancier
lorsqu'on ne l'est effectivement pas, et dans la
la vue d'obliger un tiers pour en retirer un
avantage quelconque ; de se livrer à toutes ces
manœuvres si ordinaires en affaires, sur-tout
en matière de commerce ; d'exercer l'usure, de
surprendre la bonne foi des gens pour la faire
tourner à leur détriment.

L'Huissier inculpé est admonété par le syndic, en présence des membres de la chambre.
La réprimande doit être sérieusement sévère :
son amour-propre, s'il en conserve encore, doit
être blessé par cette espèce d'appareil, et à la vue
de plusieurs de ses confrères. Cette censure doit
être mentionnée au registre, quoique la loi ne le
dise pas positivement ; car la censure simple y
est portée, et ici, s'agissant d'une faute plus
grave, il y a encore plus grande nécessité de
consigner les réprimandes. On peut y avoir re-

cours par la suite , si la cause de ces réprimandes donne lieu à quelques poursuites de la part des parties ou du Ministère public. L'Huissier peut faire des réponses qui aient quelqu'influence sur l'affaire qu'il s'est attirée. Tout démontre la nécessité de constater ce qui se passe à la chambre dans cette circonstance.

4.° L'interdiction de la chambre est une peine réservée aux Huissiers qui appellent la surveillance des Magistrats ; aux Huissiers qui se livrent à des actions criminelles , et qui méritent un châtiment exemplaire. Le faux dans un exploit ou dans la remise qu'il en doit faire à la partie ; la soustraction d'objets à saisir chez un débiteur ; l'infidélité dans le compte des sommes reçues pour les parties ; l'extorsion d'un salaire qui n'est pas dû , ou d'une récompense promise pour suspendre des poursuites légitimes ; toutes ces actions honteuses sont de nature à être sévèrement punies.

L'article ne dit pas que l'Huissier inculpé se présentera à la chambre pour le cas en question. Le législateur a pensé qu'une réprimande à la personne présente , n'était ici d'aucune utilité ; il faut punir sans ménagement. Dans le cas de la censure avec réprimande , on peut ramener l'inculpé à son devoir par des exhortations ; mais cette voie est insuffisante pour le cas de l'interdiction ; elle n'aurait point assez de poids, et d'ailleurs, la faute ne doit point rester impunie. Si cependant l'Huissier se trouve à la chambre, il peut être censuré verbalement, et on peut lui interdire l'entrée de la chambre devant lui. S'il est absent, on lui adresse expédition de l'arrêté pris à son égard, et qui, dans tous les cas, doit encore être porté sur le registre, quoique la loi ne le prescrive pas littéralement, parce que la nécessité en est encore plus évidente que pour les autres censures.

Cette interdiction de l'entrée de la chambre n'est pourtant pas absolue : elle ne concerne que tous les cas étrangers à la répartition du produit de la bourse commune établie par l'article 91. En effet, comme nous le verrons bientôt, les Huissiers ont le droit de se présenter à la chambre pour débattre le compte du trésorier, dans le délai qui est fixé. L'Huissier interdit de la chambre, peut ne pas l'être de ses fonctions; dans ce cas, il ne cesse pas de verser à la bourse commune; il ne perd pas son droit au partage de cette bourse, ni par conséquent celui de critiquer le compte, de réclamer contre les erreurs qui lui font préjudice, et de se présenter à la chambre à cet effet.

Il conserve donc toujours cette faculté ; mais il doit être écarté de la chambre pour tout autre objet.

Art. LXXII.

L'application, par la chambre des Huissiers, des peines de discipline spécifiées dans l'article précédent, ne préjudiciera point à l'action des parties intéressées ni à celle du ministère public.

OBSERV. — CETTE action ne sera probablement nécessaire que pour le cas de la censure avec réprimande et de l'interdiction de l'entrée de la chambre. Les fautes qui donneront lieu aux autres peines, sont trop légères pour mériter des mesures d'une certaine sévérité. Cependant tout dépendra des circonstances, et le Procureur-impérial peut, en même temps que la chambre, exercer le droit de réprimander l'Huissier qui s'est attiré de justes reproches.

Art. LXXIII.

Toute condamnation des Huissiers à l'amende, à la restitution et aux dommages-intérêts, pour des faits relatifs à leurs fonctions, sera prononcée par le Tribunal de première instance du lieu de leur résidence, sauf le cas prévu par le troisième paragraphe de l'article 43, à la poursuite des parties intéressées ou du syndic de la communauté, au nom de la chambre de discipline. Elle pourra l'être aussi à la requête du ministère public.

OBSERV. — 1.° Il sera difficile à l'Huissier inculpé d'échapper aux condamnations qu'il aura encourues. Il peut être poursuivi de trois manières, et on peut dire par trois parties intéressées ; d'abord la partie qui éprouve un dommage personnel, ensuite le syndic de la chambre qui, pour l'honneur de la communauté, doit être attentif à tout ce qui blesse la délicatesse et les devoirs des Huissiers ; et en troisième lieu, le Procureur-impérial, dont la surveillance générale ne peut manquer de se fixer sur ce point d'ordre public.

Il n'est pas dérogé à l'art. 43, dont les dispositions sont refondues dans le décret du 29 août 1813, en ce qui concerne les amendes relatives aux copies de citations de jugemens et d'arrêts. Ces amendes seront prononcées par la Cour ou le Tribunal devant lequel les copies auront été produites. C'est un cas particulier que nous avons expliqué par nos observations sur le décret du 29 août, dont l'exécution sera sévèrement surveillée, parce qu'il en résultera les plus grands avantages pour la société.

2.° Sera-ce comme en police correctionnelle

que l'Huissier sera poursuivi devant le Tribunal de première instance?

1.º L'art. 45 détermine positivement une circonstance dans laquelle le Tribunal correctionnel
devra statuer ; mais dans tous les autres cas, il
semblerait que l'Huissier ne devrait être poursuivi que civilement, puisqu'il est dit, art. 73,
que : *Toute condamnation*, etc., *sera prononcée par le Tribunal de première instance*, sans
dire, *par voie de police correctionnelle*, comme
l'art. 45. Nous pensons cependant que l'Huissier doit être poursuivi correctionnellement,
parce qu'il s'agit de la réparation d'une faute,
et par conséquent d'une peine à infliger ; ce qui
caractérise suffisamment la compétence du Tribunal correctionnel.

L'art. 74 nous confirme dans cette opinion ;
il veut que « la suspension des Huissiers ne
» puisse être prononcée que par les Cours et
» Tribunaux auxquels ils seront respectivement
» attachés. » Toutes les fois qu'il ne s'agira pas
de suspension, mais seulement de faits qui peuvent mériter toute autre peine et qu'il faudra
poursuivre un Huissier attaché à une Cour, à
un Tribunal de commerce, à une justice de
paix, il faudra donc le traduire au Tribunal de
première instance. Si ce n'est pas en police correctionnelle, pourquoi ne pas le traduire direc-

tement devant son Tribunal, pour le faire condamner pécuniairement, puisque ce Tribunal peut le suspendre; et par conséquent lui infliger une peine plus forte que celle de l'amende!

2.º Les actes de la procédure poursuivie par le syndic de la communauté, seront-ils sujets au timbre et à l'enregistrement, comme ceux d'un simple particulier agissant dans la même circonstance?

L'art. 89 porte bien que les actes de la chambre sont exempts de cette formalité, mais il semble ne parler que de ceux qui concernent le régime intérieur, et ne pas s'étendre aux actions à intenter contre les Huissiers, pour la répression de leurs fautes. Ne serait-ce pas ici le cas d'appliquer l'art. 158 du décret impérial du 18 juin 1811, qui dit: *que toute régie ou administration publique, les communes et établissemens publics, sont assimilés aux parties civiles, relativement aux procès suivis dans leur intérêt?* Or une partie civile exécute les lois du timbre et de l'enregistrement: ne faut-il pas en conclure que les actes dont nous venons de parler sont sujets au timbre et à l'enregistrement?

Art. LXXIV.

La suspension des Huissiers ne pourra être prononcée que par les Cours et Tribunaux auxquels ils seront respectivement attachés.

Observ. — La cause de la suspension est ordinairement plus connue de la juridiction particulière de l'Huissier, que de tous les autres Magistrats. Il lui est plus facile d'apprécier les vrais motifs de l'inculpation dirigée contre cet Huissier, et l'article contient une disposition sage. Il suit même de cet article, que les juges-de-paix ont aussi le droit de suspendre leurs Huissiers, ce qu'il est bon d'observer en passant, pour éviter les erreurs dans lesquelles on pourrait tomber à ce sujet.

Art. LXXV.

Il n'est dérogé, par le présent titre, à aucune des dispositions des art. 102, 103 et 104 de notre décret du 30 mars 1808.

Observ. — Les dispositions rappelées ici sont ainsi conçues :

« Art. 102. Les officiers ministériels qui se-
» ront en contravention aux lois et réglemens

12..

» pourront, suivant la gravité des circonstan-
» ces, être punis par des injonctions d'être plus
» exacts ou circonspects, par des défenses de
» récidiver, par des condamnations de dépens
» en leur nom personnel, par des suspensions
» à temps ; l'impression et même l'affiche des
» jugemens à leurs frais pourront aussi être or-
» données, et leur destitution pourra être pro-
» voquée s'il y a lieu.

» ART. 103. Dans les Cours et dans les Tri-
» bunaux de première instance, chaque cham-
» bre connaîtra des fautes de discipline qui
» auraient été commises ou découvertes à son
» audience.

» Les mesures de discipline à prendre sur les
» plaintes des particuliers, ou sur les réquisi-
» toires du Ministère public pour cause de faits
» qui ne se seraient point passés ou qui n'au-
» raient point été découverts à l'audience, se-
» ront arrêtées en assemblée générale à la
» chambre du conseil, après avoir appelé l'in-
» dividu inculpé. Ces mesures ne sont point
» sujettes à l'appel ni au recours en cassation,
» sauf le cas où la suspension serait l'effet
» d'une condamnation prononcée en juge-
» ment.

» Notre Procureur-général impérial rendra
» compte de tous les actes de discipline à notre
» Grand - Juge Ministre de la justice, en lui

» transmettant les arrêtés, avec ses observa-
» tions, afin qu'il puisse être statué sur les ré-
» clamations, ou que la destitution soit pro-
» noncée, s'il y a lieu.

» ART. 104. Notre Procureur-impérial en
» chaque Tribunal de première instance, sera
» tenu de rendre, sans délai, un pareil compte
» à notre Procureur-général en la Cour du res-
» sort, afin que ce dernier l'adresse à notre
» Grand-Juge Ministre de la justice, avec ses
» observations. »

Les Tribunaux ne sont pas tenus de renvoyer
l'Huissier inculpé à la chambre de discipline;
ils peuvent prononcer les peines encourues.
Mais si pour une cause quelconque, ils désirent
que cette chambre connaisse elle-même de l'affaire, rien ne leur défend l'exercice de cette
faculté.

ART. LXXVI.

Le syndic aura la police d'ordre dans la
chambre.

Il proposera les sujets de délibération,
recueillera les voix, et prononcera le
résultat des délibérations.

Il dirigera toutes actions et poursuites
à exercer par la chambre, et agira pour

elle et en son nom dans tous les cas, conformément à ce qu'elle aura délibéré.

Il aura seul le droit de correspondre, au nom de la chambre, avec le président et le ministère public; sauf, en cas d'empêchement, la délégation au rapporteur.

OBSERV. —LORSQUE la chambre de discipline succombera dans ses poursuites, les frais d'instance seront à la charge de la communauté. Ces frais seront prélevés sur le produit de la bourse commune.

ART. LXXVII.

Le rapporteur déférera à la chambre, soit d'office, soit sur la provocation des parties intéressées ou de l'un des membres de la chambre, les faits qui pourront donner lieu à des mesures de discipline contre des membres de la communauté.

Il recueillera des renseignemens sur ces faits, ainsi que de toutes les affaires qui doivent être portées à la connaissance de la chambre, et lui en fera son rapport.

OBSERV. —AINSI le rapporteur ne s'occupera pas seulement des objets qui concernent la discipline ; mais il fera aussi son rapport dans toutes les circonstances où il s'agira de l'intérêt de la communauté , soit pécuniairement , soit de toute autre manière.

A r t. L X X V I I I.

Le trésorier tiendra la bourse commune , conformément aux dispositions du chapitre V ci-après.

Observ. — Nous verrons dans le chap. 5 , qui commence par l'art. 91, quelles sont les attributions et les devoirs du trésorier.

L'art. 78 ne prévoit pas le cas de maladie ou d'absence , et cependant il importe beaucoup à la communauté qu'il y soit pourvu. Il conviendra que le trésorier se fasse remplacer, en demeurant toujours responsable.

A r t. L X X I X.

Le secrétaire rédigera les délibérations de la chambre.

Il sera le gardien des archives et délivrera les expéditions.

Observ. — En cas d'absence ou tout autre empêchement , il pourra être remplacé par l'un des membres de la chambre. La loi ne s'en explique pas ; mais l'usage, en pareille circonstance, permet de croire qu'elle ne s'y oppose point. La marche ordinaire d'une administration, n'est jamais arrêtée par l'absence de l'un de ses membres.

~~~~~~~~~~~~~~~~~~~~~~~~~~~~~~

CHAPITRE IV.

FORME DE PROCÉDER DANS LA CHAMBRE DE DISCIPLINE.

~~~~~~~~~

ART. LXXX.

La chambre ne pourra faire l'application des peines de discipline spécifiées en l'article 71, qu'après avoir entendu l'Huissier inculpé, ou faute par lui d'avoir comparu dans le délai de la citation. Ce délai ne sera jamais moindre de cinq jours.

Observ. — L'Huissier cité à la chambre pourra bien ne pas s'y présenter, mais alors il paraîtra véritablement repréhensible ou coupable des faits qui peseront sur lui.

S'il se présente, il en sera quitte le plus souvent pour recevoir de douces exhortations; mais s'il fait défaut, il semblera craindre et n'avoir aucun moyen de justification à opposer. Il est donc dans son intérêt d'obéir à la citation. S'il peut se justifier, il inspirera à ses collègues, et peut-être même au public, une sorte d'intérêt que l'innocence produit toujours ; et s'il ne peut détruire les inculpations qui existent contre lui, sa déférence et sa soumission seront propres à adoucir les mesures de rigueur qu'il aura encourues.

ART. LXXXI.

La citation sera donnée par une simple lettre indicative de l'objet, signée du rapporteur, et envoyée par le secrétaire, qui en prendra note sur un registre tenu à cet effet, coté et paraphé par le président du Tribunal de première instance.

Observ. — L'ARRÊTÉ des Consuls, du 2 nivôse an 12, sur l'organisation de la chambre de discipline des notaires, contient la même disposition ; et il porte de plus, article 13 : « Si le notaire ne comparaît point sur la lettre » du syndic, il sera cité une seconde fois dans » le même délai, à la même diligence, par ministère d'Huissier. »

Cette addition n'existe point pour les Huissiers ; ils ne sont cités que par simple lettre missive.

Le registre dont il est question dans cet article n'est pas sujet à la formalité du timbre,
ainsi qu'il résulte de l'art. 89 ci-après.

ART. LXXXII.

La même forme aura lieu pour appeler
toutes personnes, Huissiers ou autres,
qui voudront être entendues sur des réclamations ou plaintes par elles adressées à la
chambre de discipline.

OBSERV. — L'ARTICLE suppose que le plaignant a exprimé, dans sa réclamation, le désir
d'être entendu ; mais il ne défend pas de l'appeler lorsqu'il n'a rien demandé à ce sujet ; et
si la chambre pense qu'il est nécessaire de l'entendre, elle peut l'inviter à se rendre à sa
séance.

ART. LXXXIII.

Lorsqu'il s'agira de contestations entre
Huissiers, les citations pourront être respectivement données dans la forme ordinaire, en déposant les originaux au secré-
tariat de la chambre.

OBSERV. — SI les parties peuvent se concilier, elles s'entendront sur le paiement des

frais de la citation ; dans le cas contraire, et si l'affaire est portée au Tribunal, celui qui succombera paiera ces frais.

ART. LXXXIV.

Dans tous les cas , les parties pourront se présenter aux séances de la chambre volontairement et sans citation préalable.

Observ. — Il ne sera donné de citation qu'à celles qui refuseront de comparaître volontairement, et le jour à indiquer sera convenu avec les autres.

ART. LXXXV.

La chambre ne pourra prononcer ni émettre son avis sur aucune affaire, qu'après avoir entendu le rapporteur.

Observ. — Le rapporteur a examiné l'affaire dans le silence ; il en est pénétré ; il sait mieux que tout autre apprécier les moyens respectifs employés pour ou contre l'Huissier inculpé ; son opinion peut être d'un grand poids dans la décision de la chambre. Voilà les motifs qui ont dicté cet article ; mais il ne suffit pas que le rapporteur soit entendu particulièrement, il doit en être fait mention dans la délibération ; cette mention seule doit constater que la chambre s'est conformée à la loi sur ce point.

Si le rapporteur est absent ou malade, il est remplacé par un autre membre. Le décret ne le dit pas; mais il est de principe et d'usage, qu'en cas d'absence d'un des fonctionnaires, il soit remplacé par un autre membre.

A rt. LXXXVI.

Elle ne pourra délibérer valablement, si les membres votans ne forment au moins les deux tiers de ceux qui la composent.

Observ. — Ainsi, dans la chambre des Huissiers de Paris, qui est composée de quinze membres, il suffira de dix membres présens pour la validité de la délibération.

De six dans celles composées de neuf membres.

De quatre dans celles composées de sept membres.

Et de trois dans celles composées de cinq membres.

A rt. LXXXVII.

Les délibérations seront prises à la majorité absolue des voix : le syndic aura voix prépondérante en cas de partage.

Observ. — Cet article n'exige pas que les

délibérations soient motivées. Celles de la chambre des notaires doivent l'être, d'après l'art. 15 de l'arrêté du 2 nivôse an 12. Celles de la chambre des avoués le sont également, suivant ce qui est prescrit par l'article 13 de l'arrêté du 13 frimaire an 9 ; et celles de la chambre des commissaires-priseurs de Paris, le sont aussi d'après l'arrêté du 29 germinal de la même année.

On ne peut nier qu'il en résulte un grand avantage ; car les motifs étant exposés, la décision devient souvent plus intelligible ; on y voit la raison qui a fait prendre telle ou telle mesure : on se rend mieux compte du parti qu'on a adopté ; on se dispense même par-là de donner des explications séparées, qui peuvent être demandées par le Ministère public.

Nous pensons donc qu'il convient que la chambre des Huissiers motive ses décisions. Si le décret n'en a point parlé, c'est qu'il est consacré en principe, tant par l'usage que par une foule de lois, que toute décision émanée d'une autorité quelconque doit être motivée.

Art. LXXXVIII.

Les délibérations seront inscrites sur un registre coté et paraphé par le syndic : elles seront signées par tous les membres qui y auront concouru.

Les expéditions seront signées par le syndic et le secrétaire.

Observ.—CE registre n'est point encore sujet au timbre, ainsi qu'il est prescrit par l'article suivant.

Il est à remarquer que le registre mentionné en l'art. 81 est coté et paraphé par le président du Tribunal de première instance, et que celui dont il est ici question doit l'être par le syndic de la chambre.

ART. LXXXIX.

Tous les actes de la chambre, soit en minute, soit en expédition, à l'exception des certificats et autres pièces à délivrer aux candidats, ou à des individus quelconques dans leur intérêt personnel, seront exempts du timbre et de l'enregistrement.

Observ. — UN membre de la communauté même qui aurait besoin de l'expédition d'un arrêté de la chambre, ou d'une autre pièce qui y est déposée, ne serait pas exempt du paiement des droits de timbre et d'enregistrement. Le point de démarcation est facile à connaître: toutes les fois qu'un *individu quelconque* solli-

cite la copie d'une pièce dans son intérêt personnel, il y a lieu aux droits de timbre et d'enregistrement. Ainsi les expéditions adressées
relativement à la communauté, aux Tribunaux
ou aux officiers du Ministère public, ou même
à toute autre autorité ou à une autre chambre
des Huissiers, même à celles des notaires et des
avoués s'il y a lieu, pour des cas qui peuvent
arriver, ne sont point sujettes à ces droits.

Art. XC.

La chambre sera tenue de représenter à
nos Procureurs généraux et impériaux,
toutes les fois qu'ils en feront la demande,
les registres de ses délibérations, et tous
autres papiers déposés dans ses archives.

Observ. — Il est bon de remarquer que c'est
la chambre qui est tenue de représenter le registre, et non pas le secrétaire, particulièrement
comme dépositaire des papiers, ni le syndic
comme président de la chambre. Lorsque ce
registre est demandé à l'un ou à l'autre, il doit
donc en être référé à la chambre; le syndic ni
le secrétaire ne peuvent disposer des papiers
sans y être autorisés par elle. Si les autorités
éprouvent un refus, celui des membres auquel
elles se sont adressées n'en est pas exclusivement

responsable, parce qu'il ne doit agir dans ce cas
qu'avec le concours de la chambre; il n'est responsable que conjointement avec tous les membres de cette chambre.

~~~~~~~~~~~~~~~~~~~~~

CHAPITRE V.

DE LA BOURSE COMMUNE.

~~~~~~~~~

ART. XCI.

Dans chaque communauté d'Huissiers,
il y aura une bourse commune, formée et
administrée d'après les règles établies au
présent chapitre.

OBSERV. — L'ÉTABLISSEMENT de cette bourse
commune n'a pas seulement pour objet de subvenir aux dépenses de la chambre, comme celle
créée pour les avoués, par l'arrêté des Consuls
du 13 frimaire an 9, et pour les notaires, par
celui du 2 nivôse an 12. La bourse commune
des Huissiers fournit d'abord aux dépenses de
la chambre; mais le surplus, qui est bien plus
considérable, est réparti entre tous les membres
de la communauté; cette répartition dont l'ex-

périence a déja démontré l'avantage à l'égard
des commissaires-priseurs, fera cesser cette inégalité de fortune qui existe parmi les Huissiers :
elle remédiera aux inconvéniens d'une mauvaise clientelle ; aux malheurs de l'indigence
dans laquelle plusieurs d'entr'eux sont tombés.

Art. XCII.

Chaque Huissier versera dans la bourse
commune de son arrondissement, les
deux cinquièmes de tous ses émolumens.

Les Huissiers suspendus ou destitués y
verseront, dans la même proportion, les
émolumens par eux perçus jusqu'à l'époque de leur suspension ou destitution.

Observ. — Ainsi sur cent francs d'émolumens, l'Huissier versera quarante francs dans
la bourse commune.

L'art. 97 indique le moyen de faire connaître
à la chambre le taux de ces émolumens.

Les Huissiers ne sont presque jamais payés
de suite du coût de leurs actes ; ils ne le sont
quelquefois qu'un an, deux ans, et même plus
long-temps après la date de ces actes ; ils ont
bien la faculté de se faire remplir de leurs droits
sans délai ; mais outre que cette mesure leur
serait singulièrement préjudiciable, il leur est

impossible d'être payés comptant en matière
de police correctionnelle et criminelle. Ils sont
tenus de fournir des états de trimestre ou de
semestre pour raison de leurs poursuites dans
ces matières ; ces états sont sujets à de longues
formalités ; ils sont susceptibles de renvois et de
plusieurs autres motifs de retard. Cependant,
pour se conformer au décret, il faut qu'ils ver-
sent les deux cinquièmes de leur gain à la caisse
commune au moins tous les trois mois. Ils seront donc obligés d'avancer ces deux cinquièmes ; ils n'auront point à observer que tel et
tel exploit leur est encore dû ; la totalité des
actes portés sur le répertoire depuis le dernier
partage, donne lieu sans exception au versement à la bourse commune, dès que l'époque
de ce versement est arrivé.

. Au premier aspect, cette obligation paraît rigoureuse ; mais n'en est-il pas de même pour
les notaires qui avancent presque toujours les
droits d'enregistrement, et dont ils ne sont souvent remboursés que plusieurs années après?
Leur position sous ce rapport est encore plus
désagréable que celle des Huissiers, car les
avances qu'ils font, sont de purs déboursés, au
lieu que celles des Huissiers ne forment qu'une
légère partie de leurs émolumens.

. Au reste, un moment de réflexion dissipe les
craintes que les Huissiers pourraient concevoir.

Ils sont tenus de verser au moins tous les trois mois, mais ils ont le droit de ne faire ce versement que cinq jours avant l'échéance de ce terme, ainsi qu'il est dit à l'art. 97. Le partage suit donc de très-près le versement, les avances sont donc d'une très-courte durée.

Il est vrai qu'après ce partage fait, plusieurs Huissiers ne seront pas remplis de leurs avances en totalité, parce qu'une partie de leurs deux cinquièmes tombera en pure perte pour eux, ainsi que nous le ferons voir à l'art. 103. Mais il s'établit à cet égard une compensation qui a été observée par le législateur, et qui l'a déterminé à ne pas s'arrêter aux désagrémens dont se plaindront certains Huissiers. Voici comment cette compensation s'opère. Tel Huissier recevra par le partage moitié plus qu'il n'aurait versé à la bourse commune, et tel autre ne touchera pas la moitié de son versement; celui-ci restera donc en avance; mais le premier a fait si peu d'actes, qu'il n'a pu verser qu'une très-faible somme; il se trouve dédommagé par la bourse commune. L'autre qui fait de grandes affaires, a versé une somme importante; s'il n'en recouvre qu'une partie, il sera bien récompensé de ses avances par les trois cinquièmes qui sont tout entiers pour lui, et qui s'élèvent à une somme considérable, en comparaison des

13..

trois cinquièmes de l'Huissier qui ne fait qu'un très-petit nombre d'actes.

Art. XCIII.

Les Huissiers-audienciers ne verseront point à la bourse commune les émolumens des appels de cause et des significations d'avoué à avoué, non plus que les émolumens des actes relatifs aux poursuites criminelles et correctionnelles, autres toutefois que les significations à parties et assignations à témoins.

Observ. — Les seuls actes en matière criminelle et correctionnelle, dont les émolumens ne sont pas versés à la bourse commune, sont énoncés en l'art. 71 du décret impérial du 18 juin 1811. Ces actes n'appartiennent, d'après leur nature, qu'aux Huissiers-audienciers.

Voici l'extrait de cet art. 71.

N.º 6. « Pour l'extraction de chaque prison-
» nier, sa conduite devant le juge d'instruc-
» tion et sa réintégration dans la prison ;

» Dans notre bonne ville de Paris, 75 cen-
» times.

» Dans les villes de 40,000 habitans et au-
» dessus, 60 cent.

» Dans les autres villes et communes, 50 cent.

» N.º 8. Pour la publication à son de trompe-
» ou de caisse, et les affiches de l'ordonnance,
» qui, aux termes des art. 465 et 466 du Code
» d'instruction criminelle, doit être rendue et
» publiée contre les accusés contumax, y com-
» pris le procès-verbal de la publication ; sa-
» voir :

» Dans notre bonne ville de Paris, 18 francs.

» Dans les villes de 40,000 habitans et au-
» dessus, 15 fr.

» Dans les autres villes et communes, 12 fr.

» N.º 9. Pour la lecture de l'arrêt de con-
» damnation à mort, dont il est fait mention
» dans l'art. 13 du Code pénal.

» Dans notre bonne ville de Paris, 30 francs.

» Dans les villes de 40,000 habitans et au-
» dessus, 24 fr.

» Dans les autres villes et communes, 18 fr.

» N.º 10. Pour le salaire particulier des scri-
» bes employés pour les copies de tous les actes
» dont il est fait mention ci-dessus, et de toutes
» les autres pièces dont il doit être donné co-
» pie, et ce pour chaque rôle d'écriture de
» trente lignes à la page, et de dix-huit à vingt
» syllabes à la ligne, non-compris le premier
» rôle :

» Dans notre bonne ville de Paris, 50 cent.

» Dans les villes de 40,000 habitans et au-
» dessus, 40 cent.

» Dans les autres villes et communes, 30 cen-
» times. »

Le n.º 8 est modifié par l'art. 6 du décret
impérial du 7 avril 1813 : voir ce décret dans le
supplément.

Les actes compris sous ce n.º 8, sont faits
par l'Huissier-audiencier de la Cour d'assises ou
spéciale ; mais il ne fait cependant que ceux qui
doivent avoir lieu au chef-lieu de la Cour ou
dans le canton de sa résidence. Quant à ceux
qui exigent un transport au-delà, ils appartiennent aux Huissiers du lieu, ainsi que le prescrit
l'art. 80 du même réglement du 18 juin 1811,
qui porte :

« Lorsque lesdites publications et affiches se
» feront dans deux communes différentes, cha-
» cun des deux Huissiers qui en seront chargés,
» ne recevra que la moitié de la taxe fixée par
» l'art. 71, n.º 8. »

L'Huissier-audiencier ne pourrait pas faire
dans un jour et dans plusieurs endroits, les
publications dont il s'agit, lorsqu'il y aurait
transport de huit myriamètres, par exemple ;
au moins il ne le pourrait pas faire à temps ; il
ne le pourrait pas non plus, si l'accusé dont il
est question dans l'art. 465 du Code d'instruction criminelle, demeurait dans un département
éloigné ou même voisin. D'un autre côté, et en
admettant la possibilité, ce serait donner lieu à

des frais inutilement. Il n'y a aucun motif rai-
sonnable pour accorder à l'Huissier de la Cour,
la préférence à ce sujet , puisque le service peut
se faire tout aussi bien par un autre. Au surplus , l'art. 29 du décret que nous examinons ,
défend positivement à l'Huissier d'exploiter en
matière criminelle hors de son canton , à moins
qu'il n'en ait reçu l'ordre exprès , ce qui ne
s'accorde que dans des cas particuliers.

L'art. 80 du réglement du 18 juin , en pré-
voyant le cas où la publication doit se faire
dans deux communes différentes , n'entend pas
priver l'Huissier de la Cour d'assises du droit
qui lui est accordé , si la seconde commune dépend de son canton ; car il peut sans difficulté
se transporter le même jour à l'auditoire de la
Cour et au domicile du condamné , lorsque
celui-ci demeure dans la banlieue. Ce n'est que
lorsque ce domicile n'est pas dans le canton ,
qu'un autre Huissier est chargé , et que les
droits se partagent par moitié.

Les publications dont il s'agit au n.º 8, article 71 du même réglement du 18 juin , devant
être faites quelquefois par des Huissiers résidant
hors du canton de ceux de la Cour d'assises , il
faut savoir maintenant à quelle classe d'Huissiers appartiendra le droit de faire ces publications hors de son canton.

En thèse générale , les publications en ques-

tion sont attribuées aux Huissiers - audiencier.
L'art. 93 que nous expliquons , loin de déroge
à ce principe , vient encore à l'appui , et autan
qu'il est possible , de ne pas faire d'exception '
la règle , il est évident qu'elle doit être observée
sans restriction. Or toutes les fois qu'il y aura
des publications à faire au-delà du canton des
Huissiers de la Cour d'assises, il sera très-possible
de les accorder aux seuls Huissiers-audienciers
des autres Tribunaux ; nul obstacle ne s'y oppose , nulle raison ne prescrit aucun autre parti:
donc elles devront avoir lieu par le ministère des
Huissiers-audienciers du ressort dans l'étendue
duquel elles seront nécessaires.

Ainsi elles seront faites , 1.º par les Huissiers
audienciers de la Cour ou du Tribunal de première instance , pour le cas où elles seront ordonnées dans le canton de leur résidence respective ; 2.º et par les Huissiers de la justice de
paix et des Tribunaux de police , pour le cas où
elles seront ordonnées dans leur canton.

Ceux des Tribunaux de commerce, des Cours
prévôtales et des Tribunaux des douanes , ne
peuvent y avoir aucun droit ; les matières criminelles ordinaires ou proprement dites , n'en-
trent pas dans leurs fonctions d'audienciers.

Tous les autres actes en matière criminelle et
correctionnelle , et qui ne sont pas spécifiés dans
l'art. 77 du décret du 18 juin , peuvent être

attribués à tous les autres Huissiers indistinctement; et l'Huissier - audiencier qui en a été
chargé, doit également en verser le produit dans
la caisse commune, d'après la proportion prescrite.

Art. XCIV.

Les Huissiers-audienciers de tous nos
Tribunaux de commerce, sans distinction
de lieu, recevront trente centimes par
chaque appel de cause, et ceux près les
Tribunaux de paix, quinze centimes, laquelle rétribution sera également exceptée
du versement à la bourse commune.

Observ. — Il faut remarquer que cet article
doit se coordonner avec l'art. 152 du décret du
16 février 1807, contenant le tarif des frais et
dépens en matière civile.

Par cet article, les Huissiers de première instance n'ont un droit d'appel de cause, que lors
des *jugemens par défaut, interlocutoires et définitifs;* et il doit en être de même des Huissiers
des Tribunaux de commerce et des justices de
paix, qui viennent d'être autorisés à percevoir
un pareil droit. Le décret n'a pas entendu lui
donner plus d'extension, mais seulement rendre commune à ces divers Tribunaux, la disposition du décret du 16 février 1807, qui accor-

dait aux Tribunaux de première instance u droit d'appel de cause *dans les cas spécifiés*, et qui aujourd'hui doivent être les mêmes dans les Tribunaux civils, de commerce et de paix.

Art. XCV.

Le produit total des émolumens exceptés par les deux précédens articles, sera partagé, par portions égales, entre les seuls Huissiers-audienciers de la Cour ou du Tribunal où ils ont été perçus, et sans aucune distinction entre ces Huissiers, de quelque manière que le service intérieur ait été distribué entre eux.

OBSERV. — C'EST encore une espèce de bourse commune à établir entre les Huissiers-audienciers de chaque Cour ou Tribunal seulement. Le mode de répartition ne leur est pas prescrit ; ils doivent s'entendre à cet égard, et ce ne sera pas difficile, parce que dans la plus grande partie des Tribunaux, ils ne sont qu'en très - petit nombre. Cette bourse commune particulière, existe déjà pour les Huissiers des Cours impériales et des Tribunaux de première instance. Elle a été établie par le décret du 30 mars 1808, qui porte, art. 97 : « Les Huissiers-audienciers au-

» ront près la Cour ou le Tribunal une cham-
» bre ou un banc où se déposeront les actes
» et pièces qui se notifieront d'avoué à avoué. »
« ART. 98. Les émolumens des appels de
» causes et de significations d'avoué à avoué,
» se partageront également entr'eux. »

Jusqu'à présent les Huissiers des Cours et
Tribunaux se sont entendus sur la manière de
constater entr'eux les produits de leur bourse
commune, et sur le partage périodique de ces
produits ; les autres Huissiers nouvellement admis à une bourse commune particulière pourront les prendre pour modèles.

ART. XCVI.

Les Huissiers-audienciers qui reçoivent
un traitement, n'en verseront aucune
portion dans la bourse commune. Au surplus, les articles 92, 93 et 95 leur sont
applicables.

OBSERV. — Il n'y a que les Huissiers-audienciers de la Cour de cassation, des Cours prévôtales et des Tribunaux des douanes qui reçoivent
un traitement. Les indemnités ordinaires ont
été jugées insuffisantes à leur égard ; ils ne verseront donc rien de ce traitement à la bourse
commune, mais ils y verseront les deux cin-

quièmes de leurs autres émolumens, excepté
ceux spécifiés dans l'art. 93.

Art. XCVII.

Les versemens à la bourse commune,
dont il est parlé ci-dessus, seront faits
entre les mains du trésorier de la chambre
de discipline , au moins cinq jours avant
les époques du partage qui aura lieu en
exécution des articles 103, 104, 105 et
106; et, à l'appui de chacun desdits versemens, l'Huissier remettra au trésorier
une copie littérale, sur papier libre, de
son répertoire, à partir du jour du dernier versement.

Observ. — Comme nous venons de le dire à
l'art. 92, il n'y a point à examiner si l'Huissier
est payé de tous les émolumens qui se trouvent
portés dans la colonne additionnelle de son répertoire; le délai arrivé, il doit verser sans
distinction. On s'en rapporte à lui sur la fidélité
de la copie de son répertoire ; mais comme il est
possible que cette copie ne soit pas exacte , soit
par erreur, soit à dessein, l'art. 99 permet une
mesure de précaution, qu'il sera loisible de
prendre toutes les fois que le besoin l'exigera.

Art. XCVIII.

L'Huissier contrevenant à l'une des obligations qui lui sont imposées par le récédent article, sera condamné à cent rancs d'amende.

La contrainte par corps contre l'Huisier aura lieu,

Pour le paiement de l'amende,

Pour la remise de la copie du réperoire,

Pour l'acquittement de la somme qu'il doit verser dans la bourse commune.

OBSERV. — LES obligations dont il est question, sont au nombre de deux ; celle de faire le versement dans le délai prescrit, et celle de remettre la copie du répertoire au trésorier.

Les peines prononcées par cet article sont sévères, et elles prouvent que l'obligation de concourir à la bourse commune est entièrement de rigueur ; s'il en était autrement, chaque Huissier pourrait, sans obstacle, se dispenser de verser ses deux cinquièmes, et la disposition de la loi deviendrait bientôt illusoire.

Art. XCIX.

Le syndic pourra exiger la représentation de l'original du répertoire; et si la
copie remise au trésorier n'y est point conforme, l'Huissier en fraude sera condamné, par corps, à cent francs d'a-
mende, pour chaque article omis ou infi-
dèlement transcrit.

Observ. — Comme il est équitable de prévenir
plutôt les fautes, que de les laisser commettre
pour les punir, il est au pouvoir du syndic de
n'avoir point de contrevenant à poursuivre, ou
au moins de n'en avoir que très-rarement ; si
les meilleures précautions sont encore insuffisantes, il peut exiger que chaque Huissier sans
exception représente son répertoire à la chambre deux fois par an, à l'expiration de chaque
semestre, ou une fois lors de la tenue de l'assemblée générale. Il en résultera trois effets également nécessaires à l'honneur du corps entier
des Huissiers, et à l'intérêt de chacun d'eux en
particulier.

D'abord, celui qui aurait l'intention de frau-
der, sera retenu par la crainte d'être découvert
et de subir les peines qui en seraient la suite ; il
sera forcé d'être juste.

Ensuite, tous les Huissiers auront un moyen réciproque de vérification. Toute crainte pour leurs intérêts pécuniaires se dissipera.

En troisième lieu, point de distinction flétrissante pour la représentation des répertoires ; point de reproches à ce sujet. C'est une mesure générale qui ne blesse personne, et qui est utile à l'intérêt de tous.

L'amende dont il est parlé ici, sera prononcée de la manière prescrite par l'art. 73.

ART. C.

Sera également versé à la bourse commune le quart des amendes prononcées contre des Huissiers pour délits ou contraventions relatifs à l'exercice de leur ministère.

Ces amendes seront perçues en totalité par le receveur de l'enregistrement du chef-lieu de l'arrondissement, lequel tiendra compte, tous les trois mois, à la communauté des Huissiers, de la portion qui pourra lui revenir, aux termes du présent article.

OBSERV. — TOUTES les amendes prononcées par le présent décret, sont comprises dans celles dont parle l'article. Ainsi aucune amende n'est exceptée, toutes les fois qu'elle concerne le ministère d'Huissier.

La disposition de cet article donne aux mesures de répression une efficacité qu'elles n'auraient pas sans cela. On punira sans doute l'Huissier qui aura commis une faute ; tous ses confrères seront intéressés pour maintenir le bon ordre parmi eux, de le dénoncer à la chambre. Néanmoins s'ils ne sont pas stimulés d'une certaine manière à découvrir cette faute, et à en poursuivre la réparation, combien d'infractions auront lieu, qui ne seront pas aperçues, et qui resteront oubliées et impunies ? Mais si chaque membre de la communauté est intéressé pécuniairement à faire subir à celui qui est inculpé la peine qu'il a encourue, ce véhicule le portera toujours à la sévérité ; c'est pour cela que les amendes tourneront pour un quart au bénéfice de la communauté, et cette mesure n'est pas une des moins utiles du décret.

ART. CI.

La communauté fixera chaque année, en assemblée générale, la somme à prélever sur la bourse commune, tant pour droit de recette que pour frais de bureau et autres dépenses de la chambre.

L'arrêté portant cette fixation sera homologué par le Tribunal de première instance, sur les conclusions du ministère public.

Observ. — La loi ne dit pas explicitement que le trésorier retirera un avantage particulier de ses fonctions ; mais en parlant du droit de recette à prélever, elle lui accorde bien cet avantage.

Lui seul est chargé du détail, des embarras du travail et de la responsabilité de la recette. Ce sont là des motifs assez déterminans pour l'indemniser de tout ce qu'il fait pour l'intérêt de la communauté ; il ne serait pas juste qu'il en fût autrement.

L'homologation de l'arrêté de l'assemblée générale à ce sujet, aura lieu à la chambre du conseil ; elle n'est pas susceptible d'être prononcée à l'audience publique.

Art. CII.

L'assemblée générale pourra aussi autoriser la chambre de discipline à disposer, sur ladite bourse, d'une somme déterminée, pour subvenir aux besoins des Huissiers retirés pour cause d'infirmités ou

14

de vieillesse, et des veuves et orphelins d'Huissiers.

L'arrêté qui sera pris à ce sujet, sera homologué, ainsi qu'il est dit au précédent article. Dans l'un et l'autre cas, il ne sera dû que le droit simple d'enregistrement.

OBSERV. — EN suivant l'esprit de cet article, il est loisible à l'assemblée générale, ou d'établir un fonds de réserve sur la bourse commune, en le formant à chaque répartition par une légère retenue, ou de prélever de suite et en une seule fois, le montant des secours à accorder au moment où ils seront jugés convenables. Le premier moyen serait préférable; la quote-part de chaque Huissier se formerait d'une manière presqu'insensible, au lieu qu'elle paraîtrait plus onéreuse, si elle devait être fournie en masse. La retenue périodique peut être fixée à un taux très-faible, et si le fonds de réserve est insuffisant pour le premier emploi à faire, le supplément sera prélevé au prochain partage. Si au contraire il s'écoule un trop grand nombre d'années sans qu'on ait eu des secours à donner, et si le fonds de réserve présente une somme trop forte pour les besoins présumés, l'assemblée générale pourra autoriser la répartition de l'excédent entre tous les Huissiers, en ajoutant cet excédent aux fonds de la bourse commune. Dans ce cas, l'arrêté de l'assemblée serait encore soumis à l'homologation du Tribunal.

Art. CIII.

Les fonds de la bourse commune, déduction faite du montant des prélèvemens qui auront été autorisés, conformément aux deux articles précédens, seront divisés, relativement au nombre d'Huissiers composant la communauté, en autant de parts et portions qu'il sera nécessaire, pour que la distribution desdits fonds soit faite ainsi qu'il suit : '

Chaque Huissier-audiencier des Cours impériales aura *une part et demie.*

Chaque Huissier-audiencier des Tribunaux de première instance aura *une part et un quart.*

Tous les autres Huissiers-audienciers ou ordinaires auront chacun *une part.*

Néanmoins, dans les chefs-lieux de département autres que celui où siège la Cour impériale, les Huissiers-audienciers attachés à la Cour d'assises seront traités

comme ceux de la Cour impériale, lorsqu'ils feront près ladite Cour d'assises un
service continu, et non alternatif, avec
les Huissiers-audienciers du Tribunal de
première instance.

Sont compris parmi les Huissiers-audienciers qui auront seulement une part,
ceux qui reçoivent un traitement, à quelque Cour ou Tribunal qu'ils appartiennent.

OBSERV. — POUR faire disparaître ce que
l'article peut présenter d'abstrait dans son exécution, il faut arriver de suite à un exemple.

Supposons, pour la brièveté de cet exemple,
qu'il y ait douze Huissiers dans un arrondissement communal ; supposons également, sans
nous arrêter à la vraisemblance du nombre,
que trois de ces Huissiers sont attachés à la
Cour impériale, et deux au Tribunal de première
instance.

Pour opérer suivant le sens de cet article, il
faut compter d'abord autant de parts qu'il y a
d'Huissiers, c'est-à-dire douze parts simples,
nombre égal à celui des Huissiers ; ci.   12 parts.

· Et dire ensuite :

Les trois Huissiers de la Cour impériale ont de plus chacun une demi-
part, ce qui fait ensemble . . . . .   1 p. $\frac{1}{2}$
$$\overline{ \text{13 p. } \tfrac{1}{2}}$$

HUISSIERS AYANT DROIT			MONTANT des Émolumens	MONTANT des ⅖ de ces Émolumens	SOMMES		NOMBRE des parts.	MONTANT de chaque part.	PORTION revenant à chaque HUISSIER.
à une part et demie.	à une part un quart.	à une part.			à prélever.	à partager.			
Pierre .	. . . .	. . . .	100 »	40 »	. . . . .	. . . . .	. . . . .	. . . . .	70 92
Jean .	. . . .	. . . .	150 »	60 »	. . . . .	. . . . .	. . . . .	. . . . .	70 92
Paul .	. . . .	. . . .	80 »	32 »	. . . . .	. . . . .	. . . . .	. . . . .	70 92
	Louis .	. . . .	90 »	36 »	. . . . .	. . . . .	. . . . .	. . . . .	59 10
	Jacques .	. . . .	110 »	44 »	. . . . .	. . . . .	. . . . .	. . . . .	59 10
		Éloi . .	200 »	80 »	. . . . .	. . . . .	. . . . .	. . . . .	47 28
		Jules .	120 »	48 »	50 »	662 »	14 »	47 28	47 28
		André .	210 »	84 »	. . . . .	. . . . .	. . . . .	. . . . .	47 28
		Job . .	160 »	64 »	. . . . .	. . . . .	. . . . .	. . . . .	47 28
		Joseph .	180 »	72 »	. . . . .	. . . . .	. . . . .	. . . . .	47 28
		Lucien .	130 »	52 o	. . . . .	. . . . .	. . . . .	. . . . .	47 28
		Basile .	250 »	100 »	. . . . .	. . . . .	. . . . .	. . . . .	47 28
			1780 »	712 »	. . . . .	. . . . .	. . . . .	. . . . .	661 92

D'autre part. . . . . 13 p. ½

Les deux Huissiers du Tribunal de première instance ont aussi en sus chacun un quart de part, ce qui fait ensemble . . . . » ½

TOTAL. . . . 14 parts.

La somme à partager va être divisée en quatorze portions égales, et chaque Huissier en prendra une ou plus, selon les droits qui lui sont accordés.

Ainsi, pour connaître ce qui revient à chacun des Huissiers, il faut donc commencer par compter autant de parts qu'il y a d'Huissiers, et y ajouter le nombre de portions de part que quelques-uns d'eux doivent avoir en sus de celle qui leur est due comme à tous les autres. On aura par ce moyen le nombre de parts qui doit servir à diviser la somme à partager.

Formons maintenant un tableau du montant des émolumens de chaque Huissier, depuis le dernier partage ; de celui des deux cinquièmes de ces émolumens ; de la somme à prélever pour les dépenses de la chambre ; de celle qui restera en caisse après ce prélèvement, et de la portion qui revient à chaque Huissier, eu égard à l'étendue de ses droits. (*Voir le tableau ci-contre.*)

On voit que les émolumens des Huissiers-audienciers sont généralement moins forts que

ceux des autres. Nous avons établi cette différence, pour faire sentir que ces audienciers étant
occupés au service des Tribunaux, n'ont pas la
faculté de faire autant d'exploits que ceux qui
ne sont pas retenus par les audiences, et qu'il
est juste qu'ils reçoivent une indemnité, au préjudice même des autres, puisqu'ils font un service dont tous les membres de la communauté
sont tenus sans exception.

Les Huissiers-audienciers des Cours et Tribunaux des douanes, ceux des Tribunaux de
commerce et des juges-de-paix ne reçoivent
qu'une simple part; ils sont considérés, dans
le cas dont il s'agit, comme Huissiers ordinaires. Leur service est beaucoup moins onéreux
que celui des autres audienciers; ils n'y emploient qu'un temps bien moins considérable,
et les droits particuliers qui leur sont alloués,
ont été jugés suffisans pour les indemniser.

Art. CIV.

Les Huissiers destitués, démissionnaires
ou décédés, ne seront compris dans le
partage que pour les sommes versées à la
bourse commune, ou qui auront dû y
être versées avant l'époque de leur destitution, démission ou décès, et dans la
proportion seulement du temps qui se

sera écoulé jusqu'à cette époque, à partir
du dernier partage.

Observ. — Dès qu'un Huissier a cessé ses
fonctions, il n'a plus droit au partage de la
bourse commune ; il ne peut réclamer que ce
qui lui revient au moment de sa retraite. C'est
une opération particulière qu'il convient de
faire à cet égard, et qui ne peut être différée
au-delà du premier partage.

La part de l'Huissier qui cesse ses fonctions
lui est délivrée sans délai, ou à ses héritiers s'il
est décédé. Il conserve encore le droit d'examiner le compte général ou annuel de la communauté, dont il est parlé à l'article 110 ; de
même que tous les autres peuvent réclamer
contre les erreurs auxquelles il a pu donner
lieu depuis le dernier compte annuel.

Art. CV.

Les Huissiers suspendus de leurs fonctions ne participeront à aucune distribution de sommes versées à la bourse commune pendant la durée de leur suspension. A l'égard des sommes versées antérieurement, ils n'y auront part que dans
la proportion du nombre de jours qui se

seront écoulés depuis le dernier partage jusqu'à l'époque de leur suspension.

OBSERV. — On procédera, pour le cas de cet article, de la même manière que pour l'Huissier destitué, démissionnaire ou décédé, c'est-à-dire, qu'on fera le partage des sommes versées, ou qui devaient être versées depuis le dernier partage jusqu'au moment de la suspension. Après ce partage, l'Huissier suspendu ne versera à la bourse commune et ne participera aux bénéfices qu'à compter du jour de sa réhabilitation. Le temps intermédiaire sera considéré à son égard comme s'il ne faisait pas partie de la communauté.

Lorsqu'il aura repris ses fonctions, et si à cette époque le trimestre est commencé, on fera le partage général au jour ordinaire; mais il sera précédé du partage fictif dont nous venons de parler à l'article précédent. On commencera donc l'opération par le calcul des émolumens de tous les Huissiers, à partir du jour de la rentrée en fonctions de l'Huissier qui avait été suspendu; on prélèvera la dépense, et on assignera à cet Huissier la part effective qui lui revient, ensuite on l'écartera de ce qui restera à faire pour les autres. On confondra tous les élémens de cette première opération, et on procédera entre tous les autres Huissiers à un nouveau partage qui remontera jusqu'au précédent.

L'Huissier qui commence à exercer ses fonctions, ne participera à la bourse commune que de la même manière que celui qui est réhabilité. On fera encore, lors du partage, une opération fictive à l'égard des autres; lorsque sa part sera connue, on la lui délivrera, et on procédera ensuite à la répartition générale.

Art. CVI.

Le partage de la bourse commune aura lieu tous les trois mois. Il pourra être fait plus souvent, si la chambre le juge convenable, et en avertissant huit jours à l'avance les membres de la communauté.

OBSERV. — CET avertissement est nécessaire, car il arrivera presque toujours que les versemens ne seront faits qu'immédiatement avant les cinq jours d'intervalle qui doivent exister entre ces versemens et l'époque du partage aux termes de l'article 97. Le délai de huit jours est même très-bref, puisque les Huissiers n'en ont plus que trois pour verser avant les cinq jours. Lorsque quelques-uns d'eux seront éloignés, la chambre pourra les avertir assez à temps, en leur donnant même quinze jours s'il le faut, afin de ne pas les exposer aux peines prononcées par l'art. 98.

Art. CVII.

Aux époques fixées pour le partage, le trésorier présentera à la chambre le compte de ses recettes et dépenses depuis le dernier partage, avec le projet de la répartition à faire conformément aux articles 103, 104 et 105.

Le compte et l'état de répartition seront vérifiés, arrêtés et signés par chacun des membres présens, au plus tard dans la huitaine de la présentation.

Observ. — Le compte du trésorier subira plusieurs examens. Le premier aura lieu entre les membres de la chambre qui auront le droit de faire toutes observations; et s'il survient des difficultés, il faudra qu'elles soient résolues dans le délai de huitaine, puisque les parts sont exigibles après ce délai, suivant ce que porte l'art. 108. La chambre prononcera, s'il est nécessaire, sur les difficultés; et si la majorité de ses membres, ou même tous ensemble contestaient le compte, il faudrait qu'elle en référât au Procureur impérial, car ce cas n'étant pas prévu, il conviendrait de prendre une mesure qui fût capable de faire cesser de suite les contestations.

Les autres examens seront faits aux époques fixées par les articles 109 et 110.

Art. CVIII.

Dès que la répartition aura été arrêtée par la chambre, les parts seront exigibles. Le trésorier sera tenu de les délivrer à ceux qui y auront droit et sur leur demande. Il s'en fera donner décharge sans frais.

Observ. — Les Huissiers n'attendront l'expiration de la huitaine, que dans le cas où le compte ne sera pas arrêté avant ce délai; mais s'ils ont connaissance qu'il le soit auparavant, ils peuvent se présenter de suite pour recevoir leur part.

Art. CIX.

Dans le mois qui suivra la répartition faite par la chambre, tout Huissier de l'arrondissement pourra prendre communication, sans déplacer, du compte et des pièces à l'appui, ainsi que de l'état de répartition, et y faire ses observations, sur lesquelles la chambre sera tenue de prononcer dans la huitaine.

Si l'Huissier réclamant refuse d'acquiescer à la décision de la chambre, il
en sera référé au Tribunal de première
instance, qui prononcera, après avoir
entendu le Procureur-impérial.

Observ. — Le compte ne peut être contesté
que sur trois principaux points.

1.º Sur l'exactitude du calcul des deux cinquièmes versés par un ou plusieurs Huissiers.

2.º Sur les erreurs qui ont pu se glisser dans
la répartition.

3.º Et sur le chapitre de dépense.

S'il devient constant qu'il est dû au réclamant
une somme plus forte que celle qu'il a reçue,
et que cette somme soit toute entière à la charge
de la bourse commune, il lui sera tenu compte
au prochain partage et par prélèvement sur les
deniers communs, de ce qu'il aura légitimement
réclamé.

S'il est reconnu que le partage préjudicie à
toute la communauté par l'omission d'une certaine somme dont le trésorier aurait dû compter, le trésorier emploiera cette somme en recette lors du prochain compte, et elle tournera
au bénéfice de tous.

De cette manière il ne sera pas nécessaire de
rectifier le compte attaqué; il serait difficile et

embarrassant d'employer cette voie, puisque la répartition aurait été faite, et qu'il faudrait, pour en établir une nouvelle, astreindre les Huissiers à restituer tout ou partie des parts qu'ils auraient touchées.

Si l'Huissier réclamant ne veut pas encore exécuter le jugement du Tribunal de première instance intervenu sur la décision de la chambre, il a la faculté d'en appeler. Cette faculté lui est implicitement accordée par l'art. 109, qui ne dit pas que le Tribunal civil statuera définitivement et en dernier ressort.

Art. CX.

Le trésorier rendra aussi, chaque année, dans la première quinzaine d'octobre, le compte général de ses recettes et dépenses pendant l'année révolue.

Ce compte sera vérifié, arrêté et signé par chacun des membres de la chambre. Il pourra être débattu de la même manière que les comptes particuliers. Le délai pour prendre communication sera de deux mois, à partir du jour où la chambre aura définitivement arrêté le compte.

Observ. — Il s'agit du troisième et dernier

examen ; il sera plus long que les précédens ;
c'est par cette raison qu'il est accordé quinze
jours au trésorier pour présenter son compte
général, et que le délai de communication est
de deux mois, tandis qu'il n'a que huit jours,
et que la communication n'est que d'un mois
pour les comptes particuliers.

A r t. C X I.

Le trésorier qui sera en retard, ou qui
refusera, soit de rendre ses comptes, soit
de remettre les sommes par lui dues à la
communauté ou à l'un de ses membres,
pourra être poursuivi par les parties intéressées, par toutes les voies ordinaires de
droit, et même par celle de la contrainte
par corps, comme rétentionnaire de deniers.

Observ. — La poursuite devant les Tribunaux sera toujours précédée des observations et
de la censure même de la chambre, soit d'office
si la communauté est intéressée, soit sur la
réquisition de l'Huissier réclamant. C'est une
voie de discipline autorisée par l'art. 71.

Art. CXII.

Le trésorier tiendra un registre coté et paraphé par le président du Tribunal de première instance , et dans lequel il ins-crira , jour par jour , ses recettes et dé-penses. La chambre pourra se faire repré-senter ce registre aussi souvent qu'elle le jugera convenable , et l'arrêter par une délibération qui y sera transcrite en dou-ble minute. Elle l'arrêtera nécessairement tous les ans, lors de la vérification du compte général du trésorier.

Observ. — C'est le président du Tribunal qui cotera ce registre , parce qu'il s'agit de l'in-térêt de tous les Huissiers , et qu'il convient de prévenir toute fraude.

Lorsque la chambre arrêtera ce compte, elle portera d'abord sa délibération à ce sujet sur le registre ordinaire , et ensuite sur le registre du trésorier au bas du compte arrêté ; c'est ce qui fera la double minute.

Art. CXIII.

Le trésorier sera tenu, si l'assemblée générale l'exige , de fournir caution sol-

vable pour le montant présumé de ses recettes pendant quatre mois.

OBSERV. — Le trésorier ne gardera pas les
fonds plus de quatre mois, en supposant qu'il
commence à en recevoir dès le lendemain du
dernier partage. Cela se confirme en effet, si
l'on remarque que le compte particulier doit être
fait au plus tard tous les trois mois, et que les
Huissiers sont un mois pour l'examiner, à partir du jour où il est arrêté.

Ainsi il est donc juste de ne pas astreindre le
trésorier à présenter une caution d'une solvabilité supérieure aux sommes dont il est forcé de
se dessaisir si souvent. Il est encore à observer
que s'il arrivait par hasard que la caution fût
suffisante, il y auroit une autre sûreté en faveur des parties intéressées ; c'est le cautionnement que ce trésorier fournit en sa qualité
d'Huissier. On sait que tous les cautionnemens
sont particulièrement destinés à garantir les citoyens des lésions du titulaire dans l'exercice
de ses fonctions.

SUPPLEMENT

OU

RECUEIL CHRONOLOGIQUE,

Contenant les Lois particulières et les Régle-mens dont la connaissance est nécessaire aux Huissiers pour l'exercice de leurs fonctions.

OBSERVATIONS PRÉLIMINAIRES.

Depuis vingt ans l'ordre judiciaire a éprouvé de si grands changemens, qu'ils ont dû en apporter successivement dans l'organisation, le service et les attributions des Huissiers. Il en résulte qu'indépendamment des dispositions des cinq Codes, relatives aux actes de leur ministère, les Huissiers sont encore obligés de chercher la règle de leur conduite dans une foule de lois éparses, dont plusieurs sont rapportées en partie, ou tombées en désuétude. Le décret sur la nouvelle organisation des Huissiers a bien réuni tout ce qui pouvait entrer dans son cadre ; mais il a dû renvoyer à plusieurs lois conservées. On a cru dès-lors qu'il était essentiel pour les Huissiers de mettre sous leur main les lois, les décrets impériaux et les avis du Conseil-d'Etat qui se rattachent à leurs

15

fonctions, afin de leur procurer tous les élé-mens dont ils ont besoin pour remplir leurs de-voirs avec exactitude et facilité. Ce triage exi-geait une connaissance parfaite de toutes les lois qui les concernent. Il a été fait avec le soin qu'il demandait ; et pour le rendre plus utile, on a ajouté des notes sur les dispositions de lois qui en sont susceptibles, notamment sur le tarif des frais de procédure, et sur celui des frais en matière criminelle, correctionnelle et de police, dont on a retranché tout ce qui est étranger aux Huissiers.

Loi relative aux prisées et ventes de meubles.
Du 26 juillet 1790.

CETTE loi confère aux notaires, greffiers et Huissiers le droit de faire les prisées et ventes des objets mobiliers. Nous l'avons transcrite à la suite de l'art. 37 du décret du 14 juin 1813. *Voir* page 88.

Nous y avons ajouté une autre loi du 17 sep-tembre 1793, et un arrêté du directoire exécutif du 12 fructidor an 4, qui concernent aussi les ventes mobilières.

Extrait de la loi sur les patentes.
Du 6 fructidor an 4.

ART. 18. Nul ne pourra former de demande,

fournir aucune exception ou défense en justice, passer aucun acte pour tout ce qui peut être relatif à son commerce, sa profession ou son industrie, sans justifier de sa patente, dont mention sera faite en tête des actes, à peine de nullité.

~~~~~~~~~~

Extrait de la loi relative aux patentes.

Du 7 brumaire an 6.

ART. 26. Outre la peine de nullité prononcée par l'art. 18 de la loi du 6 fructidor an 4, les notaires, greffiers et Huissiers qui dresseront et signifieront des actes et jugemens en contravention audit article, seront condamnés à une amende égale au droit de la patente qui aurait dû être prise.

~~~~~~~~~~

Extrait de la loi relative à la contrainte par corps.

Du 15 germinal an 6.

TITRE I.er

De la contrainte par corps en matière civile.

Nota. Les dispositions du titre 1.er ne sont plus en vigueur. Elles ne concernent, comme on le voit, que la contrainte par corps en matière civile ; et les art. 2059 et suivans du Code

15..

Napoléon qui traitent de cette matière, sont les seuls à observer aujourd'hui.

Il faut aussi recourir aux art. 126 et 127 du Code de procédure civile, qui contiennent des dispositions particulières sur la contrainte par corps en matière civile.

TITRE II.

De la contrainte par corps en matière de commerce.

ART. 1.er A dater de la publication de la présente loi, la contrainte par corps aura lieu dans toute l'étendue de la république française :

1.º Contre les banquiers ; agens-de-change, courtiers, facteurs ou commissionnaires, dont la profession est de faire vendre ou acheter des marchandises, moyennant rétribution, pour la restitution de ces marchandises ou du prix qu'ils en toucheront.

2.º De marchand à marchand, pour fait de marchandises dont ils se mêlent respectivement.

3.º Contre tous négocians ou marchands qui signeront des billets pour valeur reçue comptant ou en marchandises, soit qu'ils doivent être payés sur l'acquit d'un particulier y nommé, ou à son ordre, ou au porteur.

4.° Contre toutes personnes qui signeront
des lettres ou billets de change. Celles qui y
mettront leur aval, qui promettront d'en fournir avec remise de place en place, et qui feront
des promesses pour lettres-de-change à elles
fournies ou qui devront l'être.

ART. 2. Sont exceptées des dispositions énoncées au S. 4 de l'article précédent, les femmes,
les filles et les mineurs non commerçans.

ART. 3. Les femmes et les filles qui seront
marchandes publiques, ou celles mariées qui
feraient un commerce distinct et séparé de celui
de leurs maris, seront soumises à la contrainte
par corps pour le fait de leur commerce, quand
elles seraient mineures ; mais seulement pour
exécution d'engagemens de marchand à marchand, et à raison des marchandises dont les
parties feront respectivement négoce.

Cette disposition est applicable aux négocians, banquiers, agens-de-change, courtiers,
facteurs et commissionnaires, quoique mineurs,
à raison de leur commerce.

ART. 4. La contrainte par corps aura lieu
également pour l'exécution de tous contrats
maritimes, tels que grosses aventures, chartes-
parties, assurances, engagemens ou loyers de
gens de mer, ventes et achats de vaisseaux pour
le frêt et le houlage, et autres concernant le
commerce et la pêche de la mer.

TITRE III.

Du mode d'exécution des jugemens emportant contrainte par corps.

Nota. Ce titre est abrogé ; il est remplacé par les art. 780 et suivans du Code de procédure civile. Nous ne transcrivons pas ces. articles, parce qu'ils sont trop nombreux ; il faut donc directement se reporter au Code.

~~~~~~~~~~~~~

Loi sur la contrainte par corps pour engagement de commerce entre les Français et les Étrangers.

Du 4 floréal an 6.

ART. 1.er TOUT étranger résidant en France, y est soumis à la contrainte par corps pour tous engagemens qu'il contractera dans toute l'étendue de la République , avec des Français , s'il n'y possède pas de propriétés foncières, ou un établissement de commerce.

ART. 2. S'il possède des propriétés foncières ou un établissement de commerce, il ne sera contraignable par corps, pour l'exécution des engagemens énoncés au précédent article , que dans les cas où les Français peuvent être contraints par cette voie pour des stipulations de même nature.

ART. 3. LA contrainte par corps aura lieu contre lui pour tous engagemens qu'il contractera en pays étranger, et dont l'exécution réclamée en France, emporterait la contrainte par corps dans le lieu où ils auront été formés.

ART. 4. TOUT Français qui s'est soumis à la contrainte par corps en pays étranger pour l'exécution d'un engagement qu'il y a contracté, y est également contraignable en France.

ART. 5. TOUT jugement rendu dans les cas ci-dessus mentionnés, ne pourra être exécuté qu'en conformité du titre III de la loi générale sur la contrainte par corps.

Nota. Cette loi générale est celle du 15 germinal an 6, qui se trouve aujourd'hui modifiée par les Codes Napoléon et de Procédure civile.

~~~~~~~~~~

Arrêté du Directoire exécutif concernant la taxe, la vérification et l'acquit des frais de justice.

Du 6 messidor an 6.

Nota. CET arrêté est abrogé par l'art. 189 du décret du 18 juin 1811. On croit dès-lors inutile de le rapporter.

~~~~~~~~~~

Extrait de la loi du premier brumaire an 7,
concernant le droit de patente.

ART 4. TOUTES les lois antérieures sur les patentes sont abrogées.

Les Huissiers font partie de la troisième classe des individus susceptibles du paiement de patente.

Ce droit est fixé à leur égard, savoir :

Dans les villes au-dessus de 100,000 ames 75 f.
Dans celles de 50 à 100,000 ames . 60
Dans celles de 30 à 50,000 ames . . 45
Dans celles de 20 à 30,000 ames . . 30
Dans celles de 10 à 20,000 ames . . 25
Dans celles de 5 à 10,000 ames . . . 20
Et dans celles au-dessous de 5000 . . 15

~~~~~~~~~~~~~~~

Loi qui prescrit des formalités pour les ventes
d'objets mobiliers.

Du 22 pluviôse an 7.

ART. 1.er A compter du jour de la publication de la présente, les meubles, effets, marchandises, bois, fruits, récoltes et tous autres objets mobiliers, ne pourront être vendus publiquement et par enchères, qu'en présence et par le ministère d'officiers publics, ayant qualité pour y procéder.

ART. 2. Aucun officier public ne pourra procéder à une vente publique et par enchères d'objets mobiliers, qu'il n'en ait préalablement fait la déclaration au bureau de l'enregistrement dans l'arrondissement duquel la vente aura lieu.

ART. 3. La déclaration sera inscrite sur un registre qui sera tenu à cet effet, et elle sera datée. Elle contiendra les noms, qualité et domicile de l'officier, ceux du requérant, ceux de la personne dont le mobilier sera mis en vente, et l'indication de l'endroit où se fera la vente, et du jour de son ouverture. Elle sera signée par l'officier public, et il lui en sera fourni une copie, sans autre frais que le prix du papier timbré, sur lequel cette copie sera délivrée.

Elle ne pourra servir que pour le mobilier de celui qui y sera dénommé.

ART. 4. Le registre sera en papier non timbré ; Il sera coté et paraphé sans frais par le juge de paix dans l'arrondissement duquel sera le bureau d'enregistrement.

ART. 5. Les officiers publics transcriront en tête de leurs procès-verbaux de vente, les copies de leurs déclarations.

Chaque objet adjugé sera porté de suite au procès-verbal ; le prix y sera écrit en toutes lettres, et tiré hors de ligne en chiffres.

Chaque séance sera close et signée par l'officier public et deux témoins domiciliés.

Lorsqu'une vente aura lieu par suite d'inventaire, il en sera fait mention au procès-verbal, avec indication de la date de l'investiture, du nom du notaire qui y aura procédé, et de la quittance de l'enregistrement.

ART. 6. Les procès-verbaux de vente ne pourront être enregistrés qu'aux bureaux où les déclarations auront été faites.

Le droit d'enregistrement sera perçu sur le montant des sommes que contiendra cumulativement le procès-verbal des séances à enregistrer dans le délai prescrit par la loi sur l'enregistrement.

ART. 7. LES contraventions aux dispositions ci-dessus seront punies par les amendes ci-après; savoir :

De 100 francs contre tout officier public qui aurait procédé à une vente sans en avoir fait la déclaration ;

De 25 francs pour défaut de transcription en tête du procès-verbal, de la déclaration faite au bureau d'enregistrement ;

De 100 francs pour chaque article adjugé et non porté au procès-verbal de vente, outre la restitution du droit ;

De 100 francs aussi pour chaque altération de prix des articles adjugés, faits dans le procès-verbal, indépendamment de la restitution du droit et des peines de faux;

Et de 15 francs pour chaque article, dont le prix ne serait pas écrit en toutes lettres au procès-verbal.

Les autres contraventions que pourraient commettre les officiers publics contre les dispositions de la loi sur l'enregistrement, seront punies par les amendes et restitutions qu'elle prononce.

L'amende qu'aura encourue tout citoyen par contravention à l'art. 1.er de la présente, en vendant ou faisant vendre publiquement et par enchères sans le ministère d'un officier public, sera déterminée en raison de l'importance de la contravention : elle ne pourra cependant être au-dessous de 50 francs, ni excéder 1000 francs pour chaque vente, outre la restitution des droits qui se trouveront dus.

ART. 8. Les préposés de la régie de l'enregistrement sont autorisés à se transporter dans tous les lieux où se feront des ventes publiques, et par enchères, et à s'y faire représenter les procès-verbaux de vente et les copies des déclarations préalables.

Ils dresseront des procès-verbaux des contraventions qu'ils auront reconnues et constatées; ils pourront même requérir l'assistance d'un officier municipal, ou de l'agent, ou de l'ad-

joint de la commune ou de la municipalité où
se fera la vente.

Les poursuites et instances auront lieu ainsi
et de la manière prescrite par la loi du 22 frimaire dernier sur l'enregistrement.

La preuve testimoniale pourra être admise sur
les ventes faites en contravention à la présente.

ART. 9. SONT dispensés de la déclaration ordonnée par l'article 2, les officiers publics qui
auront à procéder aux ventes du mobilier na-
tional, et à celles des effets des Monts-de-Piété.

ART. 10. TOUTES dispositions de lois contraires à la présente sont abrogées.

Extrait de la loi sur le timbre.

Du 13 brumaire an 7.

ART. 1.er La contribution du timbre est établie sur tous les papiers destinés aux actes civils
et judiciaires, et aux écritures qui peuvent être
produites en justice et y faire foi.

Il n'y a d'autres exceptions que celles nommément exprimées dans la présente.

ART. 2. Cette contribution est de deux sortes.
La première est le droit de timbre imposé et ta-
rifé en raison de la dimension du papier dont
il est fait usage.

La seconde est le droit de timbre créé pour les effets négociables ou de commerce, et gradué en raison des sommes à y exprimer, sans égard à la dimension du papier.

Art. 7. Les citoyens qui voudront se servir de papiers autres que ceux de la régie, ou de parchemins, seront admis à les faire timbrer avant que d'en faire usage.

Art. 8. Le prix des papiers timbrés fournis par la régie, et les droits de timbre des papiers que les citoyens feront timbrer, sont fixés ainsi qu'il suit; savoir :

1.° *Droit de timbre en raison de la dimension du papier.*

La feuille de *grand registre*, un franc cinquante centimes, ... 1 50

Celle de *grand papier*, un franc, ci. 1 »

Celle de *moyen papier*, soixante-quinze centimes, ci. . . . . » 75

Celle de *petit papier*, cinquante centimes, ci. . . . . » 50

Et la demi-feuille de ce *petit papier*, vingt-cinq centimes, ci. . . . . » 25

Il n'y aura point de droit de timbre supérieur à un franc cinquante centimes, ni inférieur à vingt-cinq centimes, quelle que soit la dimension du papier, soit au-dessus du grand registre, soit au-dessous de la demi-feuille de *petit papier*.

2.º *Droit de timbre gradué en raison des sommes.*

Ce droit est de cinquante centimes par mille francs inclusivement et sans fraction, à quelques sommes que puissent monter les effets.

ART. 12. Sont assujettis au droit du timbre établi en raison de la dimension, tous les papiers à employer pour les actes et les écritures, soit publics, soit privés, savoir :

1.º. Les actes des notaires et les extraits, copies et expéditions qui en sont délivrés ;

Ceux des Huissiers, et les copies et expéditions qu'ils en délivrent ;

Les actes entre particuliers sous signature privée, et le double des comptes de recettes ou gestion particulière ;

Et généralement tous actes et écritures, extraits, copies et expéditions, soit publics, soit privés, devant ou pouvant faire titre, ou être produits par obligation, décharge, justification, demande ou défense.

Les registres des notaires, Huissiers et autres officiers publics et ministériels, et leurs répertoires, etc.

ART. 14. sont assujettis au droit de timbre

en raison des sommes et valeurs, les billets à ordre ou au porteur, les rescriptions, mandats, mandemens, ordonnances et tous autres effets négociables ou de commerce, même les lettres-de-change tirées par seconde, troisième et *du-plicata*, et ceux faits en France et payables chez l'étranger.

ART. 15. Les effets négociables venant de l'étranger, ou des îles et colonies françaises où le timbre n'aurait pas encore été établi, seront, avant qu'ils puissent être négociés, acceptés ou acquittés en France, soumis au timbre ou au *visa pour timbre*, et le droit sera payé d'après la quotité fixée par l'art. 8 de la présente.

ART. 18. La faculté accordée par l'art. 7 de la présente aux citoyens qui voudront employer d'autre papier que celui fourni par la régie en le faisant timbrer avant d'en faire usage, est inter-dite aux notaires, Huissiers, greffiers, arbitres, avoués ou défenseurs officieux, et à tous autres officiers ou fonctionnaires publics : ils seront tenus de se servir du papier timbré débité par la régie.

Les notaires et autres officiers publics pour-ront néanmoins faire timbrer à l'extraordinaire du parchemin, lorsqu'ils seront dans le cas d'en employer.

ART. 19. Les Huissiers, et autres officiers publics ou ministériels ne pourront employer du papier timbré d'une dimension inférieure à celle du moyen papier, pour les expéditions des procès-verbaux de vente du mobilier.

ART. 20. Les papiers employés à des expéditions ne pourront contenir, compensation faite d'une feuille à l'autre ; savoir :

Plus de vingt-cinq lignes par page de moyen papier ;

Plus de trente lignes par page de grand papier ;

Et plus de trente-cinq lignes par page de grand registre.

ART. 21. L'empreinte du timbre ne pourra être couverte d'écriture, ni altérée.

ART. 22. Le papier timbré qui aura été employé à un acte quelconque, ne pourra plus servir pour un autre acte, quand même le premier n'aurait pas été achevé.

ART. 23. Il ne pourra être fait ni expédié deux actes à la suite l'un de l'autre sur la même feuille de papier timbré, nonobstant tout usage ou réglement contraire.

Sont exceptées les ratifications des actes passés en l'absence des parties, les quittances de prix de ventes, et celles de remboursement de contrats de constitution ou obligation, les inventaires, procès-verbaux et autres actes qui ne peuvent être consommés dans un même jour et dans la même vacation, les procès-verbaux de reconnaissance et levée de scellés qu'on pourra faire, à la suite du procès-verbal d'apposition, et les significations des Huissiers qui peuvent également être écrites à la suite des jugemens et autres pièces dont il est délivré copie.

Il pourra aussi être donné plusieurs quittances sur une même feuille de papier timbré, pour à-compte d'une seule et même créance, ou d'un seul terme de fermage ou de loyer.

Toutes autres quittances qui seront données sur une même feuille de papier timbré, n'auront pas plus d'effet que si elles étaient sur papier non timbré.

Art. 24. Il est fait défense aux notaires, Huissiers, greffiers, arbitres et experts d'agir; aux juges de prononcer aucun jugement, et aux administrations publiques de rendre aucun arrêté, sur un acte, registre ou effet de commerce, non écrit sur papier timbré du timbre prescrit, ou non visés pour timbre.

Aucun juge ou officier public ne pourra non plus coter et parapher un registre assujetti au timbre, si les feuilles n'en sont timbrées.

Art. 25. Il est également fait défenses à tout receveur de l'enregistrement,

1.º D'enregistrer aucun acte qui ne serait pas sur papier timbré du timbre prescrit, ou qui n'aurait pas été visé pour timbre;

16

2.º D'admettre à la formalité de l'enregistrement, des protêts d'effets négociables, sans se faire représenter ces effets en bonne forme;

3.º De délivrer de patente aux citoyens dont les registres doivent être tenus en papier timbré, si ces registres ne leur sont préalablement représentés aussi en bonne forme.

Les citoyens seront, en conséquence, tenus d'en justifier.

ART. 26. Il est prononcé, par la présente, une amende, savoir :

1.º De quinze francs, pour contravention par les particuliers aux dispositions de l'art. 21 ci-dessus;

2.º De vingt-cinq francs, pour contravention aux art. 20 et 21 par les officiers et fonctionnaires publics;

3.º De trente francs, pour chaque acte ou écrit sous signature privée, fait sur papier non timbré ou en contravention aux art. 22 et 23;

4.º De cinquante francs, pour contravention à l'art. 19 de la part des officiers et fonctionnaires publics y dénommés; et à l'art. 25 de la part des préposés de l'enregistrement;

5.º De cent francs, pour chaque acte public ou expédition, écrits sur papier non timbré, et pour contravention aux art. 17, 18, 22, 23 et 24 par les officiers et fonctionnaires publics;

6.º Et du vingtième de la somme exprimée dans un effet négociable, s'il est écrit sur papier non timbré ou sur un papier timbré d'un timbre inférieur à celui qui aurait dû être employé aux termes de la présente, et pour contravention aux art. 22 et 23.

L'amende sera de trente francs dans les mêmes cas, pour les effets au-dessous de six cents francs.

Les contrevenans dans tous les cas ci-dessus paieront en outre les droits de timbre.

ART. 30. Les écritures privées qui auraient été faites sur papier non timbré, sans contravention aux lois du timbre, quoique non comprises nommément dans les exceptions, ne pourront être produites en justice sans avoir été soumises au timbre extraordinaire, ou au *visa pour timbre*, à peine d'une amende de trente francs, outre le droit de timbre.

ART. 31. Les préposés de la régie sont autorisés à retenir les actes, registres ou effets en contravention à la loi du timbre, qui leur seront présentés, pour les joindre aux procès-verbaux qu'ils en rapporteront, à moins que les contrevenans ne consentent à signer lesdits procès-verbaux, ou à acquitter sur-le-champ l'amende encourue et le droit de timbre.

ART. 32. En cas de refus, de la part des contrevenans, de satisfaire aux dispositions de l'ar-

16..

ticle précédent, les préposés de la régie leur feront signifier, dans les trois jours, les procès-verbaux qu'ils auront rapportés, avec assignation devant le Tribunal civil du département.

L'instruction se fera ensuite sur simples mémoires respectivement signifiés.

Les jugemens définitifs qui interviendront seront sans appel.

Art. 39. Toutes lois et dispositions d'autres lois sur le timbre des actes civils et judiciaires et des registres, sont et demeurent abrogées pour l'avenir, et à compter de la publication de la présente.

~~~~~~~~~~~

Loi sur l'Enregistrement.

Du 22 frimaire an 7.

TITRE PREMIER.

De l'enregistrement, des droits et de leur application.

Art. 1.er Les droits d'enregistrement seront perçus d'après les bases et suivant les règles déterminées par la présente.

Art. 2. Les droits d'enregistrement sont *fixes* ou *proportionnels*, suivant la nature des actes et mutations qui y sont assujettis.

ART. 3. Le droit fixe s'applique aux actes ,
soit civils , soit judiciaires ou extra-judiciaires
qui ne contiennent ni obligation, ni libération ,
ni condamnation , collocation ou liquidation
de sommes et valeurs , ni transmissions de propriété , d'usufruit ou de jouissance de biens-
meubles ou immeubles.

Il est perçu aux taux réglés par l'art. 68 de
la présente.

ART 11. Lorsque dans un acte quelconque ,
soit civil , soit judiciaire ou extra-judiciaire , il
y a plusieurs dispositions indépendantes ou ne
dérivant pas nécessairement les unes des autres ,
il est dû pour chacune d'elles , et selon son espèce , un droit particulier. La quotité en est
déterminée par l'article de la présente , dans lequel la disposition se trouve classée , ou auquel
elle se rapporte.

TITRE III.

*Des délais pour l'enregistrement des actes et
déclarations.*

ART. 20. LES délais pour faire enregistrer les
actes publics , sont :

De quatre jours pour ceux des Huissiers et
autres ayant pouvoir de faire des exploits et
procès-verbaux.

ART. 25. Dans les délais fixés par les articles

précédens pour l'enregistrement des actes et des déclarations, le jour de la date de l'acte, ou celui de l'ouverture de la succession, ne sera point compté.

Si le dernier jour du délai se trouve être un décadi ou un jour de fête nationale, ou s'il tombe dans les jours complémentaires, ces jours-là ne seront point comptés non plus.

TITRE IV.

Des bureaux où les actes et mutations doivent être enregistrés.

ART. 26. LES Huissiers ou tous autres ayant pouvoir de faire des exploits, procès-verbaux ou rapports, feront enregistrer leurs actes, soit au bureau de leur résidence, soit au bureau du lieu où ils les auront faits.

TITRE V.

Du paiement des droits, et de ceux qui doivent les acquitter.

ART. 28. LES droits des actes et ceux des mutations par décès seront payés avant l'enregistrement, aux taux et quotités réglés par la présente.

Nul ne pourra en atténuer ni différer le paiement sous le prétexte de contestation sur la quotité, ni pour quelqu'autre motif que ce soit, sauf à se pourvoir en restitution, s'il y a lieu.

ART. 29. Les droits des actes à enregistrer seront acquittés par les Huissiers et autres ayant pouvoir de faire des exploits et procès-verbaux, *pour ceux de leur ministère*, etc., etc.

ART. 30. Les officiers publics qui, aux termes des dispositions précédentes, auraient fait pour les parties l'avance des droits d'enregistrement, pourront prendre exécutoire du juge-de-paix de leur canton, pour leur remboursement.

L'opposition qui serait formée contre cet exécutoire, ainsi que toutes les contestations qui s'élèveraient à cet égard, seront jugées conformément aux dispositions portées par l'art. 65 de la présente, relative aux instances poursuivies au nom de la nation.

ART. 31. Les droits des actes civils et judiciaires, emportant obligation, libération ou translation de propriété ou d'usufruit de meubles ou d'immeubles, seront supportés par les débiteurs et nouveaux possesseurs ; et ceux de tous les autres actes, le seront par les parties auxquelles les actes profiteront, lorsque, dans ces divers cas, il n'aura pas été stipulé de dispositions contraires dans les actes.

TITRE VI.

Des peines pour défaut d'enregistrement des actes et déclarations dans les délais ; et de celles portées relativement aux omissions, aux fausses estimations et aux contre-lettres.

ART. 34. La peine contre un Huissier ou autre ayant pouvoir de faire des exploits ou procès-verbaux, est pour un exploit ou procès-verbal non présenté à l'enregistrement dans le délai, d'une somme de vingt-cinq francs, et de plus une somme équivalente au montant du droit de l'acte non enregistré. L'exploit ou procès-verbal non enregistré dans le délai, est déclaré nul, et le contrevenant responsable de cette nullité envers la partie.

Ces dispositions, relativement aux exploits et procès-verbaux, ne s'étendent pas aux procès-verbaux de vente de meubles et autres objets mobiliers, ni à toute autre acte du ministère des Huissiers sujet au droit proportionnel. La peine pour ceux-ci sera d'une somme égale au montant du droit, sans qu'elle puisse être au-dessous de cinquante francs. Le contrevenant paiera en outre le droit dû pour l'acte, sauf son recours contre la partie, pour ce droit seulement.

ART. 40. Toute contre-lettre faite sous signature privée, qui aurait pour objet une
augmentation du prix stipulé dans un acte public ou dans un acte sous signature privée précédemment enregistré, est déclarée nulle et de
nul effet.

Néanmoins, lorsque l'existence en sera constatée, il y aura lieu d'exiger, à titre d'amende,
une somme triple du droit qui aurait eu lieu sur
les sommes et valeurs ainsi stipulées.

TITRE VII.

Des obligations des notaires, Huissiers, etc.,
indépendamment de celles imposées sous les
titres précédens.

ART. 41. LES notaires, Huissiers, greffiers
et les secrétaires des administrations contrales
et municipales, ne pourront délivrer, en brevet, copie ou expédition, aucun acte soumis
à l'enregistrement sur la minute ni l'original,
ni faire aucun autre acte en conséquence,
avant qu'il ait été enregistré, quand même le
délai pour l'enregistrement ne serait pas encore
expiré, à peine de cinquante francs d'amende,
outre le paiement du droit.

Sont exceptés les exploits et autres actes de
cette nature, qui se signifient à parties ou par
affiches et proclamations, et les effets négocia-

bles compris sous l'art. 69, S. II, nombre 6 de
la présente.

ART. 62. Aucun notaire, Huissier, greffier,
secrétaire ou autre officier public, ne pourra
faire ou rédiger un acte en vertu d'un acte sous
signature privée, ou passé en pays étranger,
l'annexer à ses minutes, ni le recevoir en dépôt,
ni en délivrer extrait, copie ou expédition, s'il
n'a été préalablement enregistré, à peine de
cinquante francs d'amende, et de répondre personnellement du droit, sauf l'exception mentionnée dans l'article précédent.

ART. 64. Il sera fait mention dans toutes les
expéditions des actes publics, civils ou judiciaires, qui doivent être enregistrés sur les minutes,
de la quittance des droits, par une transcription
littérale et entière de cette quittance.

Pareille mention sera faite dans les minutes
des actes publics, civils, judiciaires ou extrajudiciaires, qui se feront en vertu d'actes sous
signature privée ou passés en pays étranger,
et qui sont soumis à l'enregistrement par la
présente.

Chaque contravention sera punie par une
amende de dix francs.

ART. 69. Les Huissiers tiendront des répertoires à colonnes, sur lesquels ils inscriront,
jour par jour, sans blanc ni interligne, et par
ordre de numéros, savoir : tous les actes et ex-

ploits de leur ministère , sous peine d'une amende de dix francs pour chaque omission.

ART. 5o. Chaque article du répertoire contiendra , 1.º son numéro ; 2.º la date de l'acte ; 3.º sa nature ; 4.º les noms et prénoms des parties et leur domicile ; 5.º l'indication des biens, leur situation et le prix , lorsqu'il s'agira d'actes qui auront pour objet la propriété , l'usufruit ou la jouissance de biens-fonds ; 6.º la relation de l'enregistrement.

ART. 51. Les Huissiers présenteront, tous les trois mois , leurs répertoires aux receveurs de l'enregistrement de leur résidence , qui les viseront , et qui énonceront dans leur *visa* le nombre des actes inscrits. Cette présentation aura lieu chaque année , dans la première décade de chacun des mois de nivôse , germinal , messidor et vendémiaire , à peine d'une amende de dix francs pour chaque décade de retard.

ART. 52. Indépendamment de la représentation ordonnée par l'article précédent, les Huissiers seront tenus de communiquer leurs répertoires , à toute réquisition , aux préposés de l'enregistrement qui se présenteront chez eux pour les vérifier, à peine d'une amende de cinquante francs en cas de refus.

Le préposé , dans ce cas , requerra l'assistance d'un officier municipal , ou de l'agent , ou de l'adjoint de la commune du lieu , pour dresser, en sa présence, procès-verbal du refus qui lui aura été fait.

ART. 54. Les dépositaires des registres de l'état civil, ceux des rôles des contributions, et tous autres chargés des archives et dépôts de titres publics, seront tenus de les communiquer, sans déplacer, aux préposés de l'enregistrement, à toute réquisition, et de leur laisser prendre, sans frais, les renseignemens, extraits et copies qui leur seront nécessaires pour les intérêts de la république, à peine de cinquante francs d'amende pour refus constaté par procès-verbal du préposé, qui se fera accompagner, ainsi qu'il est prescrit par l'art. 52 ci-dessus, chez les détenteurs et dépositaires qui auront fait refus.

Ces dispositions s'appliquent aussi aux Huissiers, pour les actes dont ils sont dépositaires.

Les communications ci-dessus ne pourront être exigées les jours de repos ; et les séances, dans chaque autre jour, ne pourront durer plus de quatre heures, de la part des préposés, dans les dépôts où ils feront leurs recherches.

ART. 56. Les receveurs de l'enregistrement ne pourront, sous aucun prétexte, lors même qu'il y aura lieu à l'expertise, différer l'enregistrement des actes et mutations dont les droits auront été payés aux taux réglés par la présente.

Ils ne pourront non plus suspendre ou arrêter le cours des procédures en retenant des actes
ou exploits : cependant, si un acte dont il n'y
a pas de minute, ou un exploit, contient des
renseignemens dont la trace puisse être utile
pour la découverte des droits dûs, le receveur
aura la faculté d'en tirer copie, et de la faire
certifier conforme à l'original par l'officier qui
l'aura présentée. En cas de refus, il pourra ré-
server l'acte pendant vingt-quatre heures seulement, pour s'en procurer une collation en
forme, à ses frais, sauf répétition s'il y a lieu.

Cette disposition est applicable aux actes sous
signature privée qui seront présentés à l'enregistrement.

ART. 57. La quittance de l'enregistrement
sera mise sur l'acte enregistré ou sur l'extrait
de la déclaration du nouveau possesseur.

Le receveur y exprimera en toutes lettres la
date de l'enregistrement, le folio du registre,
le numéro et la somme des droits perçus.

Lorsque l'acte renfermera plusieurs dispositions opérant chacune un droit particulier, le
receveur les indiquera sommairement dans sa
quittance, et y énoncera distinctement la quotité de chaque droit perçu, à peine d'une
amende de dix francs pour chaque omission.

ART. 58. Les receveurs de l'enregistrement
ne pourront délivrer d'extraits de leurs regis-

tres que sur une ordonnance du juge de paix,
lorsque ces extraits ne seront pas demandés par
quelqu'une des parties contractantes ou leurs
ayant-cause.

Il sera payé un franc pour recherche de chaque année indiquée, et cinquante centimes pour
chaque extrait, outre le papier timbré : ils ne
pourront rien exiger au-delà.

ART. 59. Aucune autorité publique, ni la
régie, ni ses préposés, ne peuvent accorder de
remise ou modération des droits établis par la
présente et des peines encourues, ni en suspendre ou faire suspendre le recouvrement, sans
en devenir personnellement responsables.

TITRE VIII.

Des droits acquis et des prescriptions.

ART. 60. TOUT droit d'enregistrement perçu
régulièrement en conformité de la présente, ne
pourra être restitué, quels que soient les évé-
nemens ultérieurs, sauf les cas prévus par la
présente.

ART. 61. Il y a prescription pour la demande
des droits, savoir ;

1.º Après deux années, à compter du jour
de l'enregistrement, s'il s'agit d'un droit non
perçu sur une disposition particulière dans un
acte, ou d'un supplément de perception insuf-

fisamment faite , ou d'une fausse évaluation dans une déclaration , et pour la constater par voix d'expertise.

Les parties seront également non-recevables après le même délai , pour toute demande en restitution de droits perçus.

2.º Après trois années , aussi à compter du jour de l'enregistrement , s'il s'agit d'une omission de biens dans une déclaration faite après décès.

3.º Après cinq années , à compter du jour du décès , pour les successions non déclarées.

Les prescriptions ci-dessus seront suspendues par des demandes signifiées et enregistrées avant l'expiration des délais ; mais elles seront acquises irrévocablement, si les poursuites commencées sont interrompues pendant une année, sans qu'il y ait d'instance devant les juges compétens , quand même le premier délai pour la prescription ne serait pas expiré.

TITRE IX.

Des poursuites et instances.

ART. 63. LA solution des difficultés qui pourront s'élever relativement à la perception des droits d'enregistrement avant l'introduction des instances, appartient à la régie.

ART. 64. Le premier acte de poursuite pour

le recouvrement des droits d'enregistrement , et le paiement des peines et amendes prononcées par la présente , sera une contrainte : elle sera décernée par le receveur ou préposé de la régie; elle sera visée et déclarée exécutoire par le juge de paix du canton où le bureau est établi, et elle sera signifiée.

L'exécution de la contrainte ne pourra être interrompue que par une opposition formée par le redevable et motivée avec assignation, à jour fixe, devant le Tribunal civil du Département. Dans ce cas, l'opposant sera tenu d'élire domicile dans la commune où siége ce Tribunal.

ART. 65. L'introduction et l'instruction des instances auront lieu devant les Tribunaux civils de Département : la connaissance et la décision en sont interdites à toutes autres autorités constituées ou administratives.

L'instruction se fera par simples mémoires respectivement signifiés.

Il n'y aura d'autres frais à supporter, pour la partie qui succombera, que ceux du papier timbré, des significations et du droit d'enregistrement des jugemens.

Les Tribunaux accorderont, soit aux parties, soit aux préposés de la régie qui suivront les instances, le délai qu'ils leur demanderont pour produire leurs défenses : il ne pourra néanmoins être de plus de trois décades.

Les jugemens seront rendus dans les trois mois, au plus tard, à compter de l'introduction des instances, sur le rapport d'un juge, fait en audience publique, et sur les conclusions du Commissaire du Directoire exécutif : ils seront sans appel, et ne pourront être attaqués que par voie de cassation.

Art. 66. Les frais de poursuite payés par les préposés de l'enregistrement, pour des articles tombés en non-valeur pour cause d'insolvabilité reconnue des parties condamnées, leur seront remboursés sur l'état qu'ils en rapporteront à l'appui de leurs comptes. L'état sera taxé sans frais par le Tribunal civil du Département, et appuyé des pièces justificatives.

TITRE X.

De la fixation des droits.

Art. 67. Les droits à percevoir pour l'enregistrement des actes et mutations sont et demeurent fixés aux taux et quotités tarifés par les articles 68 et 69 suivans.

DROITS FIXES.

Art. 68. Les actes compris sous cet article seront enregistrés et les droits payés ainsi qu'il suit, savoir :

S. I.er *Actes sujets à un droit fixe d'un franc.*

27.º Les dépôts d'actes et consignations de sommes et effets mobiliers chez les officiers publics, lorsqu'ils n'opèrent pas la libération des déposans ; et les décharges qu'en donnent les déposans ou leurs héritiers, lorsque la remise des objets déposés leur est faite.

28.º Les désistemens purs et simples.

30.º Les exploits, les significations ; celles des cédules des juges-de-paix, les commandemens, demandes, notifications, citations, offres ne faisant pas titre au créancier et non acceptées, oppositions, sommations, procès-verbaux, assignations, protêts, interventions à protêt, protestations, publications et affiches, saisies, saisies-arrêts, séquestres, mains-levées, et généralement tous actes extrajudiciaires des Huissiers ou de leur ministère, qui ne peuvent donner lieu au droit proportionnel, sauf les exceptions mentionnées dans la présente ;

Et aussi les exploits, significations, et tous autres actes extrajudiciaires faits pour le recouvrement des contributions directes et indirectes, et de toutes autres sommes dues à la nation, même des contributions locales, mais seulement lorsque la somme principale excède vingt-cinq francs.

Il sera dû un droit pour chaque demandeur

ou défendeur, en quelque nombre qu'ils soient dans le même acte, excepté les co-propriétaires et co-héritiers, les parens réunis, les co-intéressés, les débiteurs ou créanciers associés ou solidaires, les séquestres, les experts et les témoins, qui ne seront comptés que pour une seule et même personne, soit en demandant, soit en défendant, dans le même original d'acte, lorsque leurs qualités y seront exprimées.

31.º Les lettres missives qui ne contiennent ni obligation, ni quittance, ni aucune autre convention donnant lieu au droit proportionnel.

34.º Les prisées de meubles.

36.º Les procurations et pouvoirs pour agir ne contenant aucune stipulation ni clause donnant lieu au droit proportionnel.

39.º Les reconnaissances pures et simples ne contenant aucune obligation ni quittance.

51.º Et généralement tous actes civils, judiciaires ou extrajudiciaires, qui ne se trouvent dénommés dans aucun des paragraphes suivans, ni dans aucun autre article de la présente, et qui ne peuvent donner lieu au droit proportionnel.

III. *Actes sujets à un droit fixe de trois francs.*

3.º Les prestations de serment des greffiers t Huissiers des juges-de-paix, des gardes des

17.

douanes, gardes forestiers et gardes champêtres, pour entrer en fonctions.

§. IV. *Actes sujets à un droit fixe de cinq francs.*

3.º Les déclarations et significations d'appel des jugemens des juges-de-paix aux Tribunaux civils.

§. V. *Actes sujets à un droit fixe de dix francs.*

Les déclarations et significations d'appel des jugemens des Tribunaux civils, de commerce et d'arbitrage.

§. VI. *Actes sujets à un droit fixe de quinze fr.*

4.º Les prestations de serment des notaires, des greffiers et des Huissiers des Tribunaux civils, criminels, correctionnels et de commerce, et de tous employés salariés par la République, autres que ceux compris sous le paragraphe III ci-dessus, nombre 3, pour entrer en fonctions.

DROITS PROPORTIONNELS.

ART. 69. Les actes et mutations compris sous cet article seront enregistrés, et les droits payés, suivant les quotités ci-après ; savoir :

§. II. *Cinquante centimes par cent francs.*

6.º Les billets à ordre, les cessions d'actions et coupons d'actions mobilières des compagnies et sociétés d'actionnaires, et tous autres effets négociables de particuliers ou de compagnies, à l'exception des lettres-de-change tirées de place en place.

Les effets négociables de cette nature pourront n'être présentés à l'enregistrement qu'avec les protêts qui en auront été faits.

S. III. *Un franc par cent francs.*

1.º Les adjudications au rabais et marchés, autres que ceux compris dans le paragraphe précédent, pour constructions, réparations et entretien, et tous autres objets mobiliers susceptibles d'estimation, faits entre particuliers, qui ne contiendront ni vente, ni promesse de livrer des marchandises, denrées ou autres objets mobiliers.

TITRE XI.

Des actes qui doivent être enregistrés en débet ou gratis, et de ceux qui sont exempts de cette formalité.

ART. 70. SERONT soumis à la formalité de l'enregistrement, et enregistrés en débet ou *gratis*, ou exempts de cette formalité, les actes ci-après ; savoir :

S. I.er *A enregistrer en débet.*

1.º Les actes et procès-verbaux des juges-de-paix pour faits de police.

2.º Ceux faits à la requête des commissaire
du Directoire exécutif près les Tribunaux.

3.º Ceux des commissaires de police.

4.º Ceux des gardes établis par l'autorité publique pour délits ruraux et forestiers.

5.º Les actes et jugemens qui interviennent
sur ces actes et procès-verbaux.

*Il y aura lieu de suivre la rentrée des droits
d'enregistrement de ces actes, procès-verbaux
et jugemens, contre les parties condamnées,
d'après les extraits des jugemens qui seront
fournis aux préposés de la régie par les greffiers.*

S. II. *A enregistrer* gratis.

1.º Les acquisitions et échanges faits par la
République, les partages de biens entre elle
et des particuliers, et tous autres actes faits à
ce sujet.

2.º Les exploits, commandemens, significations, sommations, établissemens de garnison,
saisies, saisies-arrêts, et autres actes, tant en
action qu'en défense, ayant pour objet le recouvrement des contributions directes et indirectes, et de toutes autres sommes dues à la République, à quelque titre et pour quelque objet
que ce soit, même des contributions locales,
lorsqu'il s'agira de cotes de vingt-cinq francs
et au-dessous, ou de droits et créances non

xcédant en total la somme de vingt-cinq francs.

3.º Les actes des Huissiers et gendarmes dans les cas spécifiés par le paragraphe suivant, nombre 9.

§. III. *Exempts de la formalité de l'enregistrement.*

9.º Tous les actes et procès-verbaux (excepté ceux des Huissiers et gendarmes, qui doivent être enregistrés, ainsi qu'il est dit au paragraphe précédent, nombre 3), et jugemens concernant la police générale et de sûreté, et la vindicte publique.

10.º Les cédules pour appeler au bureau de conciliation, sauf le droit de la signification.

15.º Les lettres-de-change tirées de place en place, celles venant de l'étranger ou des colonies françaises, les endossemens et acquits de ces effets, et les endossemens et acquits des billets à ordre et autres effets négociables.

~~~~~~~~~~~~

Extrait de la loi relative aux cautionnemens des divers fonctionnaires publics.

Du 27 ventôse an 8.

ART. 97. LA loi du 7 de ce mois concernant les cautionnemens, s'appliquera à tous les greffiers, avoués et Huissiers en vertu de la présente loi, conformément au tarif ci-après.

Tribunaux de première instance.

Où il n'y a que trois juges , . . . 200 fr.
Où il y a quatre juges , ... 300
Où il y a deux sections , ... 400
Où il y a trois sections , ... 500
A Paris , ... , . . . 900

Tribunaux d'appel.

Où il n'y a qu'une section , ... 600
Où il y a deux sections , ... 700
Où il y a trois sections , ... 800
A Paris , ... 1500
Tribunal de cassation , ... 1000

Tribunaux criminels.

. . . . 300
A Paris , ... 500

Tribunaux de commerce.

. . . . 250
A Paris , ... 1000

La loi du 7 ventôse an 8 , ordonne le versement d'un cautionnement par plusieurs régis-
seurs , administrateurs , employés et par les
notaires. Ces cautionnemens produisent intérêt
à cinq pour cent.

Extrait de la loi sur l'enregistrement.

Du 27 ventôse an 9.

ART. 1.er A compter du jour de la publication de la présente , les droits d'enregistrement
seront liquidés et perçus suivant les fixations
établies par la loi du 22 frimaire an 7 , et celles
postérieures , quelle que soit la date ou l'époque
des actes et mutations à enregistrer , sauf les
modifications et changemens ci-après.

ART. 13. La dernière disposition du n.º 30 ,
du §. I.er de l'art. 68 de la loi du 22 frimaire ,
est applicable aux actes d'appel compris sous
les paragraphes IV et V du même article.

ART. 14. Les actes de prestation de serment
sont soumis à l'enregistrement sur les minutes ,
dans les vingt jours de leur date , sous les obligations et peines portées aux art. 35 et 37 de
ladite loi du 22 frimaire.

Ceux des avoués sont classés parmi les actes
de cette nature compris sous le n.º 4 du §. VI
de l'art. 68 ; ceux des gardes des barrières le
sont sous le n.º 3 du §. III du même article.

ART. 15. Le droit d'enregistrement des significations d'avoué à avoué , dans le cours des
instructions des procédures devant les Tribunaux , est fixé à vingt-cinq centimes. Ces actes
seront enregistrés dans les quatre jours de leur
date , à peine de cinq francs d'amende pour cha-

que contravention, outre le paiement du droit.

ART. 17. L'instruction des instances que la régie aura à suivre pour toutes les perceptions qui lui sont confiées, se fera par simples mémoires respectivement signifiés, sans plaidoieries. Les parties ne seront point obligées d'employer le ministère des avoués.

ART. 18. Toutes dispositions contraires à la présente sont abrogées.

Loi relative aux cautionnemens.

Du 25 nivôse an 13.

ART. 1.er LES cautionnemens fournis par les agens-de-change, les courtiers de commerce, les avoués, greffiers, Huissiers et les commissaires-priseurs, sont comme ceux des notaires (art. 23 de la loi du 25 ventôse an 11), affectés par premier privilège à la garantie des condamnations qui pourraient être prononcées contr'eux par suite de l'exercice de leurs fonctions ; par second privilège au remboursement des fonds qui leur auraient été prêtés pour tout ou partie de leur cautionnement, et subsidiairement au paiement dans l'ordre ordinaire des créances particulières qui seraient exigibles sur eux.

ART. 2. Les réclamans, aux termes de l'article précédent , seront admis à faire sur ces cautionnemens des oppositions motivées , soit directement à la caisse d'amortissement , soit aux greffes des Tribunaux , dans le ressort desquels les titulaires exercent leurs fonctions ; savoir , pour les notaires, commissaires-priseurs, avoués, gréffiers et Huissiers , au greffé des Tribunaux civils , et pour les agens-de-change et courtiers , au greffe des Tribunaux de commerce.

ART. 3. L'original des oppositions faites sur les cautionnemens , soit à la caisse d'amortissement , soit aux greffes des Tribunaux , y restera déposé pendant vingt-quatre heures pour y être visé.

ART. 4. La déclaration au profit des prêteurs des fonds de cautionnemens , faite à la caisse d'amortissement à l'époque de la prestation , tiendra lieu d'opposition pour leur assurer l'effet du privilège du second ordre , aux termes de l'article premier.

ART. 5. Les notaires, avoués, greffiers et Huissiers près les Tribunaux, ainsi que les commissaires-priseurs , seront tenus , avant de pouvoir réclamer leur cautionnement à la caisse d'amortissement , de déclarer au greffe du Tribunal , dans le ressort duquel ils exercent, qu'ils cessent leurs fonctions. Cette déclaration sera affichée dans le lieu des séances du Tribunal pendant trois mois. Après ce délai , et après la levée des op-

positions directement faites à la caisse d'amortissement, s'il en était survenu, leur cautionnement leur sera remboursé par cette caisse,
sur la présentation et le dépôt d'un certificat du
greffier, visé par le président du Tribunal, qui
constatera que la déclaration prescrite a été affichée dans le délai fixé ; que pendant cet intervalle il n'a été prononcé contr'eux aucune
condamnation pour fait relatif à leurs fonctions, et qu'il n'existe au greffe du Tribunal
aucune opposition à la délivrance du certificat, ou que les oppositions survenues ont été
levées.

ART. 6. Les agens-de-change et courtiers de
commerce seront tenus de remplir les formalités
ci-dessus devant les Tribunaux de commerce.
Ils feront en outre afficher pendant le même
délai la déclaration de la cessation de leurs
fonctions à la bourse près de laquelle ils les
exercent ; et ils produiront à la caisse d'amortissement le certificat du syndic de cette bourse,
relatif à l'affiche de leur démission, joint au
certificat du greffier, visé par le président du
Tribunal, motivé ainsi qu'il est prescrit par
l'article précédent.

ART. 7. Seront assujettis aux mêmes formalités pour la notification de la vacance, ceux
qui seront destitués, et les héritiers de ceux
qui seront décédés dans l'exercice de leurs fonctions.

Loi relative aux consignations.

Du 28 nivôse an 13.

ART. 1.er A compter de la publication de la présente loi, la caisse d'amortissement recevra les consignations ordonnées, soit par jugement, soit par décision administrative. Elle établira à cet effet des préposés par-tout où besoin sera.

ART. 2. La caisse d'amortissement tiendra compte aux ayant-droit de l'intérêt de chaque somme consignée, à raison de trois pour cent par année ; cet intérêt courra du soixantième jour après la consignation, jusqu'à celui du remboursement. Les sommes qui ont été moins de soixante jours en état de consignation, ne porteront aucun intérêt.

ART. 3. Le recours sur la caisse d'amortissement pour les sommes consignées dans les mains de ses préposés, est assuré à ceux qui auront fait la consignation, à la charge par eux de faire enregistrer dans le délai de cinq jours, les reconnaissances desdits préposés au bureau de l'enregistrement du lieu de la consignation.

Le droit d'enregistrement sur ces reconnaissances est fixé à un franc.

ART. 4. Le remboursement des sommes consignées s'effectuera dans le lieu où la consignation aura été faite, dix jours après la notification faite au préposé de la caisse d'amortissement, de l'acte ou jugement qui en aura autorisé le remboursement.

Si la durée de la consignation donne ouverture à des intérêts, ils seront comptés jusqu'au jour du remboursement.

ART. 5. Les préposés de la caisse d'amortissement qui ne satisferaient pas au paiement après le délai fixé ci-dessus, seront contraignables par corps (sans préjudice du recours contre la caisse d'amortissement, conformément à l'art. 3), sauf le cas où ils pourraient justifier d'oppositions faites dans leurs mains ; auquel cas ils seront tenus de dénoncer immédiatement lesdites oppositions à ceux qui leur auraient fait connaître leur droit au remboursement, pour que ces derniers en puissent poursuivre la main-levée devant les Tribunaux.

ART. 6. La caisse d'amortissement et ses préposés ne pourront exercer aucune action pour l'exécution des jugemens ou décisions qui auront ordonné des consignations.

ART. 7. La caisse d'amortissement est autorisée à recevoir les consignations volontaires aux mêmes conditions que les consignations judiciaires.

ART. 8. Tous les frais de risques relatifs à la garde, conservation de mouvement des fonds consignés , sont à la charge de la caisse d'amor-tissement.

Quoique cette loi ne concerne pas directe-ment les Huissiers, elle ne leur est pourtant pas étrangère ; elle est relative à une partie de leurs fonctions qui est même assez délicate, et nous avons cru devoir la placer dans ce Recueil, en y ajoutant ce qui est prescrit au Code Na-poléon, sur les offres de paiement et la consi-gnation.

CODE NAPOLÉON.

ART. 1257. Lorsque le créancier refuse de recevoir son paiement, le débiteur peut lui faire des offres réelles; et au refus du créancier de les accepter, consigner la somme ou la chose offerte.

Les offres réelles suivies d'une consignation libèrent le débiteur ; elles tiennent lieu à son égard de paiement, lesquelles sont valablement faites, et la chose ainsi consignée demeure aux risques du créancier.

ART. 1258. Pour que les offres réelles soient valables, il faut,

1.º Qu'elles soient faites au créancier ayant la capacité de recevoir, ou à celui qui a pou-voir de recevoir pour lui ;

2.º Qu'elles soient faites par une personne capable de payer;

3.º Qu'elles soient de la totalité de la somm
exigible , des arrérages ou intérêts dus , de
frais liquidés, et d'une somme pour les frai
non liquidés, sauf à parfaire ;

4.º Que le terme soit échu, s'il a été stipulé
en faveur du créancier ;

5.º Que la condition sous laquelle la dette a
été contractée soit arrivée ;

6.º Que les offres soient faites au lieu dont
on est convenu pour le paiement , et que s'il
n'y a pas de convention spéciale sur le lieu du
paiement, elles soient faites où à la personne
du créancier, ou à son domicile, ou au domicile élu pour l'exécution de la convention ;

7.º Que les offres soient faites par un officier
ministériel ayant caractère pour ces sortes
d'actes.

ART. 1259. Il n'est pas nécessaire , pour la
validité de la convention, qu'elle ait été autorisée par le juge ; il suffit,

1.º Qu'elle ait été précédée d'une sommation
signifiée au créancier, et contenant l'indication
du jour, de l'heure et du lieu où la chose offerte
sera déposée ;

2.º Que le débiteur se soit dessaisi de la chose
offerte, en la remettant dans le dépôt indiqué
par la loi pour recevoir les consignations , avec
les intérêts jusqu'au jour du dépôt ;

3.º Qu'il y ait eu procès-verbal dressé par

l'officier ministériel, de la nature des espèces offertes, du refus qu'a fait ce créancier de les recevoir ou de sa non-comparution, et enfin du dépôt ;

4.º Qu'en cas de non-comparution de la part du créancier, le procès-verbal du dépôt lui ait été signifié avec sommation de retirer la chose déposée.

ART. 1260. Les frais des offres réelles et de la consignation sont à la charge du créancier, si elles sont valables.

ART. 1261. Tant que la consignation n'a point été acceptée par le créancier, le débiteur peut la retirer ; et s'il la retire, les co-débiteurs, ou ses cautions, ne sont point libérés.

ART. 1262. Lorsque le débiteur a lui-même obtenu un jugement passé en force de chose jugée, qui a déclaré ses offres et sa consignation bonnes et valables, il ne peut plus, même du consentement du créancier, retirer sa consignation au préjudice de ses co-débiteurs ou de ses cautions.

ART. 1263. Le créancier qui a consenti que le débiteur retirât sa consignation après qu'elle a été déclarée valable par un jugement qui a acquis force de chose jugée, ne peut plus, pour le paiement de sa créance, exercer les privilèges ou hypothèques qui y étaient attachés ; il n'a plus d'hypothèque que du jour où l'acte

par lequel il a consenti que la consignation fût
retirée, aura été revêtu des formes requises
pour emporter hypothèque.

ART. 1264. Si la chose due est un corps certain qui doit être livré au lieu où il se trouve,
le débiteur doit faire sommation au créancier de
l'enlever par acte notifié à sa personne ou à son
domicile, ou au domicile élu pour l'exécution
de la convention. Cette sommation faite, si le
créancier n'enlève pas la chose, et que le débiteur ait besoin du lieu dans lequel elle est pla-
cée, celui-ci pourra obtenir de la justice la permission de la mettre en dépôt dans quelque
autre lieu.

Le Code de procédure civile contient aussi
quelques dispositions sur cette matière. Les
voici :

ART. 812. Tout procès-verbal d'offres désignera l'objet offert, de manière qu'on ne puisse
en substituer un autre ; et si ce sont des espèces,
il en contiendra l'énumération et la qualité.

ART. 813. Le procès-verbal fera mention de
la réponse, du refus ou de l'acceptation du
créancier, et s'il a signé, refusé ou déclaré ne
pouvoir signer.

ART. 814. Si le créancier refuse les offres, le
débiteur peut, pour se libérer, consigner la
somme ou la chose offerte, en observant les for-

malités prescrites par l'article 1259 du Code
civil.

ART. 815. La demande qui pourra être in-
tentée, soit en validité, soit en nullité des offres
ou de la consignation, sera formée d'après les
règles établies pour les demandes principales :
si elle est incidente, elle le sera par requête.

ART. 816. Le jugement qui déclarera les
offres valables, ordonnera, dans le cas où la
consignation n'aurait pas encore eu lieu, que,
faute par le créancier d'avoir reçu la somme ou
la chose offerte, elle sera consignée ; il prononcera la cessation des intérêts, du jour de la réa-
lisation.

ART. 817. La consignation volontaire ou ordonnée sera toujours à la charge des oppositions, s'il en existe, et en les dénonçant au
créancier.

ART. 818. Le surplus est réglé par les dispositions du Code civil, relatives aux offres de
paiement et à la consignation.

Extrait du Décret impérial, concernant les saisies-arrêts qui peuvent être formées sur les sommes dues par l'Administration de l'enregistrement, en exécution de mandemens ou ordonnances de justice.

Du 13 pluviôse an 13.

Nota. Nous avons placé cet extrait à la suite de l'article 153 du tarif des frais de procédure civile.

Voir à sa date le décret du 16 février 1807.

~~~~~~~~

Extrait de la loi relative aux cautionnemens.

Du 2 ventôse an 13.

Les cautionnemens fournis par les avocats en Cour de cassation, les greffiers, avoués et Huissiers des Tribunaux, ainsi que par les greffiers des justices de paix, en exécution des lois des 27 ventôse an 8 et 28 floréal an 10, sont portés au tiers en sus de la fixation actuelle.

~~~~~~~~

Avis du Conseil-d'État, sur la nature des fonctions des Huissiers, et sur les cas où ils sont exempts des droits de péage.

Du 5 ventôse an 13.

Le Conseil-d'État qui, d'après le renvoi de

Sa Majesté l'Empereur, a entendu le rapport de la section de l'intérieur sur celui du Grand-Juge Ministre de la Justice, relativement à une lettre à lui adressée par le juge-de-paix du canton de Duffel, département des Deux-Nèthes, en date du 26 frimaire an 13, sur cette double question, 1.º si les Huissiers sont fonctionnaires publics; 2.º dans quels cas ils doivent ou ne doivent point être astreints à payer le droit de passage établi sur le pont de Duffel sur la Nèthe;

Vu l'arrêté du 14 fructidor an 10, qui exempte du droit de péage sur le pont de Duffel les fonctionnaires publics dans l'exercice de leurs fonctions;

Considérant que l'exercice des fonctions d'Huissier ne commence qu'aux domiciles des particuliers, auxquels ils ont à notifier quelque acte de leur ministère, et non au moment où ils sortent de leur maison pour s'y rendre ou pour aller vaquer à leurs propres affaires;

Est d'avis que les Huissiers doivent à la vérité être regardés comme fonctionnaires publics, mais que l'exercice de leurs fonctions n'étant manifeste que lorsqu'ils accompagnent quelque prévenu ou condamné, le corps entier ou quelque membre du Tribunal, auquel ils sont attachés, marchant pour leur service, ils doivent, dans tout autre cas, être assujettis comme les simples particuliers au droit de péage.

~~~~~~~~~~~~

Décret impérial, concernant les formalités à observer, et le droit d'enregistrement à payer pour les procès-verbaux d'apposition de scellés, d'inventaires, etc.

Du 10 brumaire an 14.

Art. 1.er. Tous officiers ayant droit d'apposer des scellés, de les reconnaître et de les lever, de rédiger des inventaires, de faire des ventes ou autres actes dont la confection peut exiger plusieurs séances, sont tenus d'indiquer à chaque séance l'heure du commencement et celle de la fin.

Art. 2. Toutes les fois qu'il y a interruption dans l'opération avec renvoi à un autre jour, ou à une autre heure de la même journée, il en sera fait mention dans l'acte, que les parties et les officiers signeront sur-le-champ pour constater cette interruption.

Art. 3. Le procès-verbal est sujet à l'enregistrement dans le délai fixé par la loi.

Art. 4. Le droit d'enregistrement fixé à deux francs par vacation, est exigible par vacation, dont aucune ne peut excéder quatre heures.

~~~~~~~~~~~~

Décret impérial sur le mode de Réglement des frais de justice criminelle.

Du 24 février 1806.

Nota. Ce décret est abrogé par l'article 139 du décret du 18 juin 1811. Il ne doit pas dès-lors faire partie de ce Recueil.

~~~~~~~~~~~~

Extrait (en ce qui concerne les Huissiers) du décret impérial contenant le tarif des frais et dépens en matière civile.

A Preussich-Eylau, le 16 février 1807.

CHAPITRE III.

Taxe des Huissiers et des Juges-de-paix.

A R T. 21.

Pour l'original de chaque citation contenant demande , (1)

A Paris , ... 1 f. 50 c.

Dans les villes où il y a Tribunal de première instance , ... 1 25

Dans les autres villes et cantons ruraux , ... 1 25

———————————————

(1) Quelques juges taxateurs se sont trompés sur les droits qui sont dus à l'Huissier du juge-de-paix, pour

(Code de procéd. civ. , art. 16 et 19.). De
signification de jugement . . . . . 1 f. 25 c.

(Art. 17.) De sommation de fournir caution
ou d'être présent à la réception et soumission
de la caution ordonnée, ... *Id.*

(Art. 20.) D'opposition au jugement par
défaut, contenant assignation à la prochaine
audience , ... 1 f. 50 c.

(Art. 32) De demande en garantie, ... *Id.*

(Art. 34.) De citation aux témoins, ... *Id.*

(Art. 42.) De citation aux gens
de l'art et experts , ... *Id.*

(Art. 52.) De citation en conciliation, ... *Id.*

(Code civ. , art. 406.) De citation aux membres qui doivent composer le conseil de famille , ... , 1 f. 50 c.

---

la citation en conciliation. Ils n'ont pas assez examiné
l'article dout la première disposition les a seulement
frappés. Ils ont confondu la *citation contenant demande pour être statué par le juge-de-paix*, *avec la
simple citation en conciliation*, et ils se sont conten-
tés d'allouer, pour ce dernier acte, le seul droit d'un
franc vingt-cinq centimes, comme pour l'assignation à
l'audience du juge-de-paix : c'est une erreur qu'il convient d'éviter.

De notification de l'avis du con-
seil de famille , ...   *Id.*

(Cod. civ. , Art. 926.) D'opposition aux scellés , ...   *Id.*

De sommation à la levée des
scellés , ...   *Id.*

Et pour chaque copie des actes ci-dessus énoncés , le quart de l'original.

A R T. 22.

Pour la copie des pièces qui pourra être donnée avec les actes , par chaque rôle d'expédition
de vingt lignes à la page et de dix syllabes à la
ligne , (1)

A Paris , ...   » f. 25 c.

Dans les villes où il y a un Tribunal de première instance , ...   »   20

Dans les autres villes et cantons
ruraux , ...   »   20

A R T. 23.

Pour transport qui ne pourra être alloué
qu'autant qu'il y aura plus d'un demi-myriamètre (*une lieue ancienne*) de distance entre

---

(1) Les copies doivent être lisibles , et ne contenir
dans chaque page que le nombre de lignes prescrites
par l'art. 43 du décret d'organisation des Huissiers, et
sous les peines qui y sont portées.

la demeure de l'Huissier et le lieu où l'exploit devra être posé, aller et retour, par myriamètre, ... 2 f. » c.

Il ne sera rien alloué aux Huissiers des juges-de-paix, pour *visa* par le greffier de la justice de paix ou par les maire et adjoints des communes du canton, dans les différens cas prévus par le Code de procédure (1).

---

(1) Les frais de voyage sont moins considérables pour les Huissiers de justice de paix, que pour les autres. (Voir l'article 66 ci-après.) La raison de cette différence vient de ce qu'ils ne parcourent presque jamais plus d'un myriamètre, puisqu'ils ne peuvent pas aller au-delà de leur canton; que les autres Huissiers vont au contraire jusqu'à quatre ou cinq myriamètres, quelquefois même plus loin, et qu'ils font par conséquent plus de dépense. Ils emploient en outre toute leur journée; souvent même deux jours, pour faire une seule course, et l'Huissier du juge-de-paix n'emploie toujours que quelques heures.

LIVRE II.

DE LA TAXE DES FRAIS DANS LES TRIBUNAUX INFÉRIEURS ET DANS LES COURS.

TITRE I.er

De la Taxe des actes des Huissiers ordinaires.

§. I.er *Actes de première classe.*

ART. 27.

(Code de procéd. civ. , art. 16, 59, 61 et 69, n.º 8.) Pour l'original d'un exploit d'appel du jugement de la justice de paix,

D'un exploit d'ajournement, même en cas de domicile inconnu en France , et d'affiche à la porte de l'auditoire,

A Paris , ... 2 f. » c.
Par-tout ailleurs , ... 1   5o

ART. 28.

(Code de procéd. civ. , art. 65.) Pour les copies de pièces qui doivent être données avec l'exploit d'ajournement et autres actes , par rôle contenant vingt lignes à la page, et dix syllabes à la ligne, ou évalué sur ce pied, (1)

A Paris, ... , ... » f. 25 c.

Par-tout ailleurs, ... » 20

Le droit de copie de toute espèce de pièces et de jugemens appartiendra à l'avoué, quand les copies de pièces seront faites par lui; l'avoué sera tenu de signer les copies de pièces et de jugemens, et sera garant de leur exactitude.

Les copies seront correctes et lisibles, à peine de rejet de la taxe.

Art. 29.

(Code de procéd. civ., Art. 121.) Pour l'original d'une sommation d'être présent à la prestation d'un serment ordonné.

(Art. 147.) De signification d'un jugement à domicile.

(Art. 153.) D'une signification de jugement de jonction par un Huissier commis.

(Art. 156.) De signification d'un jugement par défaut rendu contre partie, par un Huissier commis.

(Art. 162.) D'opposition au jugement par défaut rendu contre partie.

---

(1) Voir pour les copies de pièces ce que nous avons dit art. 43 du décret du 14 juin 1813. C'est très-important pour les Huissiers.

(Code de procéd. civ., Art. 204.) De sommation aux experts et aux dépositaires des pièces de comparaison, en vérification d'écritures.

(Art. 223.) De signification aux dépositaires de l'ordonnance ou du jugement qui porte que la minute de la pièce sera apportée au greffe.

(Art. 260 et 261.) D'assignation aux témoins dans les enquêtes.

D'assignation à la partie contre laquelle se fait l'enquête.

(Art. 307.) De signification de l'ordonnance du juge-commissaire pour faire prêter serment aux experts.

(Art. 329.) De la signification de la requête et des ordonnances, pour faire subir interrogatoire sur faits et articles.

(Art. 350.) De la signification du jugement rendu par défaut contre partie, sur demande en reprise d'instance, ou en constitution de nouvel avoué, par un Huissier commis.

(Art. 355.) De signification du désaveu.

(Art. 365.) De signification du jugement portant permission d'assigner en réglement de juges, contenant assignation.

(Art. 415.) Pour l'original d'une demande formée au Tribunal de commerce.

(Art. 429.) D'une sommation de comparaître devant les arbitres, ou experts nommés par le Tribunal de commerce.

(Code de procéd. civ., Art. 435.) De signification de jugement par défaut du Tribunal de commerce par un Huissier commis.

(Art. 436 et 437.) Pour l'original d'opposition au jugement par défaut rendu par le Tribunal de commerce, contenant les moyens d'opposition et assignation.

(Art. 439.) De signification des jugemens contradictoires.

(Art. 440 et 441.) De l'acte de présentation de caution, avec sommation à jour et heure fixes, de se présenter au greffe pour prendre communication des titres de la caution, et assignation à l'audience, en cas de contestation, pour y être statué.

(Art. 456.) Original d'un acte d'appel de jugemens des Tribunaux de première instance et de commerce, contenant assignation et constitution d'avoué.

(Art. 447.) De signification de jugement à des héritiers collectivement, au domicile du défunt.

(Art. 507.) D'une réquisition aux Tribunaux de juger en la personne du greffier.

(Art. 514.) De signification de la requête et du jugement qui admet une prise à partie.

(Art. 418.) De signification de la présentation de caution, avec copie de l'acte de dépôt au greffe des titres de solvabilité de la caution.

(Code de Procéd. civ., Art. 534.) De signification de l'ordonnance du juge commis, pour entendre un compte, et sommation de se trouver devant lui, aux jour et heure indiqués, pour être présent à la présentation et affirmation.

(Art. 557, 558 et 559.) D'un exploit de saisie-arrêt ou opposition contenant énonciation de la somme pour laquelle elle est faite, et des titres, ou de l'ordonnance du juge.

(Art. 563.) De la dénonciation au saisi de la saisie-arrêt, ou opposition, avec assignation en validité.

(Art. 564.) De la dénonciation au tiers-saisi de la demande en validité formée contre le débiteur saisi.

(Art. 570.) De l'assignation au tiers-saisi pour faire sa déclaration.

(Art. 583 et 584.) D'un commandement, pour parvenir à une saisie-exécution.

(Art. 602.) De la notification de la saisie-exécution faite hors du domicile du saisi, et en son absence.

(Art. 606.) D'une assignation en référé à la requête du gardien, qui demande sa décharge.

D'une sommation à la partie saisie, pour être présente au récolement des effets saisis, quand le gardien a obtenu sa décharge.

(Art. 608.) D'une opposition à vente, à la

requête de celui qui se prétendra propriétaire des objets saisis entre les mains du gardien.

De dénonciation de cette opposition au saisissant et au saisi, avec assignation libellée et l'énonciation des preuves de propriété.

Le gardien ne pourra être assigné.

(Code de procéd. civ., Art. 609.) D'une opposition sur le prix de la vente, qui en contiendra les causes.

(Art. 612.) D'une sommation au premier saisissant de faire vendre.

(Art. 614.) D'une sommation à la partie saisie, pour être présente à la vente qui ne serait pas faite au jour indiqué par le procès-verbal de saisie-exécution.

(Art. 626.) Pour l'original du commandement qui doit précéder la saisie-brandon.

(Art. 628.) De dénonciation de la saisie-brandon au garde champêtre, gardien de droit à ladite saisie, et qui ne sera pas présent au procès-verbal.

(Art. 636.) Pour l'original du commandement qui doit précéder la saisie de rentes constituées sur particuliers.

(Art. 641.) De dénonciation à la partie saisie de l'exploit de saisie de rentes constituées sur particuliers.

(Art. 659 et 660.) D'une sommation aux créanciers de produire dans les contributions, et à la partie saisie de prendre communication des pièces produites, et de contredire, s'il y échet.

(Code de procéd. civ., Art. 661.) D'une sommation à la partie saisie qui n'a point d'avoué constitué, à la requête du propriétaire, de comparaître en référé devant le juge-commissaire, pour faire statuer préliminairement sur son privilège pour raison des loyers à lui dus.

(Art. 663.) De dénonciation à la partie saisie, qui n'a point d'avoué constitué, de la clôture du procès-verbal du juge-commissaire, en contribution, avec sommation d'en prendre communication, et de contredire sur le procès-verbal dans la quinzaine.

(Art. 673.) Pour l'original d'un commandement tendant à saisie immobilière.

(Art. 687.) De la notification à la partie saisie de l'acte d'apposition de placards en saisie immobilière.

(Art. 693.) De la signification aux créanciers inscrits de l'acte de consignation faite par l'acquéreur, en cas d'aliénation, qui peut avoir lieu après la saisie immobilière, sous la condition de consigner.

(Art. 695.) De la notification d'un exemplaire du placard aux créanciers inscrits.

(Art. 727.) De la demande en distraction

d'objets saisis immobilièrement contre la partie qui n'a pas avoué en cause.

(Code de procéd. civ., Art. 734 et 736.) De la notification au greffier de l'appel du jugement qui aura statué sur les nullités proposées en saisie immobilière.

(Art. 753.) De sommation aux créanciers inscrits de produire dans les ordres.

(Art 807.) D'assignation en référé, dans les cas d'urgence, ou lorsqu'il s'agit de statuer sur les difficultés relatives à l'exécution d'un titre exécutoire ou d'un jugement.

(Art. 809.) De signification d'une ordonnance sur référé.

(Code civ. art. 1259.) D'une sommation d'être présent à la consignation de la somme offerte.

De dénonciation du procès-verbal de dépôt de la chose ou de la somme consignée, au créancier qui n'était pas présent à la consignation.

(Art. 1264.) De sommation aux créanciers d'enlever le corps certain, qui doit être livré au lieu où il se trouve.

(Code de procéd. civ., art. 819.) D'un commandement à la requête des propriétaires et principaux locataires de maisons ou biens ruraux, à leurs locataires, sous-locataires et fermiers, pour paiement de loyers ou fermages échus.

(Code civ., art. 2183.) De la notification aux créanciers inscrits de l'extrait du titre du nouveau propriétaire, de la transcription et du tableau prescrit par l'art. 2183 du Code civil.

(Code de procéd. civ., art. 839.) D'une assignation et sommation à un notaire, et aux parties intéressées, s'il y a lieu, pour avoir expédition d'un acte parfait.

(Art. 841.) D'un acte non enregistré, ou resté imparfait.

(Art. 844.) Ou une seconde grosse.

(Art. 861.) D'une sommation à la requête de la femme à son mari de l'autoriser.

(Art. 856.) D'une demande à domicile, à fin de rectification d'un acte de l'état civil.

(Art. 876.) D'une demande en séparation de corps.

(Code civ., art. 241.) D'une demande en divorce pour cause déterminée.

(Code de procéd. civ., art. 883.) D'ajournement, pour demander la réformation d'un avis du conseil de famille qui n'a pas été unanime.

(Art. 888.) De l'opposition formée, à la requête des membres d'un conseil de famille, à l'homologation de la délibération.

(Art. 947.) De sommation aux parties qui doivent être appelées à la vente des meubles dépendans d'une succession.

(Code de procéd. civ., Art. 976.) De sommation aux co-partageans de comparaître devant
le juge-commissaire.

(Art. 980.) De sommation aux parties pour
assister à la clôture du procès-verbal de partage chez le notaire.

(Art. 992.) De sommation à la requête d'un
créancier, à l'héritier bénéficiaire de donner
caution.

(Art. 1018.) De sommation aux arbitres de
se réunir au tiers-arbitre pour vider le partage.

De tout exploit contenant sommation de faire
une chose, ou opposition à ce qu'une chose soit
faite, protestation de nullité, et généralement
de tous actes simples du ministère des Huissiers
non compris dans la seconde partie du présent
tarif,

A Paris, ... 2 f. » c.
Par-tout ailleurs, ... 1 50
Pour chaque copie, le quart de l'original.

Indépendamment des copies de pièces qui
n'auront pas été faites par les avoués, et qui
seront taxées comme il a été dit ci-dessus.

§. II. *Actes de seconde classe et procès-
verbaux.*

ART. 30.

(Code de procéd. civ., art. 45.) Pour l'oriinal de la récusation du juge-de-paix, qui en contiendra les motifs, et qui sera signé par la partie ou son fondé de pouvoir spécial, ainsi que la copie,

A Paris, ... 3 f. » c.

Dans les villes où il y a tribunal

de première instance, ... 2 25

Dans les autres villes et cantons

ruraux, ... 2 25

Et pour la copie, le quart.

Art. 31.

(Code de procéd. civ., art. 585, 586, 587, 588, 589, 590 et 601.) Pour un procès-verbal de saisie-exécution, qui durera trois heures, y compris le temps nécessaire pour requérir, soit le juge-de-paix, soit le commissaire de police ou les maire et adjoints, en cas de refus d'ouverture de porte (1),

---

(1) Il importe à l'Huissier que le temps nécessaire pour faire les copies soit ajouté à celui de la saisie. La durée de la saisie, la confection des copies ne forment qu'un tout pour l'emploi du temps de l'Huissier, et ses vacations doivent être comptées sur ce pied. C'est donc à tort que des juges taxateurs n'évaluent le nombre des vacations, qu'en raison de la multiplicité des objets saisis, du détail du procès-verbal; ils doivent ajouter au temps présumé pour la saisie en elle-même, celui qui a

A Paris, y compris 1 franc 50 centimes pour
chaque témoin, ... 8 f. » c

Dans les villes où il y a Tribunal
de première instance ,

Et dans les autres villes et cantons ruraux, y compris un franc
pour chaque témoin, ... 6 »

Si la saisie dure plus de trois heures, par
chacune des vacations subséquentes aussi de
trois heures ,

A Paris, y compris 80 centimes pour chaque
témoin , ... 5 f. » c.

Dans les villes où il y a Tribunal
de première instance ,

Et dans les autres villes et cantons ruraux, y compris 60 cent.
pour chaque témoin, ... 3 75

Dans les taxes ci-dessus se trouvent comprises

———————————————

été employé pour les copies données au saisi et au gardien. Ces copies font partie de la saisie qui ne serait pas
complète sans cela, et qui serait nulle. Si elles exigent
un travail et une perte de temps, il est évident qu'il
serait injuste de n'en pas tenir compte à l'Huissier.

Ainsi, supposé que le temps employé à la saisie soit
évalué à quatre heures, il faut aussi y ajouter le temps
des copies, et si ce temps est présumé être de deux
heures, on comptera six heures pour le tout, c'est-
à-dire, deux vacations.

les copies pour la partie saisie et pour le gardien.

ART. 32.

(Code de procéd. civ. , art. 587.) Vacation du commissaire de police qui aura été requis pour être présent à l'ouverture des portes et des meubles fermant à clef, ou aux maire et adjoints, si ces derniers le requièrent,

A Paris, ... 5 f. » c.

Dans les villes où il y a Tribunal de première instance , ... 3   75

Dans les autres villes et cantons ruraux , ... 2   50

ART. 33.

(Code de procéd. civ. , art. 590.) Vacation de l'Huissier pour déposer au lieu établi pour les consignations , ou entre les mains du dépositaire qui sera convenu , les deniers comptans qui pourraient avoir été trouvés (1).

---

(1) Outre la vacation qui est due à l'Huissier, le taxateur doit encore lui accorder ses frais de voyage, s'il s'est transporté au-delà d'un demi-myriamètre ; c'est également un point important sur lequel plusieurs taxateurs ont tranché au préjudice des Huissiers. La seule raison démontre pourtant la necessité de payer le voyage, car l'Huissier peut saisir à une distance de cinq

A Paris, ... 2 f. » c.

Dans les villes où il y a Tribunal
de première instance , ... 1   5o

Dans les autres villes et cantons
ruraux , ... 1   5o

A R T. 34.

(Code de procéd. civ. , art. 596.) Les frais de
garde seront taxés par chaque jour, pendant les
douze premiers jours ,

A Paris, ... 2 f. 5o c.

Dans les villes où il y a Tribunal
de première instancé , ... 2   »

Dans les autres villes et cantons
ruraux , ... 1   5o

Ensuite seulement à raison de ,

A. Paris, ... 1   »

Dans les villes où il y a Tribunal
de première instance , ... »   8o

Dans les autres villes et cantons
ruraux , ... »   6o

à six myriamètres du lieu des consignations, et l'éloignement n'est pas de son fait. Au surplus, l'art. 66 ci-
après ne fait pas de distinction pour tel ou tel acte , ou
pour tel procès-verbal ; il comprend tous les cas qui
nécessitent un transport, et c'est une subtilité inconce-
vable de trouver à équivoquer à cet égard.

ART. 35.

(Code de procéd. civ. , art. 606.) Pour un procès-verbal de récolement des effets saisis, quand le gardien a obtenu sa décharge,

A Paris, ... 3 f. » c.

Dans les villes où il y a Tribunal de première instance , ... 2   25

Dans les autres villes et cantons ruraux , ... 2   25

Ce procès-verbal ne contiendra aucun détail , si ce n'est pour constater les effets qui pourraient se trouver en déficit ; et l'Huissier ne sera point assisté de témoins.

Il sera laissé copie du procès-verbal de récolement au gardien qui aura obtenu sa décharge : il remettra la copie de la saisie qu'il avait entre les mains au nouveau gardien , qui se chargera du contenu sur le procès-verbal de récolement.

Pour chacune des copies à donner du procès-verbal de récolement, le quart de l'original.

ART. 36.

(Code de procéd. civ. , art. 611.) Dans le cas de saisie antérieure et d'établissement de gardien pour le procès-verbal de récolement sur le premier procès-verbal que le gardien sera tenu

de représenter, et qui, sans entrer dans aucun
détail, et contenant seulement la saisie des
effets omis, et sommation au premier saisissant
de vendre, témoins compris et deux copies,
sera taxé,

A Paris, ... 6 f. » c.

Dans les villes où il y a Tribunal
de première instance, ... 4 50

Dans les autres villes et cantons
ruraux, ... 4 50

Et pour une troisième copie, s'il y a lieu, le
quart de l'original.

A R T. 37.

(Code de procéd. civ., art. 616.) Pour le
procès-verbal de récolement qui précédera la
vente, et qui ne contiendra aucune énonciation des effets saisis ; mais seulement de ceux
en déficit, s'il y en a, y compris les témoins,

A Paris, ... 6 f. » c.

Dans les villes où il y a Tribunal
de première instance, ... 4 50

Dans les autres villes et cantons
ruraux, ... 4 50

Il n'en sera point donné de copie.

A R T. 38.

(Cod de procéd. civ., art. 617.) S'il y a lieu

au transport des effets saisis, l'Huissier sera remboursé de ses frais sur les quittances qu'il en représentera, ou sur sa simple déclaration, si les voituriers et gens de peine ne savent écrire, ce qu'il constatera par son procès-verbal de vente (1).

Il sera alloué à l'Huissier ou autre officier

---

(1) On avait pensé dans l'origine, que l'Huissier était tenu d'afficher lui-même les placards, et que s'il annonçait le contraire dans son procès-verbal, il y aurait nullité. On tirait cette conséquence de l'art. 50 du tarif, qui, en matière de saisie immobilière, n'accorde aucun droit pour l'afficheur : on n'est pas encore généralement revenu sur cette opinion, ainsi que nous le verrons en nous occupant de cet art. 50.

A l'égard des affiches en saisie-exécution, il n'est pas douteux qu'elles peuvent aussi être apposées par un afficheur : ce serait en vain que l'on prétendrait encore, comme quelques personnes l'ont pensé, que l'Huissier ne peut prendre un afficheur que pour le cas où les affiches sont imprimées, parce que la dernière partie de l'article semble l'autoriser, en parlant des quittances de l'imprimeur et de l'afficheur.

Ou les placards sont manuscrits, ou ils sont imprimés.

S'ils sont manuscrits, il est dû 50 centimes pour chaque, mais pour le droit de copie seulement, et le salaire de l'afficheur n'y est pas compris.

S'ils sont imprimés, il n'est dû à l'Huissier aucun

qui procédera à la vente par rédaction de l'o-
riginal du placard qui doit être affiché ,

A Paris , ... 1 f. » c.

Dans les villes où il y a Tribunal
de première instance , ... 1   »

Dans les autres villes et cantons
ruraux , ... 1   »

Pour chacun des placards , s'ils
sont manuscrits ,

A Paris , ... » 5o

Dans les villes où il y a Tribunal
de première instance. . . . . » 5o

Dans les autres villes et cantons
ruraux , ... » 5o

Et s'ils sont imprimés , l'officier qui procé-

---

droit de copie ; mais s'il fait afficher , on doit lui payer
les frais d'affiches.

Dans tous les cas il peut prendre un afficheur , s'il ne
veut pas faire l'apposition lui-même.

Ne serait-il pas extraordinaire que l'on permît dans
un cas à l'Huissier, de faire faire cette apposition par
un afficheur, et qu'on le lui défendît dans un autre,
sur-tout lorsque ces deux cas ne diffèrent que par
l'écriture à la main, ou par l'impression des placards ?

Ainsi l'Huissier ne doit donc pas craindre de dire, dans
son procès-verbal, qu'il s'est transporté dans tel endroit accompagné de tel afficheur qui a, en sa présence
et sur son ordre, apposé les placards.

d₂€a à la vente, en sera remboursé sur les quittances de l'imprimeur et de l'afficheur.

ART. 39.

Pour l'original de l'exploit, qui constatera l'apposition des placards, dont il ne sera point donné de copie (1),

———————————————————————

(1) Il est entendu que s'il ne s'imprime pas de journal dans la ville, l'annonce ne sera faite par aucune feuille publique, lors même que la ville où il y en aurait une, serait voisine. Mais si les objets saisis se trouvaient dans une commune rurale, que la vente dût en être faite de droit à cette ville où il s'imprime un journal, et qu'on obtint la permission de faire vendre sur les lieux, en exécution de l'article 617 du Code de procédure civile, faudrait-il de même publier cette vente par la voie des journaux ?

Nous pensons que l'affirmative ne peut être contestée. On sait bien que la loi ne parle d'annonce que pour le cas où il y a un journal dans le lieu où se fait la vente ; on sait bien aussi qu'il n'y a pas de journal dans la commune rurale où cette vente sera faite par une permission particulière, mais il faut se rapprocher du sens de l'article. S'il n'y avait pas eu de permission de vendre sur les lieux, la vente aurait été faite à la ville ; c'était à la ville qu'elle devait avoir lieu de droit, et il y aurait eu insertion au journal ; ce n'est que par exception qu'elle se fait ailleurs ; la publicité est aussi nécessaire pour l'un des deux cas que pour l'autre ; le résultat en

A Paris, ... 3 f. » c.

Dans les villes où il y a Tribunal
de première instance , ... 2 25

Dans les autres villes et cantons
ruraux , ... 2 25

Il sera passé en outre la somme qui aura été
payée pour l'insertion de l'annonce de la vente
dans un journal , si la vente est faite dans une
ville où il s'en imprime.

Pour chaque vacation de trois heures à la
vente , le procès-verbal compris , il sera taxé à
l'Huissier dans les lieux où ils sont autorisés à
le faire ,

A Paris , ... 8 f. » c.

Dans les villes où il y a Tribunal
de première instance , ... 5 »

Dans les autres villes et cantons
ruraux , ... 4 »

Et à Paris , où les ventes sont faites par les
commissaires-priseurs , il sera alloué à l'Huissier , pour requérir le commissaire-
priseur , une vacation de . . . . . 2 »

---

doit être le même : tout annonce enfin que la vente
doit être insérée au journal , lors même qu'elle se fait
dans une commune rurale, voisine d'une ville où il s'en
imprime.

A R T. 40.

(Code de procéd. civ., art. 623.) En cas d'absence de la partie saisie, son absence sera constatée, et il ne sera nommé aucun officier pour la représenter.

A R T. 41.

(Code de procéd. civ., art. 620 et 621.) Dans le cas de publication sur les lieux où se trouvent les barques, chaloupes et autres bâtimens, prescrite par l'art. 620 du Code, et dans le cas d'exposition de la vaisselle d'argent, bagues et joyaux, ordonnée par l'article 621, il sera alloué à l'Huissier, pour chacune des deux premières publications ou expositions,

A Paris, ... 6 f. » c.
Dans les villes où il y a Tribunal
de première instance, ... 4 »
Dans les autres villes et cantons
ruraux, ... 3 »

La troisième publication ou exposition est comprise dans la vacation de vente.

A Paris, et dans les villes où il s'imprime des journaux, les vacations, pour publications et expositions, ne pourront être allouées aux Huissiers, attendu qu'il doit y être suppléé par l'insertion dans un journal.

Si l'expédition du procès-verbal de vente est requise par l'une des parties, il sera alloué à l'Huissier ou autre officier, qui aura procédé à la vente, par chaque rôle d'expédition, contenant vingt-cinq lignes à la page, et dix à douze syllabes à la ligne,

A Paris, ... 1 f. » c.

Dans les villes où il y a Tribunal de première instance, ... » 50

Dans les autres villes et cantons ruraux, ... » 40

ART. 42.

(Code de procéd. civ., art. 657.) Pour la vacation de l'Huissier ou autre officier qui aura procédé à la vente, pour faire taxer ses frais par le juge, sur la minute de son procès-verbal (1).

A Paris, ... 3 f. » c.

Dans les villes où il y a Tribunal de première instance, ... 2 »

Dans les autres villes et cantons ruraux, ... 1 50

(1) Il est dû en outre à l'Huissier des frais de voyage, si pour faire taxer il se transporte à plus d'un demi-myriamètre : nous nous sommes déja expliqués sur ce point à l'article 33 ci-devant.

Et pour consigner les deniers provenant de la vente ,

A Paris ,. . . . . 3 f. » c.

Dans les villes où il y a Tribunal de première instance , ... 2 » »

Dans les autres villes et cantons ruraux ; 1 50

ART. 43.

(Code de procéd. civ. , art. 627.) Pour un procès - verbal de saisie - brandon , contenant l'indication de chaque pièce , sa contenance et sa situation , deux au moins de ses tenans et aboutissans , et la nature des fruits , quand il n'y sera pas employé plus de trois heures ,

A Paris , ... 6 f. » c.

Dans les villes où il y a Tribunal de première instance , ... 5 »

Dans les autres villes et cantons ruraux , ... 4 »

Et quand il y sera employé plus de trois heures pour chacune des autres vacations aussi de trois heures ,

A Paris , ... 5 f. » c.

Dans les villes où il y a Tribunal de première instance , ... 4 »

Dans les autres villes et cantons ruraux , ... 3 »

L'Huissier ne sera point assisté de témoins.

20

ART. 44.

(Code de procéd. civ., art. 628.) Pour les copies à délivrer à la partie saisie, au maire de la commune et au garde champêtre, ou autre gardien, par chacune, le quart de l'original.

Nota. Le surplus des actes sera taxé comme en saisie-exécution.

ART. 45.

Il sera alloué pour frais de garde, soit au garde champêtre, soit à tout autre gardien qui pourrait être établi, aux termes de l'art. 628, par chaque jour, savoir :

Au garde champêtre,

A Paris, ... » f. 75 c.

Dans les villes où il y a Tribunal de première instance, ... » 75

Dans les autres villes et cantons ruraux, ... » 75

Et à tout autre que le garde champêtre,
A Paris, ... 1 f. 25 c.

Dans les villes où il y a Tribunal de première instance, ... 1 25

Dans les autres villes et cantons ruraux, ... 1 25

ART. 46.

(Code de procéd. civ., art. 637.) Pour un exploit de saisie du fonds d'une rente constituéo sur particulier, contonant assignation au tiers-saisi en déclaration affimativo devant le Tribunal,

A Paris, ... 4 f. » c.

Dans les villes où il y a Tribunal de première instance, ... 3   »

Dans les autres villes et cantons ruraux, ... 3   »

Pour la copie, le quart.

Nota. La dénonciation des placards et tous les autres actes seront taxés comme en saisie immobilière.

ART. 47.

(Code de procéd. civ., art. 675.) Pour un procès-verbal de saisie immobilière auquel il n'aura été employé que trois heures (1),

A Paris, ... 6 f. » c.

Dans les villes où il y a Tribunal de première instance, ... 5   »

Dans les autres villes et cantons ruraux, ... 5   »

Et cette somme sera augmentée, par cha-

---

(1) L'observation que nous avons faite à l'art. 31, sur les copies du procès-verbal de saisie-exécution, ne doit pas être suivie pour les copies de la saisie immobilière. Les droits de 6 fr, de 5 fr., etc., sont exclusivement pour l'opération de la saisie en elle-même. L'article 47 ne dit pas, *copies comprises*, comme l'art. 31 ; cela se confirme par la disposition de l'art. 48.

cune des vacations subséquentes qui auront pu
être employées, de

A Paris, ... 5 f. » c.

Dans les villes où il y a Tribunal
de première instance, ... 4 »

Dans les autres villes et cantons
ruraux, ... 4 »

L'Huissier ne se fera point assister de témoins.

A r t. 48.

(Code de procéd. civ. , art. 676.) Pour chaque copie de ladite saisie qui sera laissée au
greffier des juges-de-paix et aux maire ou adjoints des communes de la situation, le quart
de l'original (1).

---

(1) Le taxateur ne doit donc compter le nombre des
vacations que d'après l'importance de la saisie seulement, sans y comprendre le temps que l'Huissier a
employé pour faire les copies ; puisqu'elles lui sont
payées séparément ; c'est un point sur lequel on ne s'arrête pas suffisamment. On considère le détail du procès-verbal, on calcule le temps qu'il a fallu pour faire
les copies ; on confond le tout ensemble ; et on accorde
deux ou trois vacations de plus à l'Huissier qui, par-
dessus tout , obtient encore le quart pour chaque
copie.

Posons un exemple.

L'Huissier a saisi une maison, un jardin et cinq pièces de terre situées dans trois communes voisines. Il

ART. 49.

(Code de procéd. civ., art. 681.) Pour la dé-

---

demande, pour le temps employé à la saisie seulement, qu'il évalue à douze heures, c'est-à-dire à quatre vacations, ... 17 f. « c.

Pour la copie remise au maire de la première commune le quart, c'est-à-dire , . . 4 25

Pour celle du maire de la seconde , . . 4 25

Pour celle du maire de la troisième , . . 4 25

Et pour celle du greffier du juge-de-paix, 4 25

TOTAL. . . . . 34 »

D'après la distance des lieux et la nature des biens , il n'a fallu à l'Huissier que six heures pour saisir et pour se procurer l'extrait de la matrice du rôle , il ne lui est dû que deux vacations, la première de cinq francs, la seconde de quatre francs ; total, 9 f. » c.

Il a demandé quatre vacations parce qu'il a été six heures à faire son procès-verbal et ses quatre copies ; mais les six heures ne doivent pas être comptées comme employées à la saisie : on ne paie par vacation que le temps de la saisie seulement ; les copies se paient séparément, sans compter le temps qui y est employé.

Il y a quatre copies ; il est dû pour chacune le quart de l'original, ce quart est de deux francs vingt-cinq centimes ; cela fait pour toutes ensemble . . . . 9 »

TOTAL. . . . . 18 »

nonciation de la saisie immobilière et des enregistremens à la partie saisie,

A Paris, ... 2 f. 50 c.

Dans les villes où il y a Tribunal de première instance, ... 2 »

Dans les autres villes et cantons ruraux, ... 2 »

Pour la copie de ladite dénonciation, le quart.

ART. 50.

(Code de procéd. civ., art. 685 et 686.) Pour l'original de l'acte d'apposition de placards en saisie immobilière, lequel ne contiendra pas

---

D'où vient donc une aussi grande différence ? C'est que l'Huissier a demandé deux fois le salaire des copies, puisqu'il dit, j'ai employé six heures pour la saisie, plus, six heures par copie de la saisie, cela fait douze heures ou quatre vacations ; or, quatre vacations, la première à cinq francs, chacune des autres à quatre francs, donnent. . . . . 17 f. » c.

Plus il m'est dû pour chaque copie, le quart de l'original, qui est de quatre francs vingt-cinq centimes, ce qui fait pour les quatre copies . . . . 17 »

TOTAL. . . . . 34 »

Il ne fallait pas qu'il confondît le temps de la saisie avec celui des copies ; voilà d'où provient l'erreur, et il importe beaucoup que le taxateur y fasse attention.

la désignation des lieux où ils ont été apposés (1),

A Paris , ... 4 f. » c.

Dans les villes où il y a Tribunal
de première instance , ... 3 »

Dans les autres villes et cantons
ruraux , ... 3 »

ART. 51.

(Code de procéd. civ., art. 780.) Pour l'original de la signification du jugement qui prononce la contrainte par corps, avec commandement,

A Paris , ... 3 f. » c.

Dans les villes où il y a tribunal
de première instance , ... 2 »

_____

(1) Quoique l'article ne parle pas de l'afficheur, l'Huissier n'en est pas moins autorisé à s'en faire assister. Il n'est pas astreint à faire l'apposition manuelle ; il suffit qu'elle ait lieu en sa présence , et qu'il la constate par son procès-verbal. Nous faisons cette observation , parce que quelques taxateurs ont contesté à l'Huissier les frais de l'apposition par l'afficheur ; ce qui est assurément contraire au vœu de la loi. Le tarif ne fixe que les seuls émolumens, et il ne refuse pas l'allocation des déboursés légitimes, ainsi qu'il est dit en l'art. 151.

Dans les autres villes et cantons

ruraux, ... 1 f. 25 c.

Et pour la copie, le quart.

ART. 52.

(Code de procéd. civ., art. 781.) Vacation pour obtenir l'ordonnance du juge-de-paix, à l'effet, par ce dernier, de se transporter dans le lieu où se trouve le débiteur condamné par corps, et requérir son rapport ;

A Paris, ... 2 f. 50 c.

Dans les villes où il y a Tribunal

de première instance, ... 2   »

Dans les autres villes ou cantons

ruraux, ... 2   »

ART. 53.

(Code de procéd. civ., art. 783 et 789.) Pour le procès-verbal d'emprisonnement d'un débiteur, y compris l'assistance de deux recors et l'écrou (1),

A Paris, ... 60 f. 25 c.

_____

(1) Si l'Huissier se transporte au-delà d'un demi-myriamètre, il lui sera dû en outre ses frais de voyage, et ce voyage sera compté du domicile de cet Huissier au lieu de la capture, et de ce lieu à celui de la maison d'arrêt.

Dans les villes où il y a Tribunal de première
instance, ... 40 f. » .c.

Dans les autres villes et cantons
ruraux, ... 30   »

Il ne pourra être passé aucun procès-verbal
de perquisition, pour lequel l'Huissier n'aura
point de recours, même contre sa partie ; la
somme ci-dessus lui étant allouée en considération de toutes les démarches qu'il pourrait
faire.

Art. 54.

(Code de procéd. civ., art. 786.) Vacation
de l'Huissier en référé, si le débiteur arrêté le
requiert,

A Paris, ... 8 f. » c.

Dans les villes où il y a Tribunal
de première instance, ... 6   »

Dans les autres villes et cantons
ruraux, ... 6   »

Art. 55.

(Code de procéd. civ, art. 789.) Pour la copie du procès-verbal d'emprisonnement et de
l'écrou, le tout ensemble,

A Paris, ... 3 f. » c.

Dans les villes où il y a Tribunal
de première instance, ... 2   25

Dans les autres villes et cantons
ruraux, ... 2   25

ART. 56.

(Code de procéd. civ., art. 790.) Il sera taxé au gardien ou geolier qui transcrira sur son registre le jugement portant la contrainte par corps, par chaque rôle d'expédition (1),

A Paris, ... » f. 25 c.

Dans les villes où il y a Tribunal de première instance, ... »   20

Dans les autres villes et cantons ruraux, ... »   20

ART. 57.

(Code de procéd. civ., art. 792 et 793.) Pour un acte de recommandation d'un débiteur emprisonné sans assistance de recors,

A Paris, ... 4 f. » c.

Dans les villes où il y a Tribunal de première instance, ... 3   »

Dans les autres villes et cantons ruraux, ... 3   »

Pour chaque copie à donner au débiteur et au geolier, le quart.

ART. 58.

(Code de procéd. civ., art. 796.) Pour la si-

---

(1). C'est ordinairement l'Huissier qui paie au gardien les droits de transcription du jugement, et il les emploiera dans l'état de ses frais.

gnification du jugement qui déclare un emprisonnement nul, et la mise en liberté du débiteur,

A Paris, ... 4 f. » c.

Dans les villes où il y a Tribunal
de première instance, ... 3 »

Dans les autres villes et cantons
ruraux, ... 3 »

Pour la copie à laisser au gardien ou geolier,
le quart.

A R T. 59.

(Code de procéd. civ., art. 813. Pour l'o-
riginal d'un procès-verbal d'offres, contenant
le refus ou l'acceptation du créancier,

A Paris, ... 3 f. » c.

Dans les villes où il y a tribunal
de première instance, ... 2 25

Dans les autres villes et cantons
ruraux, ... 2 25

Pour la copie, le quart.

A R T. 60.

(Code civ., art. 1259.) D'un procès-verbal
de consignation de la somme ou de la chose
offerte,

A Paris, ... 5 f. » c.

Dans les villes où il y a Tribunal
de première instance, ... 4 »

Dans les autres villes et cantons
ruraux , ... 4. 　》

Pour chaque copie à laisser au créancier, s'il
est présent, et au dépositaire , le quart.

ART. 61.

(Code de procéd. civ. , art. 819 , 822, 825.)
Les procès-verbaux de saisie-gagerie sur locataires et fermiers ,

Et ceux de saisie des effets du débiteur fo-
rain ,

Seront taxés comme ceux de saisie-exécution,
ainsi que tout le reste de la poursuite.

ART. 62.

(Code de procéd. civ., art. 829.) Pour un
procès-verbal tendant à saisie-revendication,
s'il y a refus de portes ou opposition à la saisie,
contenant assignation en référé devant le juge,
y compris les témoins (1) ,

---

(1) Il est bien essentiel de remarquer que le procès-
verbal tendant à saisie-revendication, et le procès-verbal de saisie-revendication , sont deux actes distincts.
Le premier se rapporte à l'art. 829 du Code de procédure civile, et le second à l'art. 830. Cette distinction
pourrait quelquefois échapper en lisant la disposition,
et le dernier alinéa de cet art. 62 embarrasserait le
lecteur.

A Paris, ... 5 f. » c.

Dans les villes où il y a Tribunal
de première instance, ... 4 »

Dans les autres villes et cantons
ruraux, ... 4 »

Pour la copie, le quart.

Le procès-verbal de saisie-revendication sera taxé comme celui de saisie-exécution.

ART. 63.

(Code de procéd. civ., art. 822; Code civ., art. 2185.) Pour l'original de l'acte, contenant réquisition d'un créancier inscrit, afin de mises aux enchères et adjudications publiques de l'immeuble aliéné par son débiteur,

A Paris, ... 5 f. » c.

Dans les villes où il y a Tribunal
de première instance, ... 4 »

Dans les autres villes et cantons
ruraux, ... 4 »

Et pour la copie, le quart.

L'original et la copie de cette réquisition seront signés par le requérant, ou par son fondé de procuration spéciale.

Il contiendra la soumission de porter ou faire porter le prix à un dixième en sus de celui qui aura été stipulé dans le contrat, et l'offre d'une caution avec assignation devant le Tribunal pour la réception de la caution.

A r t. 64.

(Code de procéd. civ., art. 901.) Pour un procès-verbal de réitération de la cession par le débiteur failli à la maison commune, s'il n'y a pas de Tribunal de commerce,

A Paris, ... 4 f. » c.

Dans les villes où il y a Tribunal de première instance, ... 3 »

Dans les autres villes et cantons ruraux, ... 3 »

A r t. 65.

(Code de procéd. civ., art. 902.) Pour un procès-verbal d'extraction de la prison du débiteur failli, à l'effet de faire la réitération de sa cession de biens, indépendamment du procès-verbal de ladite réitération,

A Paris, ... 6 f. » c.

Dans les villes où il y a Tribunal de première instance, ... 5 »

Dans les autres villes et cantons ruraux, ... 5 »

Le procès-verbal d'apposition de placards, en vente de biens immeubles de mineurs, ou dépendans d'une succession bénéficiaire ou vacante, ou abandonnés par un débiteur failli, sera taxé comme en saisie immobilière.

Par chaque original de protêt, intervention

à protêt, et sommation d'intervenir, assistans
et copie compris,

A Paris, ... 2 f. » c.

Dans les villes où il y a Tribunal
de première instance, ... 1   50

Dans les autres villes et cantons
ruraux, ... 1   50

Pour l'original d'un protêt avec
perquisition, assistans et copie
compris,

A Paris, ... , 5   »

Dans les villes où il y a Tribunal
de première instance, ... 4   »

Dans les autres villes et cantons
ruraux, ... 4   »

§. III. *Dispositions générales relatives aux
Huissiers.*

ART. 66.

(Code de procéd. civ., art. 62.) Il ne sera
rien alloué aux Huissiers pour transport jusqu'à un demi-myriamètre.

Il leur sera alloué au-delà d'un demi-myriamètre, pour frais de voyage qui ne pourra excéder une journée de cinq myriamètres (dix
lieues anciennes); savoir, au-delà d'un demi-

myriamètre et jusqu'à un myriamètre, pour
aller et retour, (1)

A Paris, ... 4 f. » c.

Dans les villes et cantons ruraux, 4 »

Au-delà d'un myriamètre, il sera alloué par
chaque demi-myriamètre, sans distinction, ... 2 »

Il sera taxé pour *visa* de chacun des actes qui
y sont assujettis,

---

(1) Certains Huissiers après s'être transportés au-
delà d'un myriamètre, se font payer le demi-myriamètre dès qu'il est commencé; ne fut-ce que d'un
kilomètre : c'est un abus. On ne doit passer de frais
de voyage pour chaque demi-myriamètre, qu'autant
qu'il y a au moins trois kilomètres de parcourus au-delà
d'un ou de plusieurs myriamètres. C'est ce qui s'observe en matière criminelle, d'après l'art. 92 du décret
du 18 juin 1811.

Ainsi, pour un myriamètre . . . . 4 f.

Pour un myriamètre deux kilomètres 4

Pour un myriamètre, trois kilomètres 6

Pour un myriamètre, trois kilomètres, ce qui
fait un myriamètre et demi 6

Suivant l'art. 48 du décret sur l'organisation des
Huissiers, non-seulement ils doivent mentionner le
coût de leur exploit au bas de l'original et des copies, mais ils sont tenus en outre, de mettre en marge
de l'original le détail des sommes qui forment le coût
de l'acte.

'A Paris, ... 1 f. » c.

Dans les villes où il y a Tribunal
de première instance, ... »   75

Dans les autres villes et cantons
ruraux, ... »   75

En cas de refus de la part du fonctionnaire
public qui doit donner le *visa*, et dans le cas
où l'Huissier sera obligé, à raison de ce refus,
de requérir le *visa* du Procureur-impérial, le
droit sera double.

Les Huissiers qui seront commis pour donner
des ajournemens, faire des significations de jugemens, et tous autres actes, ou procéder à
des opérations, ne pourront prendre plus de
droits que ceux énoncés au présent tarif, à peine
de restitution et d'interdiction, quels que
soient la Cour et le Tribunal auxquels ils sont
attachés.

Les Huissiers qui auront omis de mettre au
bas de l'original et de chaque copie des actes
de leur ministère la mention du coût d'icelui,
pourront, indépendamment de l'amende portée
par l'art. 67 du Code de procédure, être inter-
dits de leurs fonctions sur la réquisition d'office
des Procureurs-généraux et impériaux.

CHAPITRE V.

DES HUISSIERS-AUDIENCIERS.

§. I.er *Des Tribunaux de première instance.*

ART. 152.

Pour chaque appel de cause sur le rôle et lors des jugemens par défaut, interlocutoires et définitifs, sans qu'il soit alloué aucun droit pour les jugemens préparatoires et de simples remises,

A Paris, ... » f. 30 c.
Dans les Tribunaux du ressort (1), »   25

ART. 153.

Pour chaque publication du cahier des charges dans toutes espèces de ventes,

A Paris, ... 1 f. » c.
Dans les Tribunaux du ressort , »   75

ART. 154.

Pour la même publication lors de l'adjudication préparatoire ,

_____

(1) Voir l'art. 94 du décret du 14 juin 1813, qui accorde un droit d'appel de cause aux Huissiers près les Tribunaux de commerce, et les justices de paix.

A Paris . . . . 3 fr. » c.
Dans les Tribunaux du ressort. . 2   25

A R T.   155.

Pour la publication, lors de l'adjudication
définitive, y compris les frais de bougies, que
les Huissiers disposeront et allume-
ront eux-mêmes,

A Paris, ... 5 f. » c.
Dans les Tribunaux du ressort. 3 . 75

A R T.   156.

Pour significations de toute espèce, d'avoué
à avoué, sans aucune distinction, à l'ordinaire,

A Paris, ... » f. 30 o
Dans les Tribunaux du ressort, »   25

Pour significations extraordinaires, c'est-à-
dire, à une autre heure que celle où se font
les significations ordinaires, suivant l'usage du
Tribunal,

A Paris, ... 1 f. »

Nota. Ces significations doivent être faites à heure
datée ; et à défaut de date, elles ne seront taxées que
comme significations ordinaires : elles ne sont passées
en taxe, comme extraordinaires, qu'à Paris seulement.

Les Huissiers-audienciers, quoiqu'ils soient
commis pour faire des significations ou autres
opérations, ne pourront exiger autres ni plus
forts droits que les Huissiers ordinaires ; et ils

21.

seront obligés de se conformer à toutes les dispositions du Code, comme tous les autres Huissiers : mais les frais de transport des Huissiers de la Cour d'appel, commis par elle, seront, dans ce cas, alloués suivant la taxe, quelle que soit la distance.

§. II. *Des Huissiers-audienciers de la Cour d'appel de Paris.*

ART. 157.

Pour l'appel des causes sur le rôle, ou lors des arrêts par défaut, interlocutoires et définitifs, à la charge d'envoyer des bulletins aux avoués pour toutes les remises de cause qui seront ordonnées, ... 1 f. 25 c.

Il ne sera passé aucun droit d'appel pour les simples remises de causes et les jugemens préparatoires.

ART. 158.

Pour significations de toute espèce, d'avoué à avoué, sans aucune distinction, à l'ordinaire, ... » f. 75 c.

A l'extraordinaire ou à heure datée, ... 1   50

Décret qui rend commun à plusieurs Cours et Tribunaux le tarif des frais et dépens en matière civile, décrété pour ceux de Paris, et qui fixe la réduction de ce tarif pour les autres.

De notre camp impérial de Preussisch-Eylan, le 16 février 1807.

ART. 1.er LE tarif des frais et dépens de la Cour d'appel de Paris, décrété cejourd'hui, est rendu commun aux Cours d'appel de Lyon, Bordeaux, Rouen et Bruxelles.

Toutes les sommes portées en ce tarif seront réduites d'un dixième pour la taxe des frais et dépens dans les autres Cours d'appel.

ART. 2. Le tarif des frais et dépens décrété pour le Tribunal de première instance et pour les justices de paix établies à Paris, est rendu commun aux Tribunaux de première instance et aux justices de paix établis à Lyon, Bordeaux, Rouen et Bruxelles.

Toutes les sommes portées en ce tarif seront réduites d'un dixième dans la taxe des frais et dépens pour les Tribunaux de première instance et pour les justices de paix établis dans les villes où siège une Cour d'appel, ou dans les villes dont la population excède trente mille ames.

ART. 3. Dans tous les autres Tribunaux de

première instance et justices de paix de l'Empire, le tarif des frais et dépens sera le même que celui décrété pour les Tribunaux de première instance et les justices de paix du ressort de la Cour d'appel de Paris, autres que ceux établis dans cette capitale.

ART. 4. Le tarif des frais de taxe, décrété également cejourd'hui pour le ressort de la Cour d'appel de Paris, est aussi déclaré commun à tout l'Empire; en conséquence, dans tous les chefs-lieux de Cour d'appel, les droits seront perçus comme à Paris; et par-tout ailleurs, ils seront perçus comme dans le ressort de la Cour d'appel de Paris.

ART. 5. Notre Grand-Juge Ministre de la justice est chargé de l'exécution du présent décret.

~~~~~~~~~

Décret impérial qui prescrit les formalités à observer pour les saisies-arrêt ou oppositions entre les mains des receveurs-dépositaires ou administrateurs de deniers publics.

Du 18 août 1807.

ART. 1.er INDÉPENDAMMENT des formalités communes à tous les exploits, tout exploit de saisie-arrêt ou opposition entre les mains des receveurs-dépositaires ou administrateurs de caisses ou de deniers publics en cette qualité, exprimera clairement les noms et qualités de la partie saisie ; il contiendra en outre la désignation de l'objet saisi.

ART. 2. L'exploit énoncera pareillement la somme pour laquelle la saisie-arrêt ou opposition est faite ; et il sera fourni avec copie de l'exploit auxdits receveurs, caissiers ou administrateurs, copie ou extrait en forme du titre du saisissant.

ART. 3. A défaut par le saisissant de remplir les formalités prescrites par les art. 1 et 2 ci-dessus, la saisie-arrêt ou opposition sera regardée comme non-avenue.

ART. 4. La saisie-arrêt ou opposition n'aura d'effet que jusqu'à concurrence de la somme portée en l'exploit.

ART. 5. La saisie-arrêt ou opposition formée entre les mains des receveurs-dépositaires ou administrateurs de caisses ou de deniers publics en cette qualité, ne sera point valable si l'exploit n'est fait à la personne préposée pour le recevoir, et s'il n'est visé par elle sur l'original, ou en cas de refus, par le Procureur-impérial près le Tribunal de première instance de leur résidence, lequel en donnera de suite avis aux chefs des administrations respectives,

ART. 6. Les receveurs-dépositaires ou admi-

nistrateurs seront tenus de délivrer sur la demande du saisissant, un certificat qui tiendra
lieu, en ce qui les concerne, de tous autres
actes et formalités prescrits à l'égard des tiers-
saisis par le titre XX du livre III du Code de
procédure civile (1).

S'il n'est rien dû au saisi, le certificat l'énoncera.

Si la somme due au saisi est liquide, le certificat en déclarera le montant.

Si elle n'est pas liquide, le certificat l'exprimera.

Art. 7. Dans les cas où il serait survenu
des saisies-arrêt ou oppositions sur la même
partie et pour le même objet, les receveurs-
dépositaires ou administrateurs seront tenus,
dans les certificats qui leur sont demandés, de
faire mention desdites saisies-arrêt ou oppositions, et de désigner les noms et élection de
domicile des saisissans, et les causes desdites
saisies-arrêt ou oppositions.

Art. 8. S'il survient de nouvelles saisies-
arrêt ou oppositions depuis la délivrance d'un

---

(1) Il paraît que c'est par erreur que cet article renvoie au titre XX, liv. III du Code de procédure civile ;
le livre III ne contient qu'un titre unique relatif à l'appel. On croit dès-lors qu'il faut se reporter au liv. V,
tit. VII, sur les Saisies-arrêt.

certificat, les receveurs-dépositaires ou administrateurs seront tenus, sur la demande qui leur en sera faite, d'en fournir un extrait contenant pareillement les noms et élection de domicile des saisissans, et les causes desdites saisies-arrêt ou oppositions.

ART. 9. Tout receveur-dépositaire ou administrateur de caisses ou de deniers publics, entre les mains duquel il existera une saisie-arrêt ou opposition sur une partie prenante, ne pourra vider ses mains sans le consentement des parties intéressées, ou sans y être autorisé par justice.

Extrait de la loi sur le budjet de l'Etat.

Du 15 septembre 1807.

ART. 94. Les intérêts des cautionnemens en numéraire qui avaient été précédemment fixés à cinq et à six pour cent, sont réduits, les premiers à quatre, et les deuxièmes à cinq pour cent, à compter du 1.er janvier 1808.

Extrait du décret impérial contenant réglement pour la police et la discipline des Cours et Tribunaux.

TITRE V.

Des Huissiers.

Au Palais de Saint-Cloud, le 30 mars 1808.

ART. 94. Nos Tribunaux de première instance désigneront pour le service intérieur, ceux de leurs Huissiers qu'ils jugeront les plus dignes de leur confiance (1).

ART. 95. Les Huissiers-audienciers de nos Cours et de nos Tribunaux de première instance feront tour-à-tour le service intérieur, tant aux audiences qu'aux assemblées générales ou particulières, aux enquêtes et autres commissions (2).

----

(1) Cet article et les cinq autres qui suivent sont maintenus spécialement par les articles 2, 20 et 23 du décret du 14 juin 1813, auxquels nous avons joint nos observations.

(2) Le service alternatif ou le tour de rôle est un objet qui ne concerne absolument que les Huissiers-audienciers entr'eux; il importe peu à la Cour ou au Tribunal que ce soit tel ou tel qui fasse ce service; il suffit qu'il se fasse.

Aussi les Huissiers s'entendent toujours pour cela; et

ART. 96. Les Huissiers qui seront de service,
se rendront au lieu des séances, une heure avant
l'ouverture de l'audience ; ils prendront au
greffe l'extrait des causes qu'ils doivent appeler.

Ils veilleront à ce que personne ne s'introduise à la chambre du conseil sans s'être fait
annoncer, à l'exception des membres de la Cour
ou du Tribunal.

Ils maintiendront, sous les ordres des présidens, la police des audiences.

ART. 97. Les Huissiers-audienciers auront près
la Cour ou le Tribunal une chambre ou un banc
où se déposeront les actes et pièces qui se notifieront d'avoué à avoué (1).

---

si cependant il s'élevait entr'eux quelque difficulté à ce
sujet, il en serait référé à la chambre de discipline.

(1) Cet article ne s'exécute pas uniformément par
tous les Huissiers-audienciers ; il n'y a presque que dans
les grandes villes où il est plus littéralement observé.
Mais tous les Huissiers intéressés s'arrangent ordinairement pour constater le nombre des actes qui se signifient d'avoué à avoué ; ils remplissent le but de la loi en
employant un autre moyen que celui qu'elle indique ;
et comme ce but est tout pour leur seul intérêt, il n'y a
pas d'inconvénient de les laisser libres sur la manière
d'y parvenir. Néanmoins s'il résultait de cette liberté un
préjudice quelconque envers qui que ce soit, la cham-

ART. 98. Les émolumens des appels de causes et des significations d'avoué à avoué, se partageront également entr'eux (1).

ART. 99. Les Huissiers désignés par le premier président de la Cour, ou par le président du Tribunal de première instance, assisteront aux cérémonies publiques, et marcheront en avant des membres de la Cour ou du Tribunal (2).

---

bre de discipline et le ministère public feraient exécuter la loi dans son sens le plus étroit.

(1) Le partage de ces émolumens se fait aussi d'après le mode que chaque corps d'Huissiers-audienciers se prescrit à lui-même, et les observations du précédent article s'appliquent en entier à celui-ci.

(2) Ils ne sont pas tous tenus de se trouver à ces cérémonies ; car ce n'est pas parce qu'ils exercent une fonction publique qu'ils doivent y assister, mais seulement parce qu'il s'agit d'une partie de leur service. Ainsi, puisque ce n'est qu'un service, ils ne sont donc obligés de le faire que comme ils sont tenus de remplir leurs autres devoirs, excepté pourtant qu'ils ne vont pas à tour de rôle dans cette circonstance, mais qu'ils sont désignés par le président.

TITRE VI.

Dispositions générales.

ART. 100. LES présidens, les juges, tant de nos Cours d'appel que de nos Tribunaux de première instance, nos Procureurs-généraux et impériaux et leurs substituts, les greffiers et leurs commis de service aux audiences, seront tenus de résider dans la ville où est établie la Cour ou le Tribunal. Le défaut de résidence sera considéré comme absence.

ART. 101. Tous les ans, à la rentrée de nos Cours d'appel, chambres réunies, il sera fait par notre Procureur-général, un discours sur l'observation des lois et le maintien de la discipline.

ART. 102. Les officiers ministériels qui seront en contravention aux lois et réglemens, pourront, suivant la gravité des circonstances, être punis par des injonctions d'être plus exacts ou circonspects, par des défenses de récidiver, par des condamnations de dépens en leur nom personnel, par des suspensions à temps : l'impression et même l'affiche des jugemens à leurs frais pourront aussi être ordonnées, et leur destitution pourra être provoquée, s'il y a lieu (1).

---

(1) Les Huissiers ne sont pas seuls compris dans la

334 DÉCRET DU 30 MARS 1808.

ART. 103. Dans les Cours et dans les Tribunaux de première instance, chaque chambre connaîtra des fautes de discipline qui auraient été commises ou découvertes à son audience.

Les mesures de discipline à prendre sur les plaintes des particuliers ou sur les réquisitoires du Ministère public, pour cause de faits qui ne se seraient point passés ou qui n'auraient pas été découverts à l'audience, seront arrêtées en assemblée générale, à la chambre du conseil, après avoir appelé l'individu inculpé. Ces mesures ne seront point sujettes à l'appel, ni au recours en cassation, sauf le cas où la suspension serait l'effet d'une condamnation prononcée en jugement.

Notre Procureur - général impérial rendra compte dans tous les actes de discipline à notre Grand-Juge Ministre de la justice, en lui transmettant les arrêtés, avec ses observations, afin qu'il puisse être statué sur les réclamations,

---

disposition de cet article ; il s'applique aussi, comme on le voit, aux avoués, greffiers et commis-greffiers ; c'est la Cour ou le Tribunal qui infligera la peine à l'Huissier contrevenant, et outre cela la chambre des Huissiers pourra aussi, de son côté, lui appliquer les peines de discipline qu'elle a le pouvoir de prononcer.

ou que la destitution soit prononcée, s'il y a
lieu (1).

ART. 104. Notre Procureur-impérial en chaque
Tribunal de première instance, sera tenu de
rendre, sans délai, un pareil compte à notre
Procureur-général en la Cour du ressort, afin
que ce dernier l'adresse à notre Grand-Juge
Ministre de la justice, avec ses observations (2).

———

(1) D'après le sens des articles 74 et 75 du décret du
14 juin 1813, ces dispositions deviennent communes
aux Tribunaux de commerce, aux Tribunaux ordinaires des douanes, et à ceux des justices de paix et de
police.

Auparavant elles ne concernaient que les Cours et
les Tribunaux de première instance.

(2) En combinant les différentes expressions de la
volonté du Législateur, renfermées dans le nouveau décret sur l'organisation des Huissiers, et dans les art. 103
et 104 du réglement du 3o mars, on voit que les présidens des Tribunaux de commerce et des douanes, ainsi
que les juges-de-paix, devront rendre compte au Procureur-Impérial près le Tribunal de première instance,
de tous les actes de discipline qui auront lieu dans ces
Tribunaux; que le Procureur-Impérial devra non-seulement rendre au Procureur-général un pareil compte,
tant sur ce qui se passe dans son Tribunal, que dans les
autres, mais qu'il devra aussi l'informer des actes de discipline qui auront lieu à la chambre des Huissiers.

Le but de cette mesure est le même pour tous les

Décret impérial qui prescrit une nouvelle for-
malité à remplir par les commissaires-pri-
seurs et les Huissiers qui réclament le rem-
boursement de leur cautionnement.

Au Palais des Tuileries, le 24 mars 1809.

ART. 1.er Les commissaires-priseurs et les
Huissiers de Paris et des départemens qui ré-
clameront le remboursement de leur cautionnement, devront produire, indépendamment des
autres pièces exigées d'eux jusqu'à présent, un
certificat de *quitus* du produit des ventes dont
ils auront été chargés.

ART. 2. Ce certificat leur sera délivré par leur
chambre, sur le vu des quittances du produit de
toutes les ventes qu'ils ont faites, ou du récépissé
de consignation des fonds restés entre leurs
mains, et il devra être visé par le président ou le
Procureur-impérial du Tribunal dans le ressort
duquel ils exercent. Jusqu'à présent, comme
il n'y avait de chambre de discipline que pour
les commissaires-priseurs, les Huissiers ne pouvaient se conformer à l'art. 2 pour la déli-

———————————

cas; il est exprimé dans l'art. 104. Ce ne serait donc
pas remplir l'intention de la loi, que de ne rendre
compte seulement que des fautes de discipline sur lesquelles le Tribunal de première instance aurait statué,

rrance du certificat, et dorénavant ils se le feront donner par leurs chambres respectives.

~~~~~~~~~~

Avis du Conseil d'Etat sur plusieurs questions relatives aux quittances et décharges données aux officiers publics qui ont procédé à des ventes à l'encan d'objets mobiliers. (Séance du 7 octobre 1809.)

A Munich, le 21 octobre 1809.

Le Conseil d'Etat, qui, d'après le renvoi ordonné par Sa Majesté, a entendu le rapport de la section des finances sur celui du Ministre de ce département, relatif aux quittances et décharges données par les parties aux notaires, greffiers, commissaires-priseurs et Huissiers qui ont procédé à des ventes à l'encan d'objets mobiliers, et présentant les questions de savoir,

1.º Si l'on peut placer ces décharges sur les minutes des ventes sans contrevenir à l'art. 23 de la loi du 13 brumaire an 7, relative au timbre ;

2.º Et, dans le cas où ce placement serait permis, si l'officier public est tenu de faire enregistrer les décharges ainsi données dans le délai accordé par la loi pour l'enregistrement des ventes ;

Vu, 1.º l'art. 23 de la loi du 13 brumaire an 7, ainsi conçu :

22

« Il ne pourra être fait ni expédié deux actes
» à la suite l'un de l'autre sur la même feuille
» de papier timbré, nonobstant tout usage ou
» réglement contraire;

» Sont exceptées les ratifications des actes
» passés en l'absence des parties, les quittances
» de prix de ventes, etc., etc.; »

2.º L'art. 42 de la loi du 22 frimaire an 7,
ainsi conçu :

« Aucun notaire, Huissier, greffier, secré-
» taire, ou autre officier public, ne pourra
» faire ou rédiger un acte en vertu d'un acte
» sous signature privée, ou passé en pays
» étranger, l'annexer à ses minutes, ni le rece-
» voir en dépôt, ni en délivrer extrait, copie
» ou expédition, s'il n'a été préalablement en-
» registré, à peine de cinquante francs d'a-
» mende, etc.; »

3.º Les numéros 22 et 27 de l'article 68 de la
même loi du 22 frimaire an 7, qui assujettis-
sent au droit fixe d'un franc les décharges pures
et simples données aux officiers publics :

Considérant, 1.º en ce qui concerne la première question, que l'article 23 de la loi du 13
brumaire an 7 porte formellement que les quittances de prix de ventes peuvent être mises à la
suite de l'acte qui y a rapport; que cette forme
offre un avantage pour les officiers publics et

leurs ayant-cause, en ce qu'une décharge ainsi donnée n'est pas susceptible de s'égarer ;

2.º Relativement à la deuxième question, qu'aux termes de l'article 42 de la loi du 22 frimaire an 7, un officier public ne peut annexer à ses minutes, un acte quelconque non enregistré ; que la quittance ou décharge qui est donnée par la partie, du prix de vente d'effets mobiliers, est un acte qui cesse d'être privé du moment où il est porté à la suite d'un procès-verbal rédigé par un officier public ; que cette décharge réunit alors tous les caractères d'un acte public, et qu'elle doit être rédigée et assujettie aux droits comme les autres actes de cette espèce ;

Considérant qu'un usage presque général a jusqu'à présent fait oublier ces principes, et que leur application rigoureuse pour le passé exposerait les officiers publics qui ont négligé de se conformer à la loi, à supporter personnellement les peines qu'elle prononce, par l'impossibilité où ils seraient de découvrir les parties qui ont requis les ventes ;

Est d'avis,

1.º Que les quittances et décharges de prix de ventes mobilières faites par les notaires, greffiers, commissaires-priseurs et Huissiers, peuvent être mises à la suite ou en marge des procès-verbaux de ventes ;

22.

2.º Que, dans ce cas, les quittances et décharges doivent être rédigées en forme authentique; c'est-à-dire, que l'officier public attestera que la partie est comparue devant lui pour régler le reliquat de la vente, dont elle lui donnera décharge, et que cet acte sera signé tant par l'officier que par la partie; et, si la partie ne sait pas signer, par un second officier de la même qualité, ou par deux témoins;

3.º Que les quittances et décharges ainsi rédigées doivent être enregistrées dans les délais fixés par l'art. 20 de la loi du 22 frimaire an 7: savoir, pour les notaires, dans les dix ou quinze jours de leur date; pour les greffiers, dans les vingt jours; et pour les commissaires-priseurs, dans les quatre jours;

Qu'il n'est dû que le droit fixe d'un franc, conformément aux numéros 22 et 27 de l'art. 68 de la même loi;

4.º Qu'il ne doit être fait aucune recherche pour les quittances et décharges sous seing-privé, données antérieurement à la publication du présent avis;

5.º Et que le présent avis soit inséré au Bulletin des lois.

Avis du Conseil d'Etat, portant que les répertoires des Huissiers établis près les Cours et Tribunaux doivent être cotés et paraphés par le président. (Séance du 3 juillet 1810.)

Du 6 juillet 1810.

LE Conseil d'Etat, qui, d'après le renvoi ordonné par Sa Majesté, a entendu le rapport de la section de législation sur celui du Grand-Juge Ministre de la justice, tendant à examiner si les dispositions de l'article 53 de la loi du 22 frimaire an 7, qui ordonne que les répertoires seront cotés et paraphés, savoir : « ceux » des notaires, Huissiers et greffiers de la justice de paix par le juge de paix de leur domicile ; ceux des greffiers des Tribunaux, » par le président, » concernent les Huissiers établis près les Tribunaux ;

Considérant qu'encore que cette intention ne soit pas textuellement exprimée dans la loi, elle sort évidemment de son esprit ; que si cette formalité est nécessaire à l'égard des Huissiers des justices de paix, elle l'est plus encore à l'égard des Huissiers établis près les Tribunaux, dont les actes comportent des objets bien plus importans ;

Est d'avis, que l'article 53 de la loi du 22 frimaire an 7 concerne les Huissiers établis près les Cours et Tribunaux ;

En conséquence, que les répertoires que doivent aux termes des lois et réglemens, et sous les peines y portées, tenir les uns et les autres, doivent être cotés et paraphés par les Présidens des Cours et Tribunaux, ou par les juges par eux commis.

~~~~~~~~~~

Extrait du décret impérial, contenant réglement sur l'organisation et le service des Cours impériales, des Cours d'assises et des Cours spéciales.

Au Palais de Saint-Cloud, le 6 juillet 1810.

ART. 118. A l'avenir, les Huissiers qui devront faire le service près les Cours d'assises et les Cours spéciales des départemens, autres que celui où siège la Cour impériale, seront désignés par le Procureur-impérial criminel, de concert avec le Président, parmi les Huissiers du Tribunal de première instance. En cas de dissentiment, il en sera référé au Procureur-général; jusqu'à ce qu'il ait statué, les Huissiers désignés par le Procureur-impérial criminel, seront tenus de faire le service près la Cour d'assises et spéciale, ainsi que tous les exploits en matière criminelle (1).

_____

(1) Le décret du 14 juin 1813 conserve cette seule

Extrait du décret impérial, qui fixe le traitement des membres des Cours prévôtales, celui des membres des Tribunaux ordinaires des douanes, et des officiers ministériels attachés à ces Cours et Tribunaux.

Du 8 novembre 1810.

ART. 2. LE traitement des assesseurs du Grand-prevôt sera de six mille francs à Florence, et de cinq mille francs dans les autres Cours prévôtales.

ART. 4. Les assesseurs du Président dans lesdits Tribunaux jouiront d'un traitement de trois mille francs.

Dans nos bonnes villes de Bordeaux, Marseille et Rome, le traitement des assesseurs sera de quatre mille francs.

ART. 5. Les greffiers des Cours prévôtales et ceux des Tribunaux ordinaires des douanes auront le même traitement que les assesseurs ; ils

---

disposition, en ce qui est relatif aux Huissiers. Nous avons établi une petite discussion à cet égard, en nous occupant de l'art. 21 du décret sur l'organisation nouvelle des Huissiers. Ce que nous aurions à dire ne serait qu'une répétition ; il faut donc se reporter au décret pour voir les explications qui nous ont été suggérées par un examen réfléchi.

percevront en outre les droits d'expédition qui seront accordés par les lois et réglemens aux greffiers des Cours de justice criminelle et des Tribunaux correctionnels.

ART. 7. Les Huissiers qui seront attachés aux Cours et Tribunaux des douanes, recevront un traitement fixe égal à la moitié de celui du greffier, et ils seront en outre remboursés de leurs frais de copie, sur le même pied que les Huissiers en matière criminelle.

ART. 8. Toutes les dépenses des Cours et Tribunaux des douanes seront acquittées sur les fonds des douanes.

ART. 10. Les frais de justice dans l'instruction des procès criminels seront payés sur les fonds des douanes, sur les exécutoires des Grands-prévôts et Procureurs-généraux, près des Cours prévôtales, des Présidens et Procureurs-impériaux près des Tribunaux des douanes, et sur le *visa* des Préfets.

Notre Grand-Juge Ministre de la justice fera vérifier ces exécutoires, les réglera définitivement et les régularisera tous les trois mois par ses ordonnances, de la même manière que pour les autres frais de justice qui seront acquittés par les caisses de l'enregistrement.

Extrait (en ce qui concerne les Huissiers) du décret impérial contenant réglement pour l'administration de la justice en matière criminelle, de police correctionnelle et de simple police, et tarif général des frais.

Au Palais de Saint-Cloud, le 18 juin 1811.

NAPOLÉON, etc.

Sur le rapport de notre Grand-Juge Ministre de la justice ;

Vu les lois et réglemens concernant les frais de justice criminelle, et notamment la loi du 30 nivôse an 5, l'arrêté du Gouvernement du 6 messidor an 6, les lois des 18 germinal an 7, 7 pluviôse an 9, 5 pluviôse an 13, notre décret du 24 février 1806, et de la loi du 5 septembre 1807 ;

Vu aussi le Code d'instruction criminelle, le Code pénal, la loi organique du 20 avril 1810, notre décret du 6 juillet de la même année, et nos décrets des 30 janvier et 2 février 1811 ;

Notre Conseil-d'Etat entendu,

Nous avons décrété et décrétons ce qui suit :

Dispositions préliminaires.

ART. 1.er L'ADMINISTRATION de l'enregistrement continuera de faire l'avance des frais de justice criminelle, pour les actes et procédures qui seront ordonnés d'office ou à la requête du Ministère public ; sauf à poursuivre, ainsi que de droit, le recouvrement de ceux desdits frais qui ne sont point à la charge de l'Etat, le tout dans la forme et selon les règles établies par notre présent décret.

ART. 2. Sont compris sous la dénomination de frais de justice criminelle, sans distinction des frais d'instruction et de poursuite en matière de police correctionnelle et de simple police :

1.º Les frais de translation des prévenus ou accusés, de transport des procédures et des objets pouvant servir à conviction ou à décharge ;

2.º Les frais d'extradition des prévenus, accusés ou condamnés ;

3.º Les honoraires et vacations des médecins, chirurgiens, sages-femmes, experts et interprètes ;

4.º Les indemnités qui peuvent être accordées aux témoins et aux jurés ;

5.º Les frais de garde de scellés, et ceux de mise en fourrière ;

6.º Les droits d'expédition et autres alloués aux greffiers ;

7.º Les salaires des Huissiers ;

8º. L'indemnité accordée aux officiers de

justice dans les cas de transport sur le lieu du crime ou délit ;

9.º Les frais de voyage et de séjour accordés à nos conseillers dans les Cours impériales, et à nos conseillers-auditeurs délégués pour compléter le nombre de juges d'une Cour d'assises ou spéciale, ainsi qu'aux officiers du Ministère public, autres néanmoins que les substituts en service près les Cours d'assises et spéciales hors du chef-lieu, à l'égard desquels il a été statué par l'art. 10 de notre décret du 3o janvier 1811 ;

10.º Les frais de voyage et de séjour auxquels l'instruction des procédures peut donner lieu,

11.º Le port des lettres et paquets pour l'instruction criminelle ;

12.º Les frais d'impression des arrêts, jugemens et ordonnances de justice ;

13.º Les frais d'exécution des jugemens criminels et les gages des exécuteurs ;

14.º Les dépenses assimilées à celles de l'instruction des procès criminels, et qui résulteront ; savoir,

Des procédures d'office pour l'interdiction ;

Des procédures d'office en matière civile ;

Des inscriptions hypothécaires requises par le Ministère public ;

Du transport des greffes.

ART. 3. Ne sont point compris sous la dénomination de frais de justice criminelle,

1.º Les honoraires des conseils ou défenseurs
des accusés, même de ceux qui sont nommés
d'office, non plus que les droits et honoraires
des avoués, dans les cas où leur ministère serait
employé;

2.º Les indemnités de route des militaires
en activité de service, appelés en témoignage
devant quelques juges ou Tribunaux que ce
soit, et ce conformément à l'art. 69 de la loi
du 28 germinal an 6, et à l'arrêté du Gouvernement du 22 messidor an 5;

3.º Les frais d'apposition des affiches d'arrêts,
jugemens ou ordonnances de justice, lesquels
continueront à être payés par les communes,
ainsi qu'il résulte des art. 9 et 10 de l'arrêté du
Gouvernement du 27 brumaire an 6;

4.º Les frais d'inhumation des condamnés et
de tous cadavres trouvés sur la voie publique ou
dans quelque autre lieu que ce soit, lesquels
sont également à la charge des communes, aux
termes de l'art. 26 de notre décret du 23 prai-
rial an 12, lors toutefois que les cadavres ne
sont pas réclamés par les familles, et sauf le recours des communes contre les héritiers;

5.º Les frais de translation des condamnés
dans les bagnes, dans les maisons centrales de
correction, etc., lesquels continueront d'être

à la charge du ministère de l'intérieur, conformément à l'avis de notre Conseil - d'Etat du 10 janvier 1807, approuvé par nous le 16 février suivant ;

6.º Les frais de conduite des mendians et vagabonds qui ne sont point traduits devant les Tribunaux, lesquels continueront d'être à la charge du ministère de l'intérieur, conformément à l'avis de notre Conseil-d'Etat du 1.er décembre 1807, approuvé par nous le 11 janvier 1808 ;

7.º Les frais de translation de tous individus arrêtés par mesure de haute police, lesquels continueront à être payés par le ministère de la police, conformément au même avis ;

8.º Les frais de translation de tous condamnés évadés du lieu de leur détention, qui continueront à être supportés par les ministères de la guerre, de la marine, de l'intérieur et de la police, chacun en ce qui le concerne ;

9.º Les dépenses des prisons, maisons de correction, maisons de dépôt, d'arrêt et de justice, lesquelles resteront à la charge du ministère de l'intérieur, en vertu de la loi du 10 vendémiaire an 4, et de l'arrêté du Gouvernement du 23 brumaire suivant ;

10.º Les frais de translation des déserteurs des armées de terre et de mer, qui sont à la charge des ministères de la guerre et de la marine ;

11.º Les dépenses occasionnées par les poursuites intentées devant les Tribunaux militaires ou maritimes, et les frais de procédures qui ont lieu devant les Tribunaux ordinaires contre les conscrits réfractaires et les déserteurs, lesquels sont également à la charge des ministères de la guerre et de la marine, conformément aux articles 8 et 9 de notre décret du 8 juillet 1806 ;

12.º Toutes autres dépenses, de quelque nature qu'elles soient, qui n'ont pas pour objet la recherche, la poursuite et la punition de crimes, délits ou contraventions de la compétence soit de la Haute-Cour impériale, soit des Cours impériales, des Cours d'assises ou spéciales, soit des Tribunaux correctionnels ou de simple police, sauf les exceptions énoncées dans le titre II de notre présent décret (1).

_____

(1) Il résulte des deux derniers numéros de cet article, 1.º que les dépenses relatives à des procédures intentées, soit contre des déserteurs et des conscrits réfractaires, soit contre ceux qui les ont recelés, ou qui les ont aidé à s'évader de prison, soit contre ceux qui ont commis des escroqueries en matière de conscription, et en général contre tous ceux qui ont contrevenu aux lois et réglemens militaires, ne font point partie des frais de justice.

Ces diligences doivent être portées sur des mémoires

TITRE I.er
Tarif des frais.

CHAPITRE PREMIER.

DES FRAIS DE TRANSPORT DES PROCÉDURES, ET
DES OBJETS POUVANT SERVIR A CONVICTION
OU A DÉCHARGE.

ART. 13. LORSQU'EN conformité des dispositions

---

séparés, pour être payées par les Ministres de la guerre
ou de la marine, chacun en ce qui le concerne, sur des
fonds particuliers qu'ils ont à leur disposition pour ces
sortes de dépenses. Ces mémoires doivent être revêtus
des mêmes formalités, et rédigés de la même manière
que ceux présentés au Ministre de la justice.

2.° Que toutes les dépenses qui n'ont pas pour but la
répression d'un crime ou d'un délit de la compétence
soit de la Haute-Cour impériale, soit des Cours impériales, d'assises ou spéciales, soit des Tribunaux correctionnels ou de simple police, ne font point partie des
frais de justice, sauf cependant les exceptions portées
aux articles 120 et 121 ci-après.

Les Huissiers ne doivent donc porter sur leurs mémoires des frais de justice, que les diligences faites en

du Code d'instruction criminelle, sur le faux,
et dans les cas prévus notamment par les arti-

---

matière criminelle, correctionnelle ou de simple police, et qui ont été poursuivies à la requête des Procureurs-généraux ou impériaux, des juges d'instruction
ou des officiers de police judiciaire ; toutes les autres
doivent leur être payées par ceux qui les ont ordonnées,
ou par les administrations ou corporations à la requête
de qui elles ont été faites, comme nous le verrons ci-
après en nous occupant de l'art. 158.

3.º Quant aux frais faits devant les Cours prévôtales
et les Tribunaux ordinaires des douanes, par les Huissiers qui ont qualité à cet effet, ils doivent être portés
sur des mémoires séparés, pour être acquittés par l'administration des douanes, après avoir été vérifiés et
régularisés par Son Excell. le Grand-Juge.

4.º Les Huissiers-ordinaires doivent encore avoir soin
de comprendre dans des mémoires à la charge de l'administration des douanes, non-seulement tous les frais
faits devant les Tribunaux correctionnels ou criminels
dans l'intérêt des douanes, comme ceux pour outrages
ou rebellion envers des employés des douanes, dans
l'exercice de leurs fonctions, mais encore ceux faits dans
des affaires qui auraient été mal-à-propos portées devant
ces Tribunaux, et dont le renvoi devant les Tribunaux
des douanes aurait été prononcé : un seul de ces articles
placé mal-à-propos dans un mémoire de frais de justice,
suffit pour faire rejeter le mémoire en entier, et pour
que l'Huissier soit forcé à restituer la somme indûment
reçue, ce qui cause beaucoup de désagrémens.

des 452 et 454, des dépositaires publics, tels
que les greffiers, notaires, avoués et Huissiers,
seront tenus de se transporter au greffe ou devant un juge d'instruction pour remettre des
pièces arguées de faux, ou des pièces de comparaison, il leur sera alloué pour chaque vacation de trois heures, la même indemnité qui
leur est accordée par l'art. 166 de notre décret
du 16 février 1807, relativement à l'inscription
de faux incident (1).

_____

(1) Voici l'article 166 du décret du 16 février 1807.

« ART. 166. Il sera taxé aux dépositaires qui devront
représenter les pièces de comparaison en vérification
d'écritures ou arguées de faux, en inscription de faux
incident, indépendamment de leurs frais de voyage,
par chaque vacation de trois heures, devant le juge-
commissaire ou le greffier, savoir, (art. 201, 204,
205, 221, 225, Code de procédure civile.)

1.° Aux greffiers,	1.° Des Cours d'appel.	12 f.
	2.° De justice criminelle.	12
	3.° Des Tribunaux de première instance.	10
2.° Aux notaires,	1.° De Paris.	9
	2.° Des départemens.	6 75
3.° Aux avoués,	1.° Des Cours d'appel.	8
	2.° Des Tribunaux de première instance.	6

23

Les dépositaires publics auront toujours le droit de faire en personne le transport et la remise des pièces, sans qu'on puisse les obliger à les confier à des tiers.

ART. 14. Les autres dépositaires particuliers recevront pour le même objet l'indemnité réglée par ledit art. 166.

ART. 15. Dans les cas prévus par les deux articles précédens, les frais de voyage et de séjour des greffiers, notaires, avoués et dépositaires particuliers, seront réglés, ainsi qu'il sera dit dans le chapitre VIII ci-après, pour les médecins, chirurgiens, etc.

Quant aux Huissiers, on se conformera aux dispositions dudit chapitre VIII, en ce qui les concerne.

~~~~~~~~~~~~~~~~~~~~

CHAPITRE III.

DES INDEMNITÉS QUI PEUVENT ÊTRE ACCORDÉES AUX TÉMOINS ET AUX JURÉS.

33. CONFORMÉMENT à la loi du 5 pluviôse an 13, l'indemnité accordée aux témoins ne

---

4.° Aux Huissiers, { 1.° de Paris. . . . . . 5 f.
{ 2.° Des départemens. 4

5.° Aux autres fonctionnaires publics ou autres particuliers s'ils le requièrent. . . . . »

sera avancée par le trésor impérial, qu'autant qu'ils auront été cités, soit à la requête du Ministère public, soit en vertu d'ordonnance rendue d'office, dans les cas prévus par les art. 269 et 303 du Code d'instruction criminelle (1).

ART. 34. Les témoins cités à la requête, soit des accusés, conformément à l'art. 321 du Code d'instruction criminelle, soit des parties civiles, conformément à la loi du 5 pluviôse an 13, recevront les indemnités ci-dessus déterminées ; elles leur seront payées par ceux qui les auront appelés en témoignage (2).

---

(1) Cet article est applicable aux Huissiers ; on ne peut leur allouer que les citations qu'ils ont faites à la requête du Ministère public ou du juge d'instruction. Ils doivent donc toujours en faire la mention expresse à la fin de leurs mémoires, en le certifiant véritable.

(2) Cet article s'applique encore aux Huissiers, et tient à l'appui de ce que nous avons dit dans la précédente observation, puisque les citations faites à la requête des accusés ou de la partie civile, doivent être payées par eux, et non sur les fonds généraux des frais de justice.

~~~~~~~~~~~~~~~~~~~~~~~~~~~~

CHAPITRE V.

DES DROITS D'EXPÉDITION ET AUTRES ALLOUÉS AUX GREFFIERS.

Art. 64. Nous défendons très-expressément aux greffiers et à leurs commis, d'exiger d'autres ou de plus forts droits que ceux qui leur sont attribués par notre présent décret, soit à titre de prompte expédition, soit comme gratification, ni pour quelque cause et sous quelque prétexte que ce soit.

En cas de contravention, nous voulons qu'ils soient destitués de leurs emplois, et condamnés à une amende, qui ne pourra être moindre de cinq cents francs, ni excéder trois mille francs, sans préjudice toutefois, suivant la gravité des cas, de l'application des dispositions de l'article 174 du Code pénal.

Ordonnons à nos Procureurs-généraux et impériaux de dénoncer d'office, ou de poursuivre, sur la plainte des parties intéressées, les abus qui viendront à leur connaissance (1).

_____

(1) Cet article est applicable aux Huissiers, ainsi qu'il résulte de l'art. 86 ci-après.

CHAPITRE VI.

DES SALAIRES DES HUISSIERS.

ART. 65. LE service des Huissiers près de nos Cours impériales sera déterminé par une délibération prise en assemblée générale de la Cour.

Tous les Huissiers pourront être appelés indistinctement à faire le service civil et le service criminel à tour de rôle.

Néanmoins ceux des Huissiers ci-devant attachés aux Cours criminelles qui seront jugés les plus aptes à mettre le service criminel en activité, seront attachés de préférence, pendant les quatre années qui courront du jour de l'installation de chaque Cour impériale, au service des chambres criminelles de la Cour, des Cours d'assises et de la Cour spéciale du chef-lieu.

ART. 66. Les Cours impériales pourront fixer le lieu de la résidence de tous les Huissiers de leur ressort, et la changer sur la réquisition de notre Procureur-général.

Le service des Huissiers des Tribunaux de première instance sera réglé par une délibération de chaque Tribunal pour son arrondissement.

ART. 67. Les Huissiers n'ont aucun traitement fixe ; il leur est seulement accordé des salaires à raison des actes confiés à leur ministère.

ART. 68. Les dispositions de notre décret du 17 mars 1809, concernant les six Huissiers attachés à la Cour de justice criminelle du département de la Seine, continueront à être exécutées à l'égard des Huissiers qui seront attachés au service criminel près notre Cour impériale de Paris, et ce jusqu'à ce qu'il en soit autrement ordonné par nous.

ART. 69. En exécution de l'art. 120 de notre décret impérial du 6 juillet 1810, notre Grand-Juge Ministre de la justice, après avoir pris l'avis de nos Cours impériales, qui lui transmettront leurs délibérations, nous présentera, d'ici au 1.er janvier 1812, un rapport

Sur l'organisation en communauté des Huissiers résidant et exploitant dans chaque arrondissement communal ;

Sur le nombre d'Huissiers qui doivent être attachés au service des audiences de nos Cours et Tribunaux ;

Sur les indemnités qu'il pourra y avoir lieu d'accorder aux Huissiers audienciers pour leur service particulier ;

Sur les réglemens de police et de discipline nécessaires pour tous ;

Et sur l'établissement d'une bourse commune entre tous les membres de chaque communauté d'arrondissement.

ART. 70. Lorsqu'il n'aura pas été délivré au ministère public des expéditions des actes ou jugemens à signifier, les significations seront faites par les Huissiers sur les minutes qui leur seront confiées par les greffiers sous leur récépissé, à la charge par eux de les rétablir au greffe dans les vingt-quatre heures qui suivront la signification, sous peine d'y être contraints par corps, en cas de retard (1).

_____

(1) Il arrive très-souvent que les copies de pièces se font sur la minute que le greffier confie à l'Huissier, sur son récépissé : dans ce cas, le juge-taxateur doit fixer le salaire de l'Huissier, en évaluant approximativement le nombre de rôles d'expéditions que cette copie aurait pu comporter. Il n'est pas inutile d'observer que d'après le N.º 10 de l'art. 71 ci-après, chaque rôle doit contenir trente lignes à la page, et dix-huit à vingt syllabes à la ligne, et que l'on ne doit jamais payer le premier rôle de chaque copie.

Si le greffier exigeait que le récépissé contînt l'état sommaire de la minute, pour mettre sa responsabilité à couvert contre les altérations qui pourraient être faites, l'Huissier ne devrait pas s'y refuser. C'est une mesure qui ne blesse personne, et qui est fort importante pour le greffier.

Les Huissiers, en rédigeant leurs mémoires, doivent

Lorsqu'un acte ou jugement aura été remis en expédition au Ministère public, la signification sera faite sur cette expédition, sans qu'il en soit délivré une seconde pour cet objet.

Les copies de tous les actes, arrêts, jugemens et pièces à signifier, seront toujours faites par les Huissiers ou par leurs scribes.

ART. 71. Les salaires des Huissiers, pour tous les actes de leur ministère résultant du Code

---

toujours désigner clairement, 1.º l'espèce d'acte dont ils ont donné copie, afin que le vérificateur puisse s'assurer que cette copie était nécessaire.

2.º Si les jugemens ou arrêts dont ils ont donné copie, étaient contradictoires ou par défaut, et l'espèce des condamnations qu'ils ont prononcées. Ils doivent aussi indiquer le domicile de ceux à qui ils les ont signifiés.

3.º Quant aux copies de pièces, ils doivent désigner la nature de chacune des pièces qu'ils ont signifiées : il ne suffirait pas de dire : *signifié les pièces de la procédure, les pièces à charge*, etc.

4.º Ils doivent faire la mention expresse à chaque article, qu'ils ont déduit le premier rôle de chaque copie signifiée.

Tout ce que nous venons de dire sur cet article, est rigoureusement exigé au Ministère de la justice, et les Huissiers ont le plus grand intérêt à s'y conformer, s'ils ne veulent pas voir rejeter leurs mémoires.

d'instruction criminelle et du Code pénal, sont réglés et fixés ainsi qu'il suit :

1.º Pour toutes citations, significations, notifications, communications et mandats de comparution dans les cas prévus par les articles 19, 34, 72, 81, 91, 97, 109, 114, 116, 117, 128, 129, 130, 131, 135, 145, 146, 149, 151, 153, 157, 158, 160, 172, 174, 177, 182, 185, 186, 187, 188, 190, 199, 203, 205, 212, 213, 214, 229, 230, 231, 242, 266, 269, 281, 292, 303, 321, 354, 355, 356, 358, 339, 394, 396, 397, 398, 415, 418, 421, 452, 454, 456, 466, 479, 487, 492, 500, 507, 517, 519, 528, 531, 532, 538, 546, 547, 548 et 567 du Code d'instruction criminelle, *pour l'original* seulement,

Dans notre bonne ville de Paris, *un franc ;*

Dans les villes de quarante mille habitans et au-dessus, *soixante-quinze centimes ;*

Dans les autres villes et communes, *cinquante centimes* (1).

---

(1) Les Huissiers doivent bien se pénétrer, 1.º qu'il ne peut leur être payé comme frais de justice, que les seuls actes et diligences faits en vertu d'un article positif du Code d'instruction criminelle ou du Code pénal. Ils ne doivent donc jamais porter dans leurs mémoires des actes faits à la requête du Préfet, ou de toute autre autorité administrative, ni ceux faits en matière civile,

2.° Pour chaque copie des actes ci-dessus désignés,

Dans notre bonne ville de Paris, *soixante-quinze centimes ;*

---

pour convocation du conseil de famille, nomination de tuteur, etc.

On ne peut en général leur passer en taxe que les seuls actes dont le salaire a été fixé par un article du présent réglement. Ainsi, pour ce qui concerne les citations et notifications, ils ne leur est dû que celles qu'ils font en vertu d'un des articles énumérés dans ce paragraphe. Il faut cependant en excepter celles faites en vertu de l'article 315 du Code d'instruction criminelle : il paraît que c'est par erreur que cet article n'a pas été compris dans cette énumération ; aussi, nonobstant cet oubli, on leur alloue la notification de la liste des témoins aux accusés, prescrite par ledit art. 315.

2.° Qu'il ne peut leur être alloué qu'un seul original d'exploit pour tous les témoins assignés en vertu de la même cédule ou ordonnance, ainsi que pour tous les jurés d'une même session, assignés par le même Huissier. Voici ce que disait à ce sujet Son Excell. le Grand-Juge, dans une circulaire du 30 décembre 1812 : « Sou-
» vent aussi les Huissiers multiplient sans nécessité les
» originaux de citation, soit en faisant autant d'origi-
» naux qu'il y a de prévenus ou accusés dans la même
» affaire, soit en faisant plusieurs originaux pour des
» citations données le même jour à des témoins ou à des
» jurés domiciliés dans la même commune ou dans des

Dans les villes de quarante mille habitans et au-dessus, *soixante centimes;*

Dans les autres villes et communes, *cinquante centimes* (1);

3.º Pour l'exécution des mandats d'amener, dans les cas prévus par les articles 40, 61, 80, 91, 92, 237, 269, 355, 361 et 462 du Code d'instruction criminelle, y compris l'exploit de signification et la copie,

Dans notre bonne ville de Paris, *huit francs;*

Dans les villes de quarante mille habitans et au-dessus, *six francs;*

Dans les autres villes et communes, *cinq francs.*

4.º Pour l'exécution des mandats de dépôt, aux cas prévus par les articles 34, 40, 61, 86, 100, 193, 214, 237, 248 et 490 du Code d'ins-

---

» communes voisines. Les Magistrats ne doivent pas » hésiter à réduire le nombre de ces originaux, lors- » qu'ils leur paraissent abusifs; et s'ils se déterminent à » les passer en taxe, ils doivent en indiquer le motif. »

(1) Indépendamment de ce droit de copie, la plupart des Huissiers portent dans leurs mémoires, un ou plu- sieurs rôles de copie, et perçoivent par là plusieurs droits, lorsqu'il ne leur en est dû qu'un seul. C'est un abus que l'on ne peut tolérer, et qui serait devenu très- préjudiciable pour le trésor, s'il n'eût été réprimé dès ton principe par Son Excell. le Ministre de la justice.

truction criminelle, y compris l'exploit de signification et la copie,

Dans notre bonne ville de Paris, *cinq francs*;

Dans les villes de quarante mille habitans et
au-dessus, *quatre francs* ;

Dans les autres villes et communes, *trois
francs* (1).

---

(1) Les salaires fixés par les paragraphes 3 et 4, ne
sont dûs que lorsque les mandats d'amener ou de dépôt
ont été réellement exécutés, par la conduite devant le
juge ou par la saisie des individus contre lesquels ils ont
été décernés. S'il n'a été fait qu'une simple signification
de ces mandats, ou que les individus se soient présentés volontairement, il n'est dû aux Huissiers qu'un
simple droit de signification, tel qu'il a été fixé par les
deux premiers paragraphes de l'art. 71, les Huissiers
doivent donc exprimer dans leurs mémoires, si les
mandats d'amener et de dépôt ont été pleinement exécutés ou simplement signifiés, en se servant des expressions du modèle ci-après, *exécution* ou *notification*.

2.° Les Huissiers doivent sur-tout bien se pénétrer
qu'il ne leur est dû qu'un seul droit pour l'exécution de
chacun de ces mandats, et qu'ils ne peuvent cumuler
avec ce droit, ni celui d'original et copie de signification, ni celui de salaire de scribes pour rôles de copie,
ni celui d'assistance à l'inscription de l'écrou.

3.° Quelques Huissiers portent une assistance à l'inscription de l'écrou, concurremment avec le droit de
signification du mandat d'amener. Ce droit d'assistance

5.º Pour la capture de chaque prévenu, accusé ou condamné, en exécution d'un mandat d'arrêt, ordonnance de prise de corps, arrêt ou

---

ne saurait leur être dû, puisqu'aucun individu ne peut être conduit ni détenu dans la maison d'arrêt en vertu d'un mandat d'amener; il doit seulement être détenu au greffe ou dans la chambre d'instruction, jusqu'à ce qu'il ait été interrogé; ce qui doit se faire dans les vingt-quatre heures au plus tard. C'est ce qui résulte des dispositions de l'art. 609 du Code d'instruction criminelle, ainsi conçu :

« Nul ne pourra, à peine d'être poursuivi et puni
» comme coupable de détention arbitraire, recevoir ni
» retenir aucune personne, qu'en vertu, soit d'un
» mandat de dépôt, soit d'un mandat d'arrêt décerné
» selon les formes prescrites par la loi, soit d'un arrêt
» de renvoi devant une Cour d'assises ou une Cour spé-
» ciale, d'un décret d'accusation, ou d'un arrêt ou ju-
» gement de condamnation à peine afflictive ou à un
» emprisonnement, et sans que la transcription en ait
» été faite sur son registre. »

De ce qu'un individu ne peut être détenu en prison en vertu d'un mandat d'amener, découle la conséquence nécessaire qu'il ne peut y être écroué; il doit donc demeurer pour constant que le droit d'assistance à l'inscription de l'écrou, n'est dû ni en vertu de l'exécution, ni de la signification du mandat d'amener.

4.º La question n'est pas aussi aisée à résoudre relativement au mandat de dépôt; l'individu arrêté en vertu

jugement quelconque emportant saisie de la
personne , y compris l'exploit de signification,
la copie et le procès-verbal de perquisition,
lors même qu'il s'agirait de l'exécution d'un

---

de ce mandat , peut bien être conduit en prison, mais
doit-il y être écroué? M. Carnot , dans son excellent ouvrage sur l'Instruction criminelle, pense que non ; il se
fonde sur ce que l'individu détenu en vertu de ce mandat , n'est qu'en état d'arrestation provisoire.

Nous pouvons citer à l'appui de son opinion, l'article 608 du Code d'instruction criminelle, ainsi conçu:
« Tout exécuteur de mandat d'arrêt, d'ordonnance de
» prise de corps , d'arrêt ou de jugement de condam-
» nation, est tenu, avant de remettre au gardien la
» personne qu'il conduira, de faire inscrire sur le re-
» gistre l'acte dont il sera porteur : l'acte de remise
» sera inscrit devant lui.

» Le tout sera signé tant par lui que par le gardien.

» Le gardien lui en remettra une copie signée de
» lui, pour sa décharge. »

Cet article est positif; le registre dont il parle est
celui des écrous, et le mandat de dépôt ne devant pas
y être inscrit , il en résulte que l'Huissier ne peut réclamer une assistance à l'inscription de l'écrou, en
vertu de ce mandat; il doit seulement se faire donner
par le gardien une reconnaissance de la remise de l'individu, conformément à l'art. 107 du même Code. Les
Huissiers ne doivent donc jamais porter sur leurs mémoires des assistances à l'inscription de l'écrou, en

seul mandat d'arrêt, ordonnance de prise de corps, arrêt ou jugement qui concerneraient plusieurs individus, et dans les cas prévus par les articles 80, 94, 109, 110, 134, 157, 193, 214, 231, 232, 237, 239, 343, 355, 361, 452, 454, 456, 500 et 522 du Code d'instruction criminelle, et par les articles 46 et 52 du Code pénal; savoir:

Dans notre bonne ville de Paris, *vingt-un francs*;

Dans les villes de quarante mille habitans et au-dessus, *dix-huit francs*;

Dans les autres villes et communes, *quinze francs* (1).

---

vertu ni de l'exécution, ni de la signification du mandat de dépôt.

Voyez l'art. 73 ci-après, pour le cas où il a été exécuté dans les mêmes vingt-quatre heures, et contre le même individu, un mandat d'amener et un mandat de dépôt.

(1) Le salaire pour capture fixé par ce paragraphe, n'est plus le même aujourd'hui; il a été changé par l'art. 6 du décret du 7 avril 1813, dont voici les dispositions.

ART. 6. Le droit à allouer aux Huissiers, gendarmes, gardes-champêtres ou forestiers, ou agens de police, suivant le mode et dans les cas prévus par les art. 71,

6.º Pour l'extraction de chaque prisonnier, sa conduite devant le juge, et sa réintégration dans la prison,

---

N.º 5, et 77 du réglement, demeure fixé de la manière suivante, savoir :

1.º Pour capture ou saisie de la personne, en exécution d'un jugement de simple police, sans qu'il puisse être alloué aucun droit de perquisition,

A Paris, ... 5 fr.
Dans les villes de 40 mille ames et au-dessus. 4
Dans les autres villes et communes. . . 3

2.º Pour capture en exécution d'un mandat d'arrêt, ou d'un jugement ou arrêt en matière correctionnelle emportant peine d'emprisonnement,

A Paris, ... 18
Dans les villes de 40 mille ames et au-dessus. 15
Dans les autres villes et communes. . . . 12

3.º Pour capture en exécution d'une ordonnance de prise de corps, ou arrêt portant la peine de réclusion,

A Paris, ... 21
Dans les villes de 40 mille ames et au-dessus. 18
Dans les autres villes et communes. . . . 15

4.º Pour capture en exécution d'un arrêt de condamnation aux travaux forcés ou à une peine plus forte,

A Paris, ... 30

Dans notre bonne ville de Paris, *soixante-quinze centimes ;*

Dans les villes de 40 mille ames et au-dessus. 25 fr.

Dans les autres villes et communes. . . . 20

Il résulte de cet article et du paragraphe N.° 5,

1.° Que la capture ne peut avoir lieu qu'en vertu d'une ordonnance de prise de corps, arrêt ou jugement de condamnation quelconque, emportant saisie de la personne. On conçoit en effet que si l'arrestation a lieu en vertu d'un mandat d'amener ou de dépôt, ce n'est plus une capture, mais seulement une exécution de mandat d'amener ou de dépôt. Les Huissiers doivent donc toujours désigner, dans leurs mémoires, le jugement ou le titre en vertu duquel ils ont fait leurs captures.

2.° Le droit n'est dû que lorsque l'individu a été réellement arrêté par l'Huissier. Ainsi, s'il se trouvait déja détenu en vertu d'un mandat de dépôt, ou de toute autre manière, le droit de capture n'est plus dû ; il ne peut être alloué à l'Huissier qu'un simple droit de signification, avec salaire de scribe, de l'acte qu'il signifie. Il ne peut non plus rien être alloué pour frais de voyage, et autres démarches infructueuses qui ne seraient point suivies de capture, parce que ce n'est qu'en considération des difficultés qu'il y a à arrêter un individu, qu'on donne à l'Huissier le salaire fixé par cet article.

3.° Lorsque le prévenu n'a pu être saisi, et qu'il a été dressé contre lui un procès-verbal de perquisition, s'il

2.4

Dans les villes de quarante mille habitans et au-dessus *soixante centimes ;*

Dans les autres villes et communes, *cinquante centimes* (1).

---

vient ensuite à être capturé, le procès-verbal de perquisition est compris dans le droit de capture, et il n'est dû à l'Huissier qu'un seul droit pour le tout.

Il en est de même de la copie de mandat, ordonnance de prise de corps, jugement ou arrêt dont l'Huissier donne copie, ainsi que de l'assistance à l'inscription de l'écrou. Tous ces droits sont censés n'en faire qu'un seul, et il n'est dû à l'Huissier pour le tout, que le salaire fixé par l'article 6 du décret du 7 avril que nous venons de citer.

Les Huissiers ne doivent donc jamais cumuler contre le même individu, le droit de capture avec ceux de procès-verbal de perquisition, original et copie de signification, salaire de scribe pour rôles de copie et assistance à l'inscription de l'écrou.

4.º Si le mandat d'arrêt, l'ordonnance de prise de corps, le jugement ou l'arrêt emportent saisie de la personne contre plusieurs individus, il n'est dû à l'Huissier qu'un seul droit de capture, s'ils n'ont été mis à exécution que contre un seul individu. Ainsi, par exemple, s'il a été rendu une ordonnance de prise de corps contre trois accusés, et que l'Huissier ne la mette à exécution que contre un seul, il ne lui est dû qu'un droit de capture ; ce n'est que dans le cas où les trois accusés seraient arrêtés, qu'il pourrait lui être dû trois droits.

(1) Ce droit n'est dû que dans le cas où le pri-

7.º Pour le procès-verbal de perquisition
dont il est fait mention dans l'article 109 du
Code d'instruction criminelle, et qui n'est pas
suivi de capture, y compris l'exploit de signification et la copie du mandat d'arrêt, de l'ordonnance de prise de corps, ou de l'arrêt ou
jugement qui auront donné lieu à la perquisition ; savoir :

Dans notre bonne ville de Paris, *six francs;*

---

sonnier a été extrait pour être conduit à l'interrogatoire ou à l'audience ; il n'est point dû pour le transfè-
rement d'une prison dans une autre. Ainsi toutes les
fois que les Huissiers portent dans leurs mémoires des
extractions, ils doivent toujours indiquer que les prisonniers ont été conduits devant le juge instructeur,
aux débats ou à l'audience. Toutes autres extractions,
pour quelques causes qu'elles aient eu lieu, ne peuvent
leur être allouées.

Les Huissiers doivent éviter de porter dans un seul
article de leurs mémoires, plusieurs extractions en
masse et sans aucune désignation de la nature des affaires. Ils ne doivent porter dans un même article
qu'une seule extraction, à moins cependant que les
prisonniers ne dussent être jugés par un même jugement ou arrêt, auquel cas ils peuvent mettre dans un
seul article tous les prévenus ou co-accusés d'un même
crime ou délit. Ils doivent désigner la nature des affaires
pour les extractions, comme pour tous leurs autres
actes et diligences.

24..

Dans les villes de quarante mille habitans et au-dessus, *quatre francs;*

Dans les autres villes et communes, *trois francs* (1).

---

(1) L'article 109 du Code d'instruction criminelle est ainsi conçu :

« Si le prévenu ne peut être saisi, le mandat d'arrêt » sera notifié à sa dernière habitation, et il sera dressé » procès-verbal de perquisition.

» Ce procès-verbal sera dressé en présence des deux » plus proches voisins du prévenu que le porteur du » mandat d'arrêt pourra trouver; ils le signeront, ou, » s'ils ne savent ou ne veulent pas signer, il en sera fait » mention, ainsi que de l'interpellation qui en aura été » faite.

» Le porteur du mandat d'arrêt fera ensuite viser » son procès-verbal par le juge-de-paix ou son sup- » pléant, ou, à son défaut, par le maire, l'adjoint ou » le commissaire de police du lieu, et lui en laissera » copie.

» Le mandat d'arrêt et le procès-verbal seront en- » suite remis au greffe du Tribunal.

1.º Le droit n'est dû à l'Huissier que lorsque la per- quisition n'est pas suivie de capture; car si l'individu contre lequel le procès-verbal a été dressé, vient en- suite à être arrêté, le droit de perquisition n'est plus dû, et l'Huissier ne peut réclamer pour le tout que le salaire fixé par le paragraphe 5 de cet article.

2.º Dans le droit de procès-verbal de perquisition

8.º Pour la publication à son de trompe ou de caisse, et les affiches de l'ordonnance qui, aux termes des art. 465 et 466 du Code d'instruction criminelle, doit être rendue et publiée contre les accusés contumax, y compris le procès-verbal de la publication ; savoir :

Dans notre bonne ville de Paris, *dix-huit francs ;*

———————————

est compris celui de l'exploit de signification, et de la copie du mandat d'arrêt, de l'ordonnance de prise de corps, ou de l'arrêt ou jugement qui auront donné lieu à la perquisition. L'Huissier ne doit donc jamais cumuler avec le salaire qui lui est accordé par ce paragraphe, celui d'original, et copie de signification et de salaire de scribe.

3.º Quand même le droit de copie des pièces que l'Huissier aurait signifiées avec le procès-verbal de perquisition, serait plus considérable que le droit qui lui est accordé pour la perquisition, il ne pourrait être reçu à ne porter qu'un droit de signification, sans celui de perquisition. Ainsi, en supposant qu'il ait signifié une copie de trente rôles avec le procès-verbal, quoique le salaire de scribe soit plus fort que celui de perquisition, le droit de perquisition seul peut être réclamé.

4.º L'Huissier ne peut dresser qu'un seul procès-verbal de perquisition contre chaque individu, comme nous le verrons en nous occupant des art. 75 et 76 ci-après, et il doit toujours indiquer dans ses mémoires le titre en vertu duquel ce procès-verbal a été fait.

Dans les villes de quarante mille habitans et au dessus, *quinze francs;*

Dans les autres villes et communes, *douze francs* (1).

––––––––––––––––

(1) Voici les articles du Code d'instruction criminelle :

« ART. 465. Lorsqu'après un arrêt de mise en accu-
» sation, l'accusé n'aura pu être saisi ou ne se présen-
» tera pas dans les dix jours de la notification qui en
» aura été faite à son domicile ;

» Ou, lorsqu'après s'être présenté ou avoir été saisi,
» il se sera évadé ;

» Le président de la Cour d'assises ou celui de la
» Cour spéciale, chacun dans les affaires de leur com-
» pétence respective, ou, en leur absence, le prési-
» sident du Tribunal de première instance, et, à dé-
» faut de l'un et de l'autre, le plus ancien juge de ce
» Tribunal, rendra une ordonnance portant qu'il sera
» tenu de se représenter dans un nouveau délai de dix
» jours, sinon qu'il sera déclaré rebelle à la loi ; qu'il
» sera suspendu de l'exercice des droits de citoyen;
» que ses biens seront séquestrés pendant l'instruction
» de la contumace ; que toute action en justice lui sera
» interdite pendant le même temps qu'il sera procédé
» contre lui, et que toute personne est tenue d'indi-
» quer le lieu où il se trouve.

» Cette ordonnance fera, de plus, mention du crime
» et de l'ordonnance de prise de corps.

» ART. 466. Cette ordonnance sera publiée, à son

9.º Pour la lecture de l'arrêt de condamnation à mort, dont il est fait mention dans l'article 13 du Code pénal,

Dans notre bonne ville de Paris, *trente francs ;*

Dans les villes de quarante mille habitans et au-dessus, *vingt-quatre francs ;*

» de trompe ou de caisse, le dimanche suivant, et affi-
» chée à la porte du domicile de l'accusé, à celle du
» maire, et à celle de l'auditoire de la Cour d'assises ou
» de la Cour spéciale.

  » Le Procureur-général ou son substitut adressera
» aussi cette ordonnance au directeur des domaines et
» droits d'enregistrement du domicile du contumax. »

Les Huissiers doivent toujours indiquer, dans leurs mémoires, les lieux où cette ordonnance a été publiée et affichée, afin que l'on puisse s'assurer que la totalité du droit fixé par ce paragraphe leur est dû ; car si l'individu contre lequel l'ordonnance de contumace a été rendue, ne demeurait pas dans le lieu où siège la Cour d'assises, et que la publication soit faite par deux Huissiers différens, il ne peut leur être alloué à chacun qu'un demi-droit, ainsi qu'il sera dit à l'art. 80 ci-après.

Les frais d'affiche et ceux de publication au son de trompe ou de caisse, sont à la charge de l'Huissier, ou pour mieux dire, sont compris dans le salaire qui lui est accordé par ce paragraphe.

Dans les autres villes et communes, *dix-huit francs* (1).

10.º Pour le salaire particulier des scribes employés pour les copies de tous les actes dont il est fait mention ci-dessus, et de toutes les autres pièces dont il doit être donné copie, et ce pour chaque rôle d'écriture de *trente lignes* à la page et de *dix-huit à vingt syllabes* à la ligne, non compris le premier rôle,

Dans notre bonne ville de Paris, *cinquante centimes ;*

Dans les villes de quarante mille habitans et au-dessus, *quarante centimes ;*

Dans les autres villes et communes, *trente centimes* (2).

---

(1) Dans le cas de condamnation à mort pour parricide, un Huissier donne lecture au peuple de l'arrêt de condamnation, pendant que le condamné est exposé sur l'échafaud, et immédiatement avant l'exécution. C'est pour cette lecture que l'on accorde aux Huissiers le salaire fixé par ce paragraphe.

Avant la mise en activité du présent réglement, les Huissiers étaient chargés d'assister aux exécutions par effigie, et à l'exécution des arrêts portant peine de mort ou d'exposition, et de transcrire le procès-verbal d'exécution au bas de l'arrêt : mais aujourd'hui ces fonctions ont été conférées aux greffiers, par l'art. 53 du même réglement.

(2) Cet article a donné lieu aux plus grandes er-

11.º Pour assistance à l'inscription de l'é-
crou, lorsque le prévenu se trouve déjà incarcéré, et pour la radiation de l'écrou dans tous
les cas,

---

reurs ; les Huissiers se sont imaginés qu'il leur était dû
un salaire de scribe pour chaque acte de leur ministère, et n'ont pas manqué d'enfler leurs mémoires d'un
nombre considérable de rôles de copie. Ils n'ont pas
sur-tout remarqué que par cette expression, *non compris le premier rôle*, la loi a voulu que le premier rôle
de chaque copie ne leur fût jamais passé en taxe, et
qu'ils devaient le déduire et en faire la mention expresse dans leurs mémoires.

1.º Il n'est point dû de salaire de scribe, pour citations, notifications, et autres actes dont le salaire a été
fixé par les N.ºˢ 1 et 2 de cet article, comme nous
l'avons déjà dit en nous en occupant. En effet, on conçoit aisément que quand même ce salaire leur serait dû,
il ne pourrait leur être payé, puisque tous ces actes ne
peuvent comporter plus d'un rôle, et que le premier
rôle ne peut jamais entrer en taxe.

2.º Il n'en est pas dû pour copie de *procès-verbaux*
ou de *rapports* du garde champêtre, ou de tout autre officier auxiliaire de police, *ordonnance* et *cédule* portant
permission d'assigner ; *ordonnance de renvoi* et autres
actes semblables, parce qu'il est inutile que les Huissiers
en donnent copie ; il suffit qu'ils en fassent mention dans
l'exploit. Voici de quelle manière s'exprimait à ce sujet
Son Excell. le Grand-Juge, dans une circulaire du

Dans notre bonne ville de Paris , *un franc ;*

Dans les villes de quarante mille habitans et au-dessus , *soixante quinze centimes ;*

3o décembre 1812 : « Un grand nombre d'Huissiers » sont dans l'usage de délivrer copie des cédules de ci-» tations , réquisitoires , ordonnances , procès-verbaux » ou rapports , et autres pièces semblables. C'est un abus » qu'il importe d'autant plus de réprimer, qu'il est con-» traire aux règles de la procédure , et que, sous ce pré-» texte , les Huissiers se font payer, à titre de salaire de » scribe , des rôles de copie qui ne leur sont pas dûs. »

3.° Il en est de même pour les significations de man-dats , parce que , quoiqu'il soit nécessaire d'en donner copie en tête de l'exploit de notification , elle ne peut leur être payée , puisqu'elle ne comporte jamais plus d'un rôle.

4.° Quelques Huissiers portent encore un ou plusieurs rôles de copie, pour notification aux accusés de la liste des témoins; cependant le salaire de scribe ne peut leur être dû , qu'autant que cette liste contient plus de trente témoins , puisque le premier rôle ne doit pas leur être payé. Ainsi, toutes les fois que la liste ne con-tient pas le nombre de trente témoins , il n'est pas dû de droit de copie ; lorsqu'elle en contient plus de trente il peut leur être alloué un demi-rôle ou un rôle tout au plus; mais pour cela, il faut qu'ils fassent la mention ex-presse dans leurs mémoires, du nombre de témoins contenus dans la liste, pour que l'on puisse s'assurer que le salaire est réellement dû.

5.° Les Huissiers portent jusqu'à six rôles de copie,

Dans les autres villes et communes, *cinquante centimes* (1).

---

pour notification aux accusés de la liste des trente-six jurés, il ne peut cependant leur en être alloué tout au plus qu'un seul.

6.° Il résulte de ce que nous venons de dire, qu'il n'est point dû de rôles de copie pour citations, notifications, mandats, rapports, procès-verbaux, ordonnances, cédule, etc. ; qu'il n'en est dû que très-rarement pour notification de la liste des témoins, et qu'il ne peut en être alloué qu'un seul pour notification de la liste des jurés.

Nous terminerons en observant que les Huissiers doivent toujours désigner clairement, dans leurs mémoires, l'espèce des actes dont ils donnent copie, et pour lesquels ils réclament un salaire de scribe, et qu'ils doivent faire la mention expresse à chaque article ou en tête de la colonne qui contient ces salaires, que le premier rôle de chaque copie a été déduit.

(1) L'assistance à l'inscription de l'écrou n'est due que lorsque l'individu se trouve déjà incarcéré par un fait quelconque indépendant de la volonté de l'Huissier ; parce que, dans tous les autres cas, le droit d'assistance est compris dans celui qui a été alloué pour l'arrestation de cet individu : nous avons déjà vu que le droit d'écrou ne pouvait jamais se cumuler avec celui de capture. Ainsi, ce droit d'assistance à l'inscription de l'écrou ne peut être alloué à l'Huissier, que lorsque l'individu détenu en vertu de mandat d'amener ou de dépôt a été frappé d'un mandat d'arrêt ou d'une ordon-

ART. 72. Il ne sera alloué aucune taxe aux agens de la force publique, pour raison des citations, notifications et significations dont ils seront chargés par les officiers de police judiciaire et par le ministère public.

ART. 73. Si un mandat d'amener et un mandat de dépôt ont été décernés dans les mêmes vingt-quatre heures contre le même individu et par le même magistrat, il n'y aura pas lieu de cu-

nance de prise de corps. Dans ce cas, l'Huissier signifie le mandat ou l'ordonnance, et l'écrou fait en vertu de l'un ou de l'autre de ces actes lui est alloué. Cette assistance lui est encore due lorsqu'il écroue un individu qui se présente volontairement pour subir la peine prononcée contre lui, ou pour obéir à un mandat d'arrêt ou à une ordonnance de prise de corps.

Quant à la radiation d'écrou, elle ne peut être allouée que lorsqu'un individu a été mis en liberté ou acquitté par un jugement, parce que les radiations d'écrou après l'expiration de la peine, doivent se faire sur un ordre du Ministère public, et sans que le ministère de l'Huissier soit nécessaire, et qu'en supposant même que l'Huissier assistât à cette radiation, les frais ne pourraient en être pris sur les fonds généraux de justice, aux termes du N.° 9 de l'art. 3 du réglement.

Il est donc indispensable que l'Huissier désigne toujours, dans ses mémoires, le titre en vertu duquel les inscriptions et radiations d'écrou ont été faites.

muler et d'allouer aux Huissiers la taxe ci-
dessus établie pour l'exécution des deux mandats : mais, audit cas, il leur sera alloué pour
toute taxe ; savoir (1),

---

(1) Cet article a subi quelques changemens par les
dispositions de l'art. 5 du décret du 7 avril 1813, ainsi
conçu :

« ART. 5. Lorsqu'un mandat d'amener sera suivi d'un
» mandat de dépôt, et que l'un et l'autre auront été
» exécutés dans les vingt-quatre heures par le même
» Huissier, il ne sera alloué à l'Huissier, pour l'exécu-
» tion de ces deux mandats, que le droit fixé par l'ar-
» ticle 73 du réglement, quand bien même les deux
» mandats n'auraient pas été décernés dans les mêmes
» vingt-quatre heures, ni par le même Magistrat. »

Ainsi, 1.º toutes les fois que les Huissiers mettent à
exécution, dans les mêmes vingt-quatre heures et contre le même individu, un mandat d'amener et un mandat de dépôt, il ne peut leur être alloué qu'un seul
droit. Peu importe que les mandats n'aient pas été délivrés par le même Magistrat, ni dans les mêmes vingt-
quatre heures ; il suffit qu'ils soient exécutés dans ce
dernier délai.

2.º Ce droit ne peut leur être alloué que lorsque ces
deux mandats ont été mis à exécution par conduite
devant le juge, et saisie de l'individu contre lequel ils
ont été décernés ; car s'il n'a été fait que de simples
significations de ces mandats, ils ne peuvent plus exiger le droit d'exécution, mais seulement celui fixé par
l'art. 71, N.ºs 1 et 2.

Dans notre bonne ville de Paris, *dix francs* ;

Dans les villes de quarante mille habitans et au-dessus, *huit francs* ;

Dans les autres villes et communes, *six francs*.

ART. 74. Lorsque des individus contre lesquels il aura été décerné des mandats d'arrêt et ordonnances de prise de corps, ou rendu des arrêts ou jugemens emportant saisie de la personne, se trouveront déja arrêtés d'une manière quelconque, l'exécution des actes ci-dessus, à leur égard, ne sera payée aux Huissiers qu'au taux réglé par le n.º 1 de l'article 71 pour les citations, significations et notifications.

Il en sera de même pour l'exécution des mandats d'amener, lorsque l'individu se trouvera arrêté, lorsqu'il se sera présenté volontairement, ou qu'il n'aura pu être saisi (1).

ART. 75. Les Huissiers ne dresseront un procès-verbal de perquisition qu'en vertu d'un mandat d'arrêt, ordonnance de prise de corps, arrêt ou jugement de condamnation à peine afflictive ou infamante, ou à l'emprisonnement.

---

(1) Cet article n'est que le développement des paragraphes 3, 4 et 5 de l'art. 71 : nous nous contentons en conséquence de renvoyer à ce que nous avons dit en nous occupant de ces paragraphes.

ART. 76. Il ne sera payé dans une même affaire qu'un seul procès-verbal pour chaque individu, quel que soit le nombre des perquisitions qui auront été faites dans la même commune (1).

ART. 77. Si, malgré les perquisitions faites par

---

(1) Cet article, ainsi que le précédent, sont sagement conçus : ils ont pour but d'empêcher les nombreuses exactions qui ont été commises par quelques Huissiers, qui faisaient dans chaque affaire, et sans autre motif que celui de frustrer le trésor, plusieurs procès-verbaux de perquisition, tandis qu'il n'y en avait qu'un seul de nécessaire. Nous avons vu ci-devant page 82, que des Huissiers de Paris avaient été jusqu'à en dresser trente contre chaque prévenu. Cet abus ne pourra plus se renouveler, puisque les Huissiers ne peuvent dresser qu'un seul procès-verbal de perquisition dans chaque affaire, et qu'ils ne peuvent le dresser qu'en vertu d'un mandat d'arrêt, ordonnance de prise de corps, arrêt ou jugement de condamnation à peine afflictive ou infamante, ou à l'emprisonnement. Tous ceux qu'ils dresseraient en vertu d'un autre acte, ne leur seraient point passés en taxe. Il est donc nécessaire que les Huissiers indiquent, dans leurs mémoires, les titres en vertu desquels ils auront dressé leurs procès-verbaux de perquisition, pour que l'on puisse s'assurer de leur légitimité. On rejette tous les jours au Ministère de la justice, les mémoires contenant des procès-verbaux de perquisition, dans lesquels cette mention a été omise.

l'Huissier, le prévenu, accusé ou condamné n'est point arrêté, une copie en forme du mandat d'arrêt, de l'ordonnance de prise de corps, de l'arrêt ou jugement de condamnation, sera adressée au commissaire général de police; à son défaut, au commandant de la gendarmerie; et à Paris, au préfet de police.

Le préfet, les commissaires généraux de police et les commandans de la gendarmerie donneront aussitôt à leurs subordonnés l'ordre d'assister les Huissiers dans leurs recherches et de les aider de leurs renseignemens.

Enjoignons aux agens de la force publique et de la police de prêter aide et main-forte aux Huissiers, toutes et quantes fois ils en seront par eux requis, et sans pouvoir en exiger aucune rétribution, à peine d'être poursuivis et punis suivant l'exigence des cas.

Néanmoins, lorsque des gendarmes ou agens de police, porteurs de mandemens de justice, viendront à découvrir, hors de la présence des Huissiers, les prévenus, accusés ou condamnés, ils les arrêteront, et les conduiront devant le magistrat compétent; et dans ce cas, le droit de capture leur sera dévolu (1).

(1) 1.º L'article ne dit pas par qui cette copie sera faite et envoyée; néanmoins nous pensons qu'elle doit être faite par l'Huissier: c'est une suite des perquisi-

ART. 78. Le salaire des recors sera toujours à

---

tions qu'il a faites ; il est encore saisi des pièces, lorsque
la nécessité d'envoyer cette copie aux officiers de police se fait sentir : et d'ailleurs, indépendamment de ce
qu'il est chargé de toutes les copies de pièces, par l'article 71, N.º 10, nous avons vu au N.º 7 du même article, qu'il lui est toujours alloué un salaire pour l'original
et la copie du procès-verbal de perquisition, ou que du
moins ce salaire est compris dans le droit de perquisition. Ainsi, dès que cette copie a été payée d'avance a
l'Huissier, il doit demeurer pour certain que c'est à lui
de la faire.

Quant à l'envoi de cette copie, quoique rien ne s'oppose à ce que l'Huissier en soit chargé, nous croyons
qu'il est plus convenable qu'il la remette au Procureur-
impérial, afin que ce dernier la transmette lui-même
aux personnes désignées dans l'article.

2.º Lorsqu'à l'aide des agens de police ou de la force
publique, les Huissiers parviennent à arrêter un individu, le droit de capture est dévolu aux Huissiers sans
partage, et exclusivement à ceux qui leur ont prêté
main-forte. L'article 21 de l'arrêté du 6 messidor an 6,
contenait une disposition à-peu-près semblable ; il était
ainsi conçu :

« Le salaire des recors ou assistans, dans le cas où la
» loi les prescrit ou les autorise, sera passé en taxe ;
» mais les sommes portées dans les réglemens, à titre
» de main-forte, seront retranchées du prix des mises à
» exécution des mandats d'amener et d'arrêts, des or-

25

la charge des Huissiers qui les auront employés (1).

ART. 79. Il en sera de même des frais pour la
publication à son de trompe ou de caisse, prescrite par l'article 466 du Code d'instruction
criminelle.

ART. 80. Lorsque lesdites publications et affi-

» donnances de prise de corps, et des jugemens de
» condamnation, attendu que cette main-forte doit
» être aujourd'hui prêtée gratuitement. »

Le *quantum* du droit de capture n'est plus le même
que celui fixé par le N.º 5 de l'art. 71 ; il a été changé
par l'art. 6 du décret du 7 avril 1813, que nous avons
déja cité pag. 367.

(1) Les Huissiers ne peuvent se faire payer des salaires pour recors : ils ne peuvent non plus s'en faire
payer pour tous autres gens de peine qu'ils prendraient
avec eux, soit pour leur servir de guides lorsqu'ils
voyagent dans des endroits inconnus, ou pour leur
propre sûreté lorsqu'ils voyagent dans des endroits pé-
rilleux, soit pour leur prêter secours ou aide dans les
cas où ils ont des arrestations à faire. L'article ne leur
empêche pas de se faire accompagner ou assister par qui
bon leur semble, mais il laisse à leur charge les frais
qui peuvent en résulter. S'il en était autrement, beaucoup d'Huissiers pourraient en abuser, et porter dans
leurs mémoires, comme plusieurs l'ont déja fait, bon
nombre de journées de gens de service, même dans
les cas où elles sont absolument inutiles.

ches se feront dans deux communes différentes,
chacun des deux Huissiers qui en seront chargés, ne recevra que la moitié de la taxe fixée par
l'article 71 , N.º 8 (1).

ART. 81. Les frais de voyage et de séjour des
Huissiers seront alloués, ainsi qu'il sera dit
dans le chapitre VIII ci-après.

ART. 82. Notre Grand-Juge Ministre de la justice fera dresser et parvenir à nos Procureurs des
modèles des mémoires que les Huissiers auront
à fournir pour la répétition de leurs salaires ; et
les Huissiers seront tenus de s'y conformer
exactement, sous peine de rejet de leurs mémoires (2).

---

(1) Voyez *suprà* ce que nous avons dit en nous occupant de l'art. 71 , N.º 8.

(2) Ces modèles avaient d'abord été envoyés dans les
commencemens de 1812, mais il en a été fait de nouveaux beaucoup plus détaillés , et dans lesquels on a
tâché de comprendre, quant aux Huissiers, tous les
actes et diligences que l'on peut leur passer en taxe.
Ces derniers modèles, les seuls que l'on doive suivre,
ont été adressés à tous les Préfets, et Procureurs-généraux et impériaux, le 25 décembre 1812; nous joindrons à la suite de ce décret, les deux qui concernent
les Huissiers, ceux N.ºˢ 2 et 9, avec quelques instructions qui pourront en faciliter l'intelligence et l'exécution.

ART. 83. Pour faciliter la vérification de la taxe des mémoires des Huissiers, il sera tenu au parquet de nos Cours et Tribunaux un registre des actes de ces officiers ministériels : on y désignera sommairement chaque affaire ; et en marge ou à la suite de cette désignation, on relatera, par ordre de dates, l'objet et la nature des diligences à mesure qu'elles seront faites, ainsi que le montant du salaire qui y est affecté.

Nos procureurs examineront en même temps les écritures, afin de s'assurer qu'elles comprennent le nombre de lignes à la page et de syllabes à la ligne prescrit par l'article 71, n.º 10, et ils réduiront au taux convenable le prix des écritures qui ne seraient pas dans les proportions établies par ledit article.

ART. 84. Nos Procureurs et les juges d'instruction ne pourront user, si ce n'est pour causes graves, de la faculté qui leur est accordée par la loi du 5 pluviôse an 13, de charger un Huissier d'instrumenter hors du canton de sa résidence ; ils seront tenus d'énoncer ces causes dans leur mandement, lequel contiendra, en outre, le nom de l'Huissier, la désignation du nombre et de la nature des actes, et l'indication du lieu où ils devront être mis à exécution.

Le mandement sera toujours joint au mémoire de l'Huissier (1).

---

(1) La majeure partie des Huissiers se font délivrer autant de mandemens qu'ils ont de voyages à faire hors du canton ; et les Procureurs-impériaux semblent quelquefois oublier qu'ils ne peuvent pas les accorder indistinctement dans toutes les circonstances, mais seulement pour causes graves : ils s'écartent par là du but que s'est proposé la loi, celui d'économiser les frais de transport en matière criminelle, qui sont beaucoup plus considérables qu'on ne pense.

Pour se conformer au vœu de cet article, les Huissiers doivent bien se pénétrer, 1.° que ce n'est que pour des causes graves et dans des cas urgens qu'ils peuvent se transporter hors de leur canton, et que ces causes doivent toujours être mentionnées dans le mandement.

2.° De même que l'on ne peut croire facilement qu'il y a nécessité absolue et urgence toutes les fois qu'il se présente des diligences à faire hors du canton ; de même il serait absurde de la part de l'Huissier de vouloir persuader que les mandemens auront une cause légitime toutes les fois qu'il en joindra un nombre considérable à chaque mémoire.

3.° L'Huissier ne peut, même en vertu du mandement du Procureur-impérial ou du juge d'instruction, se transporter hors de son arrondissement, ni à plus forte raison hors de son département. Dans le premier cas, cette faculté ne peut lui être accordée que par le Procureur-impérial criminel, pour tous les arrondisse-

ART. 85. Tout Huissier qui refusera d'instrumenter dans une procédure suivie à la requête du

---

mens d'un même département ; dans le second cas,
par les Procureurs-généraux de la Cour impériale ou
prévôtale, pour tous les départemens qui ressortissent
de leurs Cours respectives. Mais de même qu'il faut
des motifs graves pour se transporter hors de son canton, il faut que ces motifs soient bien plus graves encore pour que l'Huissier obtienne un mandement à
l'effet de se transporter hors de son arrondissement et
hors de son département. *Voyez* les observations que
nous avons faites aux art. 29 et suivans, du décret du
14 juin 1813, page 49.

4.° Le mandement doit être spécial et pour une seule
affaire, quoiqu'il s'agisse de l'exécution de plusieurs
actes ; il doit sur-tout être délivré avant le transport de
l'Huissier, puisque ce n'est qu'en vertu de ce mandement qu'il peut sortir de son canton.

5.° Le mandement doit toujours être joint au mémoire ; et s'il y a plusieurs mandemens, l'Huissier doit
avoir soin de les numéroter, et de faire mention dans
le libellé de son mémoire, aux articles correspondans,
qu'il a été délivré un mandement exprès joint sous
tel numéro.

Nous terminerons nos observations sur cet article,
par l'extrait d'une circulaire de Son Excell. le Grand-
Juge, du 23 septembre 1812, adressée aux Procureurs-généraux.

« Les Magistrats doivent veiller sans cesse à ce que

Ministère public, ou de faire le service auquel
il est tenu près la Cour ou le Tribunal, et qui,

» les officiers ministériels ne fassent point d'actes inu-
» tiles et abusifs. Les Huissiers ont le droit d'instrumen-
» ter dans toute l'étendue de leur arrondissement,
» mais lorsqu'ils sortent de leur canton, il ne leur est
» dû de frais de transport, qu'autant qu'ils ont agi en
» vertu d'un mandement exprès. Je n'ai pas besoin de
» vous rappeler à cet égard les dispositions de l'article
» 84 du réglement ; elles sont trop claires, pour que ,
« sous aucun prétexte, on puisse en éluder l'exécu-
» tion : mais je crois utile de vous faire connaître une
» mesure qui a été adoptée dans quelques arrondisse-
» mens, et que j'ai autorisée, parce qu'elle m'a paru
» avantageuse sous le rapport de l'économie, de la
» célérité et de l'exactitude du service dans l'instruc-
» tion des affaires. Voici en quoi elle consiste : Les
» Huissiers faisant le service auprès des Tribunaux
» d'arrondissement, ont demandé et obtenu la faculté
» de faire tous exploits et significations en matière cri-
» minelle et correctionnelle, dans l'étendue du res-
» sort, en se contentant du salaire et des frais de trans-
» port qui seraient alloués à l'Huissier résidant dans le
» canton où la citation doit être donnée. »
 » Si cet arrangement particulier peut convenir aux
» Huissiers, il ne souffrira aucune difficulté ; et M. le
» directeur-général de l'enregistrement, qui en a eu
» connaissance, a donné l'ordre à ses préposés de ne
» pas exiger, dans ce cas, la représentation du man-
» dement exprès, qui n'est effectivement nécessaire

après injonction à lui faite par l'officier compétent, persistera dans son refus, sera destitué, sans préjudice de tous dommages-intérêts, et des autres peines qu'il aura encourues (1).

ART. 86. Les dispositions de l'art. 64 ci-dessus sont communes aux Huissiers, lesquels, en cas de contravention, seront poursuivis de la même manière par nos Procureurs et sous les mêmes peines.

CHAPITRE VII.

DU TRANSPORT DES MAGISTRATS.

ART. 87. LES frais de voyage et de séjour des conseillers des Cours impériales et des conseillers-auditeurs délégués dans les cas prévus par les art. 19 et 21 de notre décret du 30 janvier 1811, seront payés au taux réglé par ces mêmes articles.

ART. 88. Dans les cas prévus par les art. 32, 36, 43, 46, 47, 49, 50, 51, 52, 59, 60, 62, 83, 84, 87, 88, 90, 464, 488, 497, 511 et 616 du

_____

» que pour justifier le paiement des frais de transport
» extraordinaire que l'Huissier aurait à réclamer. »

(1) *Voyez* ce que nous avons dit sur l'art. 42 du décret d'organisation, page 97.

Code d'instruction criminelle, les juges et les officiers du Ministère public recevront des indemnités ainsi qu'il suit :

S'ils se transportent à plus de cinq kilomètres de leur résidence, ils recevront pour tous frais de voyage, de nourriture et de séjour, une indemnité de *neuf francs* par jour ;

S'ils se transportent à plus de deux myriamètres, l'indemnité sera de *douze francs* par jour ;

ART. 89. L'indemnité du greffier ou commis assermenté qui accompagnera le juge ou l'officier du Ministère public, sera,

Dans le premier cas, de *six francs* par jour ;

Dans le second, de *huit francs* (1).

---

(1) Nous avons cru devoir rapporter ce chapitre, pour prouver qu'il n'y est nullement fait mention des Huissiers, et qu'ainsi il ne leur est dû aucun salaire lorsqu'ils jugent à propos d'accompagner les Magistrats dans leurs transports.

Si cependant ils accompagnent des Magistrats, et qu'ils assignent en même temps des témoins, le droit de transport leur est dû, mais non pas en considération de ce qu'ils ont accompagné des Magistrats, mais seulement parce qu'ils ont fait des actes de leur ministère.

Nous pensons cependant, si un Huissier accompagne

~~~~~~

CHAPITRE VIII.

DES FRAIS DE VOYAGE ET DE SÉJOUR AUXQUELS L'INSTRUCTION DES PROCÉDURES PEUT DONNER LIEU.

ART. 90. Il est accordé des indemnités aux médecins, chirurgiens, sages-femmes, experts, interprètes, témoins, jurés, Huissiers et gardes champêtres et forestiers, lorsqu'à raison des fonctions qu'ils doivent remplir, et notamment dans les cas prévus par les art. 20, 43 et 44 du Code d'instruction criminelle, ils sont obligés de se transporter à plus de deux kilomètres de leur résidence, soit dans le canton, soit au-delà.

ART. 91. Cette indemnité est fixée pour chaque myriamètre parcouru en allant et en revenant ; savoir :

1.º Pour les médecins, chirurgiens, experts, interprètes et jurés, à *deux francs cinquante centimes ;*

2.º Pour les sages-femmes, témoins, Huis-

___

des Magistrats, en l'absence et en remplacement du greffier, (dans le cas où ce dernier aurait pu se transporter lui-même), que dans ce cas, remplissant les fonctions de commis greffier, il est juste qu'il en reçoive les émolumens.

siers, gardes champêtres et forestiers, à *un franc cinquante centimes*. (1)

---

(1) Cette indemnité est due pour chaque myriamètre parcouru en allant, et pareille indemnité est encore due pour le retour. Ainsi, si l'Huissier s'est transporté dans un lieu éloigné de deux myriamètres de sa résidence, il lui est dû quatre myriamètres, deux pour l'aller et deux pour le venir.

Les Huissiers doivent sur-tout avoir la délicatesse de ne jamais porter dans leurs mémoires plus de myriamètres qu'ils n'en ont réellement parcourus; autrement ils donneront la plus mauvaise opinion de leur moralité, soit aux juges taxateurs ou au Préfet qui ne manqueront pas de s'en apercevoir, soit à Son Excell. le Grand-Juge, qui dressera contr'eux des rôles de restitution, et qui pourra même les destituer. Car l'Huissier qui n'a parcouru que deux myriamètres, et qui s'en fait payer un plus grand nombre, commet un véritable vol dans l'exercice de ses fonctions, et peut, en conséquence, être poursuivi comme coupable de concussion. C'est en se conduisant de cette manière que beaucoup d'Huissiers se sont perdus dans l'opinion publique qui a jugé défavorablement le corps entier. Ils doivent donc à l'envi l'un de l'autre se comporter avec délicatesse et honnêteté, afin de sortir de cette espèce d'avilissement dans lequel leur corps semble être tombé depuis long-temps.

Nous ne pouvons nous empêcher de faire à ce sujet un vœu, pour que les Magistrats qui sont sur les lieux, et qui connaissent mieux que personne les distances de

ART. 92. L'indemnité sera réglée par myriamètre et demi-myriamètre.

Les fractions de huit ou neuf kilomètres se-

---

tous les endroits situés dans leur ressort, tiennent la
main à ce que les Huissiers ne réclament que le
nombre de myriamètres qui leur sont dûs, et sur-
tout qu'ils ne réclament pas, comme beaucoup ont
accoutumé de le faire, plusieurs transports d'un seul
jour dans un même endroit. Il faut convenir qu'un juge
contre lequel on dresserait un rôle de restitution pour
les sommes qu'il aurait indûment allouées, n'aurait aucun droit de se plaindre, et ne pourrait imputer qu'à
sa négligence et à son peu de soin le préjudice que cela
lui causerait. Avec quel soin une autre fois ne s'em-
presserait-il pas de vérifier les mémoires, pour éviter
que l'on employât à l'avenir contre lui une pareille
mesure de rigueur, et quel avantage n'en résulterait-il
pas pour l'ordre judiciaire et pour le trésor ?

Les Huissiers doivent calculer les myriamètres qu'ils
réclament, sur le tableau des distances qui a été dressé
en exécution de l'art. 93 du réglement, et qui est déposé au greffe de chaque Cour ou Tribunal. Nous
croyons, au surplus, devoir les prévenir que les myriamètres portés dans leurs mémoires sont exactement
vérifiés dans les bureaux du Ministre de la justice, sur
le tableau des distances dont nous venons de parler, et
qui a été transmis à cet effet à Son Excellence, et
qu'ainsi il ne leur sera passé en taxe que ceux qu'ils auront réellement parcourus.

ront comptées pour un myriamètre, et celles de trois à sept kilomètres pour un demi-myriamètre (1).

ART. 93. Pour faciliter le réglement de cette indemnité, les Préfets feront dresser un tableau des distances en myriamètres et kilomètres, de chaque commune au chef-lieu de canton, au chef-lieu d'arrondissement, et au chef-lieu de département.

Ce tableau sera déposé aux greffes des Cours impériales, des Tribunaux de première instance et des justices de paix, et il sera transmis à notre Grand-Juge Ministre de la justice (2).

---

(1) Il résulte de ce dernier article, que les Huissiers ne peuvent porter sur leurs mémoires que des myriamètres ou des demi-myriamètres, mais jamais des fractions de 1, 2, 3, 4, 6, 7, 8 ou 9 kilomètres. Ainsi, lorsqu'ils ont parcouru moins de trois kilomètres, ils ne doivent pas les compter : s'ils en ont parcouru trois à sept, ils doivent compter un demi-myriamètre ; et s'ils ont parcouru huit ou neuf kilomètres, ils doivent compter un myriamètre ; de manière qu'ils ne doivent porter dans leurs mémoires que des myriamètres ou des demi-myriamètres.

(2) Nous avons fait *suprà* pag. 60, à l'art. 35 du décret du 14 juin 1813, des remarques importantes qui sont relatives à celui-ci. Nous nous contentons d'y renvoyer.

ART. 94. L'indemnité de *deux francs cinquante centimes* sera portée à *trois francs*, et celle d'*un franc cinquante centimes* à *deux francs*, pendant les mois de novembre, décembre, janvier et février (1).

ART. 95. Lorsque les individus dénommés ci-dessus seront arrêtés, dans le cours du voyage, par force majeure, ils recevront en indemnité, pour chaque jour de séjour forcé ; savoir,

1.º Ceux de la première classe, *deux francs* ;

2.º Ceux de la seconde, *un franc cinquante centimes*.

Ils seront tenus de faire constater par le juge-de-paix ou ses suppléans, ou par le maire, ou à son défaut par ses adjoints, la cause du séjour forcé en route, et d'en représenter le certificat à l'appui de leur demande en taxe (2).

---

(1) Cet article ne doit plus recevoir son exécution ; il a été abrogé par l'art. 4 du décret du 7 avril 1813. Ainsi, dans quelque saison que l'Huissier voyage, il ne lui sera toujours dû qu'un franc cinquante centimes par myriamètre.

(2) Toutes les fois que les Huissiers porteront dans leurs mémoires des séjours forcés, ils auront soin de joindre à l'appui le certificat qui les constate, délivré de la manière prescrite par cet article. On ne peut leur allouer que ceux justifiés par des certificats joints au mémoire.

TITRE II.

Des Dépenses assimilées à celles de l'instruction des procès criminels.

CHAPITRE PREMIER.

DE L'INTERDICTION D'OFFICE.

ART. 117. INDÉPENDAMMENT des poursuites qui seront dirigées contre ceux qui laissent divaguer des foux et des furieux, pour faire prononcer contre les délinquans les peines portées par les art. 471 et 479 du Code pénal, le Ministère public, lorsque l'interdiction ne sera pas provoquée par les parens, la poursuivra d'office, non-seulement dans les cas de *fureur*, mais aussi dans les cas d'*imbécillité* et de *démence*, si l'individu n'a ni époux, ni épouse, ni parens connus, conformément à l'article 491 du Code Napoléon (1).

---

(1) Il paraît que c'est par erreur que l'on a cité l'article 471 du Code pénal, qui n'a aucun rapport avec ce dont il s'agit; c'est l'art. 475 qui prononce une amende contre ceux qui laissent divaguer les fous et

ART. 118. Les frais de cette procédure seront avancés par l'administration de l'enregistrement,

---

furieux. Comme cet article, ainsi que celui 479, sont très-longs et contiennent beaucoup d'autres dispositions étrangères aux Huissiers, nous nous contenterons d'en donner un extrait.

ART. 75. « Seront punis d'amende depuis six francs » jusqu'à dix francs inclusivement,

» 1.° Ceux qui auront contrevenu, etc., etc.

» 7.° Ceux qui auraient laissé divaguer des fous ou des » furieux étant sous leur garde, ou des animaux mal- » faisans ou féroces ; ceux qui auront excité ou n'auront » pas retenu leurs chiens lorsqu'ils attaquent ou pour- » suivent les passans, quand même il n'en serait résulté » aucun mal ni dommage. »

ART. 479. « Seront punis d'une amende de onze à » quinze francs inclusivement,

» 1.° Ceux qui, etc.

» 2.° Ceux qui auront occasionné la mort ou la bles- » sure des animaux ou bestiaux appartenant à autrui, « par l'effet de la divagation des fous ou furieux, ou » d'animaux malfaisans ou féroces, ou par la rapidité, » ou la mauvaise direction ou le chargement excessif » des voitures, chevaux, bêtes de trait, de charge ou » de monture. »

Voici l'article 491 du Code Napoléon : « Dans le cas » de fureur, si l'interdiction n'est provoquée ni par » l'époux, ni par les parens, elle doit l'être par le *Pro- » cureur-impérial*, qui dans les cas d'imbécillité ou de

sur le pied du tarif fixé par notre présent décret: et les actes auxquels cette procédure donnera lieu, seront *visés pour timbre* et enregistrés *en débet*, conformément aux lois des 13 brumaire et 22 frimaire an 7.

ART. 119. Si l'interdit est solvable, les frais de l'interdiction seront à sa charge, et le recouvrement en sera poursuivi, avec privilège et préférence, sur ses biens, et, en cas d'insuffisance, sur ceux de ses père, mère, époux ou épouse.

Ce privilège s'exercera conformément aux règles prescrites par la loi du 5 septembre 1807.

ART. 120. Si l'interdit et les parens désignés dans l'article précédent sont dans un état d'indigence dûment constaté par certificat du maire, visé et approuvé par le sous-préfet et par le préfet, il ne sera passé en taxe que les salaires des Huissiers, et l'indemnité due aux témoins non parens ni alliés de l'interdit (1).

» démence, peut aussi la provoquer contre un individu » qui n'a ni époux, ni épouse, ni parens connus. »

(1) Les frais faits en vertu de ce chapitre, sur la poursuite du Ministère public, sont dûs aux Huissiers, et ils doivent les porter sur leurs états ordinaires, pour être acquittés sur les crédits du Ministre de la justice.

Ils doivent cependant faire attention, 1.º que si l'interdiction a eu lieu pour cause de fureur, ils doi-

CHAPITRE II.

DES POURSUITES D'OFFICE EN MATIÈRE CIVILE.

ART. 121. LES frais des actes et procédures faits sur la poursuite d'office du Ministère public, dans les cas prévus par le Code Napoléon, et

---

vent l'énoncer dans leurs mémoires : il ne suffirait pas de dire, *interdiction d'office*, il faut qu'ils disent que l'interdiction a eu lieu pour cause de fureur, et qu'elle a été poursuivie par le Procureur-impérial, parce que si l'interdiction a été poursuivie par les parens de l'interdit, les frais en sont à leur charge.

2.º Si l'interdiction a eu lieu pour cause d'imbécillité ou de démence, l'Huissier doit encore en faire mention, et il doit de plus ajouter que l'interdit n'a ni époux, ni épouse, ni parens connus, parce que s'il a des parens, les frais d'interdiction sont à leur charge.

3.º Quoique l'interdit ait des parens, si ces parens sont en état d'indigence, ainsi que lui, les frais d'interdiction sont payés sur les fonds généraux de justice; mais alors l'Huissier en les portant sur ses mémoires, doit avoir soin de se faire délivrer un certificat du maire de la commune dans laquelle l'interdit et ses parens ont leur domicile, constatant qu'ils sont en état d'indigence. Ce certificat doit être visé par le Sous-Préfet, et doit toujours être joint au mémoire de l'Huissier.

notamment par les art. 50, 53, 81, 184, 191 et 192, relativement aux actes de l'état civil, seront payés, taxés et recouvrés ainsi qu'il est dit dans le chapitre précédent (1).

ART. 122. Il en sera de même lorsque le Ministère public poursuivra d'office les rectifications des actes de l'état civil, en conformité de l'avis de notre Conseil-d'Etat, du 12 brumaire an 11, comme aussi au sujet des poursuites faites en conformité de la loi du 25 ventôse an 11 sur le notariat, et généralement dans tous les

_____

(1) Les articles du Code Napoléon cités dans cet article, sont relatifs aux amendes encourues par les officiers de l'état civil, et aux demandes en nullité de mariage poursuivies à la requête du Ministère public : nous n'avons pas cru devoir les rapporter ; parce qu'ils sont liés à beaucoup d'autres dont la connaissance est indispensable pour les Huissiers ; ils devront donc avoir soin de les consulter dans le Code, lorsqu'ils auront occasion de les mettre à exécution.

Au surplus, les frais qu'ils feront à ce sujet devront être rarement portés sur leurs mémoires de frais de justice : ils seront payés comme il est dit au chapitre précédent, par les parties contre lesquelles ils auront été prononcés, à moins qu'elles soient en état d'indigence ; et dans ce cas, l'Huissier devra joindre à son mémoire un certificat constatant l'indigence des personnes contre lesquelles les frais ont été faits, ainsi que nous l'avons dit à l'art. 120.

cas où le Ministère public agit dans l'intérêt de la loi et pour assurer son exécution (1).

ART. 123. Il n'est point dérogé par les précédentes dispositions à celles de notre décret du 12 juillet 1807 concernant les droits à percevoir par les officiers de l'état civil.

---

(1) L'Huissier ne devra porter sur ses mémoires que les seuls frais relatifs aux rectifications d'actes de l'état civil, poursuivies d'office par le Ministère public, en exécution de l'avis du Conseil-d'Etat, du 12 brumaire an 11, puisque, dans tous les autres cas, la rectification des actes de l'état civil ne peut être demandée que par les parties qui y ont intérêt, et jamais d'office par le Ministère public. Ces frais ne seront encore payés sur les crédits du Ministre de la justice, ainsi que ceux faits pour assurer l'exécution de la loi du 25 ventôse an 11, qu'autant que les parties contre lesquelles le Ministère public aura agi, seront en état d'indigence, ce que l'Huissier aura soin de faire constater de la manière prescrite par l'art. 120.

Ainsi, toutes les fois que l'Huissier portera sur ses mémoires des frais de cette espèce, il aura soin d'y joindre un certificat d'indigence; et quant aux actes de l'état civil, il énoncera que la *rectification a été demandée par le Ministère public, en exécution de l'avis du Conseil-d'Etat, du 12 brumaire an 11.*

Nous allons transcrire ici cet avis du Conseil-d'Etat, ainsi que celui du 13 nivôse an 10 qui y est rappelé;

CHAPITRE IV.

DU RECOUVREMENT DES AMENDES ET CAUTION-
NEMENS.

ART. 126. LES frais de recouvrement des
amendes prononcées dans les cas prévus par le

_____

nous y joindrons les articles de la loi du 25 ventôse
an 11, que nous croirons pouvoir servir aux Huissiers.

1.º *Extrait des registres des délibérations des*
Consuls de la République.

Du 13 nivôse an 10.

Avis du Conseil-d'Etat sur les formalités à observer
pour les rectifications à faire aux registres de
l'état civil.

LE Conseil-d'Etat, qui, d'après le renvoi des Consuls, et sur le rapport de la section de législation, a
discuté les rapports des Ministres de la justice et de
l'intérieur, tendant à ce qu'il soit pris un arrêté pour
rectifier les registres de l'état civil du département de
l'Ardèche, dans lesquels il a été commis des erreurs,
des omissions et des faux,

Est d'avis que les principes sur lesquels repose l'état
des hommes, s'opposent à toute rectification des registres qui n'est pas le résultat d'un jugement provoqué

Code d'instruction criminelle et par le Code
pénal, seront taxés conformément au tarif ré-

---

par les parties intéressées à demander ou à contredire
la rectification ; que ces principes ont toujours été res-
pectés comme la plus ferme garantie de l'ordre social ;
qu'ils ont été solennellement proclamés par l'ordonn-
nance de 1667, qui a abrogé les *enquêtes d'examen à
futur;* qu'ils viennent d'être encore consacrés dans le
projet de la troisième loi du Code civil ; qu'on ne pourrait y déroger sans porter le trouble dans les familles,
et préjudicier à des droits acquis ; que si la loi du 2 floréal an 3, ordonna des rectifications d'office dans les
départemens de l'ouest, cette mesure extraordinaire
parut commandée par les suites de la guerre civile, mais
qu'elle a éprouvé des obstacles insurmontables dans son
exécution ; que si le mauvais état des registres dans
plusieurs départemens, donne lieu à des difficultés et à
de nombreuses contestations, il est encore plus conforme à l'intérêt public et aux intérêts des individus,
de laisser opérer, suivant les cas, la rectification des
actes de l'état civil par les Tribunaux.

2.º *Extrait des registres des délibérations des
Consuls de la République.*

Du 12 brumaire an 11.

*Avis concernant les formalités à observer pour ins-
crire sur les registres de l'état civil, des actes qui
n'y ont pas été portés dans les délais prescrits,
donné par le Conseil-d'Etat le 8 brumaire.*

Le Conseil-d'Etat, qui, d'après le renvoi des Con-

glé par notre décret du 16 février 1807, pour la
procédure civile.

suls, a entendu le rapport de la section de législation,
sur ceux des Ministres de la justice et de l'intérieur,
relatifs aux questions de savoir,

1.° Si l'officier de l'état civil peut rédiger et inscrire,
d'après les déclarations des parties, les actes de l'état
civil non inscrits sur les registres dans les délais prescrits par la loi, ou s'il est nécessaire que cette inscription soit autorisée par un jugement ;

2.° Si, dans ce cas, il ne conviendrait pas que les
commissaires du Gouvernement près les Tribunaux in-
tervinssent d'office pour requérir les jugemens, afin d'en
éviter les frais aux parties ;

Est d'avis, sur la première question, que les principes qui ont motivé l'avis du 13 nivôse an 10, sur la
rectification des actes de l'état civil, sont, à plus forte
raison, applicables au cas de l'omission de ces actes sur
les registres, puisque la rectification n'a pour objet que
de substituer la vérité à une erreur dans un acte déja
existant, et que lorsqu'on demande à réparer une omission d'acte, il s'agit évidemment de donner un état;
que s'il était permis à l'officier de l'état civil de recevoir, sans aucune formalité, des déclarations tardives,
et de leur donner de l'authenticité, on pourrait introduire des étrangers dans les familles, et que cette faculté serait la source des plus grands désordres; que les
actes omis ne peuvent être inscrits sur les registres qu'en
vertu de jugemens rendus en grande connaissance de
cause de l'omission, contradictoirement avec les par-

L'avance de ces frais ne sera point imputée par l'administration de l'enregistrement, sur

---

ties intéressées ou elles appelées, et sur les conclusions du Ministère public, et que ces jugemens ne peuvent même être attaqués, en tout état, par les parties qui n'y auraient pas été appelées.

Sur la seconde question, qu'il est plus convenable de laisser aux parties intéressées à faire réparer l'omission des actes de l'état civil, le soin de provoquer les jugemens, sauf le droit qu'ont incontestablement les commissaires du Gouvernement, d'agir d'office en cette matière, dans les circonstances qui intéressent l'ordre public.

Les dispositions de la loi du 25 ventôse an 11, qui se rapportent à l'article dont nous nous occupons, sont ainsi conçues :

(Art. 52.) Tout notaire suspendu, destitué ou remplacé, devra, aussitôt après la notification qui lui aura été faite de sa suspension, de sa destitution, ou de son remplacement, cesser l'exercice de son état, à peine de tous dommages-intérêts, et des autres condamnations prononcées par les lois, contre tout fonctionnaire public suspendu ou destitué, qui continue l'exercice de ses fonctions.

Le notaire suspendu ne pourra les reprendre sous les mêmes peines, qu'après la cessation du temps de la suspension.

(Art. 53.) Toutes suspensions, destitutions, condamnations d'amendes et dommages-intérêts, seront

les fonds généraux des frais de justice criminelle ; elle s'en remboursera, suivant les formes
de droit, sur les parties condamnées.

---

prononcées tant contre les notaires, par le Tribunal
civil de leur résidence, à la poursuite des parties intéressées ou d'office, à la poursuite et diligence des commissaires du Gouvernement.

Ces jugemens seront sujets à l'appel et exécutoires
par provision, excepté quant aux condamnations pécuniaires.

(Art. 55.) Si la remise des minutes et repertoires
d'un notaire remplacé n'a pas été effectuée conformément à l'article précédent, dans le mois à compter du
jour de la prestation de serment du successeur, la remise en sera faite à celui-ci.

(Art. 56.) Lorsque la place de notaire sera supprimée, le titulaire ou ses héritiers seront tenus de remettre les minutes et répertoires, dans le délai de deux
mois du jour de la suppression, à l'un des notaires de la
commune, ou à l'un des notaires du canton, conformément à l'art. 54.

(Art. 57.) Le commissaire du Gouvernement près
le Tribunal de première instance, est chargé de veiller
à ce que les remises ordonnées par les articles précédens soient effectuées ; et dans le cas de suppression de
la place, si le titulaire ou ses héritiers n'ont pas fait
choix dans les délais prescrits, du notaire à qui les minutes et répertoires devront être remis, le commissaire
indiquera celui qui en demeurera dépositaire.

Le titulaires ou ses héritiers, en retard de satisfaire

En cas d'insolvabilité des condamnés, les frais de poursuite seront alloués à l'administration dans ses comptes, en conformité de l'art. 66 de la loi du 22 frimaire an 7.

Art. 127. Il en sera de même pour le recouvrement des cautionnemens fournis à l'effet d'obtenir la liberté provisoire des prévenus, et dans les ces prévus par les art. 122 et 123 du Code d'instruction criminelle.

Art. 128. La même disposition est applicable, quant à la taxe, aux poursuites faites par les cautions, à l'effet d'obtenir les restitutions, dans les cas de droit, des sommes déposées dans la caisse de l'administration de l'enregistrement, aux termes de l'art. 117 du Code d'instruction criminelle.

---

aux dispositions des art. 55 et 56, seront condamnés à cent francs d'amende par chaque mois de retard, à compter du jour de la sommation qui leur aura été faite d'effectuer la remise.

TITRE III.

Du Paiement et Recouvrement des frais de justice criminelle.

CHAPITRE PREMIER.

DU MODE DE PAIEMENT.

ART. 132, LE mode de paiement des frais diffère suivant leur nature et leur urgence ; il est réglé ainsi qu'il suit.

ART. 133. Les frais urgens seront acquittés sur simple taxe et mandat du juge mis au bas des réquisitions, copies de convocations ou de citations, états ou mémoires des parties.

ART. 134. Sont réputés frais urgens,

1.º Les indemnités des témoins et des jurés ;

2º. Toutes dépenses relatives à des fournitures ou opérations pour lesquelles les parties prenantes ne sont pas habituellement employées ;

3.º Les frais d'extradition des prévenus, accusés ou condamnés.

ART. 138. Les dépenses non réputées urgentes seront payées sur les états ou mémoires des par-

ties prenantes, revêtus de la taxe et de l'exécutoire du juge, et du *visa* du préfet du département (1).

ART. 139. Les états ou mémoires seront taxés
article par article, et l'exécutoire sera délivré à
la suite ; le tout dans la forme qui sera prescrite
par notre Grand-Juge Ministre de la justice.

La taxe de chaque article rappellera la disposition du présent décret sur laquelle elle sera
fondée (2).

ART. 140. Les formalités de la taxe et de

---

(1) Les mémoires d'Huissiers ne sont pas considérés
comme contenant des frais urgens. Ils doivent donc être
revêtus,

1.º De la taxe du juge ;

2.º De l'exécutoire du juge ;

3.º Du *visa* du Préfet.

Nous allons donner de plus longs détails relatifs à
chacune de ces formalités, en nous occupant des articles suivans.

(2) La taxe du juge doit être mise dans la sixième
colonne de la récapitulation du mémoire, ainsi qu'on
peut le voir au modèle qui se trouve à la fin de cet
ouvrage. Ce n'est qu'après avoir vérifié le mémoire,
article par article, et après l'avoir confronté avec le
registre qui doit être tenu au parquet, en exécution de
l'art. 83, que les juges doivent remplir cette colonne.
Les Huissiers eux-mêmes sont intéressés à ce que leurs
mémoires soient vérifiés exactement par les juges ;

l'exécutoire seront remplies sans frais par les présidens, les juges d'instruction et les juges-de-paix, chacun en ce qui le concerne.

L'exécutoire sera décerné sur les réquisitions de l'officier du ministère public, lequel signera la minute de l'ordonnance (1).

---

c'est le seul moyen d'éviter les rejets et les rôles de restitution, qui, quoique dressés contre les Magistrats, ne manqueraient pas de retomber sur eux.

Lorsque les juges réduisent un mémoire en le vérifiant, ils doivent en faire mention en mettant les motifs de réduction dans la huitième colonne de la récapitulation du mémoire, ayant pour titre *observations*. Ils doivent aussi rayer sur le mémoire les articles rejetés, et faire refaire les additions à chaque page.

La cinquième colonne de la récapitulation du modèle, se rapporte au second paragraphe de cet article; elle peut être remplie par l'Huissier. Il doit y rappeler à chaque article la disposition du présent décret sur laquelle elle est fondée.

(1) Les Huissiers feront taxer leurs mémoires par les premier président, président, juge d'instruction, juge-de-paix, ou autre en remplissant les fonctions, chacun dans leur ressort.

L'exécutoire sera toujours décerné, savoir, près la Cour impériale, par le premier président, ou par un président sur la réquisition du Procureur-général, avocat-général ou d'un substitut; près la Cour d'assises, par le président, sur la réquisition du Procureur-impérial

ART. 141. Les juges qui auront décerné les mandats ou exécutoires, et les officiers du Ministère public qui y auront apposé leur signature, seront responsables de tout abus ou

criminel ; près les Tribunaux de première instance, par le président ou le juge d'instruction, sur la réquisition du Procureur-impérial ou de son substitut ; et près les justices de paix et les Tribunaux de police, par les juge-de-paix ou président du Tribunal de police, sur la réquisition du commissaire de police, ou de tout autre remplissant les fonctions d'officier du Ministère public.

Nous sommes entrés dans tous ces détails, qui paraîtront peut-être minutieux à quelques-uns, pour tirer de l'erreur certains Huissiers de justice de paix qui croyaient que l'exécutoire ne pouvait être décerné que par le président ou le juge d'instruction du Tribunal de première instance.

Les exécutoires ne doivent pas non plus être décernés sur la réquisition des Huissiers, comme plusieurs se le sont imaginé.

Il arrive quelquefois que les Huissiers sont chargés d'instrumenter dans des procédures criminelles, par des Magistrats qui ne sont pas du même ressort. Dans ce cas, il est inutile qu'ils renvoient leurs mémoires à ces Magistrats, pour les vérifier, les taxer et les rendre exécutoires, sur-tout si ces Magistrats ne sont pas du même arrondissement ou du même département ; les juges de leur ressort, et qui ont surveillance immédiate sur eux, sont compétens pour remplir ces formalités.

exagération dans les taxes, solidairement avec les parties prenantes, et sauf leur recours contre elles.

ART. 142. Les présidens et les juges d'instruction ne pourront refuser de taxer et de rendre exécutoires, s'il y a lieu, des états ou mémoires de frais de justice criminelle, par la seule raison que ces frais n'auraient pas été faits par leur ordre direct, pourvu toutefois qu'ils aient été faits en vertu des ordres d'une autorité compétente, dans le ressort de la Cour ou du Tribunal que ces juges président ou dont ils sont membres (1).

ART. 143. Les états ou mémoires taxés et rendus exécutoires ainsi qu'il est dit dans les articles précédens, seront vérifiés par le préfet du département, qui apposera son *visa* sans frais au bas de l'exécutoire ; le tout dans la forme qui sera indiquée par notre Grand-Juge Ministre de la justice.

ART. 144. Les états ou mémoires seront dressés de manière que nos officiers de justice et les Préfets puissent y apposer leurs taxes, exécutoires, réglement et *visa* ; autrement ils seront rejetés, ainsi que les mémoires de greffiers ou d'Huis-

---

(1) *Voyez* le dernier alinéa de la précédente observation.

siers qui ne seraient point conformes aux modèles arrêtés par notre Grand-Juge Ministre de
la justice , comme il est dit dans l'article 82 ci-
dessus.

ART. 145. Il sera fait de chaque état ou mémoire trois expéditions , dont une sur papier
timbré et deux sur papier libre.

Chacune de ces expéditions sera revêtue de
la taxe et de l'exécutoire du juge , et du *visa*
du préfet.

La première sera remise au payeur avec les
pièces au soutien des articles susceptibles d'être
ainsi justifiés.

Le prix du timbre tant de l'état ou mémoire
que des pièces à l'appui est à la charge de la partie prenante.

L'une des expéditions sur papier libre restera
déposée aux archives de la préfecture ;

L'autre sera transmise à notre Grand - Juge
Ministre de la justice , avec l'état du trimestre
dont il sera parlé ci-après (1).

_____

(1) 1.º Il doit être fait trois expéditions de chaque
mémoire : la première sert d'original ou de minute,
et doit être sur papier timbré : c'est cette expédition
que l'on appelle la pièce comptable, parce que c'est la
seule authentique ; l'Huissier doit y annexer les pièces
justificatives , telles que les mandemens prescrits par
l'art. 84, les certificats mentionnés dans l'art. 120, etc.

Art. 146. Les états ou mémoires qui ne s'é-

Il fait ensuite deux copies de cette expédition pour servir de doubles pièces. Il est inutile que ces copies soient faites sur papier timbré; il suffit de les faire sur papier libre. Elles ne doivent pas non plus être accompagnées de pièces justificatives.

2.º L'Huissier remet ces trois expéditions aux Magistrats mentionnés dans l'art. 140, pour les faire vérifier, taxer et ordonnancer. La vérification se fait toujours sur la pièce comptable, sauf à la confronter ensuite avec les doubles pièces, pour s'assurer qu'elles sont conformes. Il doit sur-tout faire attention que la taxe du juge et l'exécutoire, doivent être mis, tant sur la pièce comptable que sur les doubles pièces.

3.º L'Huissier envoie ensuite les trois expéditions au Préfet, qui les vérifie, les vise, remplit sur toutes les trois la colonne de la récapitulation, contenant le réglement du Préfet, et renvoie ensuite la pièce comptable à l'Huissier. Une des doubles pièces est envoyée par le Préfet au Ministre de la justice, et l'autre demeure déposée aux archives de la Préfecture.

4.º L'Huissier ayant reçu du Préfet la pièce comptable, revêtue de toutes les formalités prescrites, met son acquit au bas, et la présente au receveur de l'enregistrement mentionné dans l'exécutoire; ce dernier l'envoie ensuite au directeur de l'enregistrement, qui met *son bon à payer*, s'il n'existe pas entre ses mains de saisie-arrêt ou opposition : ce n'est qu'après cette dernière formalité que le mé-

lèveront pas à plus de *dix francs*, ne seront point sujets à la formalité du timbre (1).

---

moire peut être payé. Le directeur envoie ensuite le mémoire avec l'état de trimestre, à l'administration de l'enregistrement, qui le transmet au Ministre de la justice. Les mémoires sont exactement vérifiés sur la pièce comptable, dans les bureaux de Son Excellence, et ils ne sont alloués qu'autant qu'ils ont été rédigés de la manière prescrite par le modèle, et que l'on s'est conformé à tout ce qui est prescrit par le présent réglement.

5.º L'Huissier doit sur-tout observer que si ses mémoires ont été réduits par le juge ou par le Préfet, il doit effacer les articles rejetés en entier, et faire mention aux autres de la réduction partielle. Il doit aussi refaire les additions à toutes les pages et à la récapitulation.

6.º Il n'est dû aucuns frais de rédaction ni de copie pour les mémoires des Huissiers, comme quelques-uns se le sont imaginé. Les frais de papier timbré sont aussi à leur charge.

(1) Quelques Huissiers, pour éluder les dispositions de cet article, ont cru pouvoir faire jusqu'à douze et quinze mémoires par trimestre, dont aucun ne se montait à dix francs. Ils s'exposent par là à voir rejeter leurs mémoires, parce que la vérification en devient beaucoup plus longue et plus minutieuse. Si leurs diligences sont nombreuses, ils peuvent faire un mémoire pour chaque mois ; s'ils n'ont que peu d'actes à y insérer, ils peuvent n'en faire qu'un seul par trimestre ou

ART. 147. Aucun état ou mémoire fait au nom de deux ou plusieurs parties prenantes ne sera rendu exécutoire, s'il n'est signé de chacune d'elles : le paiement ne pourra être fait que sur leur acquit individuel, ou sur celui de la personne qu'elles auront autorisée spécialement, et par écrit, à toucher le montant de l'état ou mémoire.

Cette autorisation et l'acquit seront mis au bas de l'état, et ne donneront lieu à la perception d'aucun droit.

ART. 148. Les états ou mémoires qui comprendraient des dépenses autres que celles qui, d'après notre présent décret, doivent être payées sur les fonds généraux des frais de justice, seront rejetés de la taxe et du *visa*, sauf aux parties réclamantes à diviser leurs mémoires par nature de dépenses, pour le montant en être acquitté par qui de droit (1).

ART. 149. Les exécutoires qui n'auront pas été présentés au *visa* du préfet dans le délai d'une année, à compter de l'époque à laquelle les frais auront été faits, ou dont le paiement

par semestre, ou même pour un plus long terme, en observant cependant de ne pas le laisser suranner, ainsi qu'il sera dit à l'art. 149.

(1) *Voyez* ci-devant les observations faites à l'art. 3, N.ᵒˢ 11 et 12, et celles faites ci-après à l'art. 158.

27..

n'aura pas été réclamé dans les six mois de la
date du *visa*, ne pourront être acquittés qu'autant qu'il sera justifié que les retards ne sont
point imputables à la partie dénommée dans
l'exécutoire.

. Cette justification ne pourra être admise que
par notre Grand - Juge Ministre de la justice,
après avoir pris l'avis de nos Procureurs-généraux, ou des préfets, s'il y a lieu (1).

———————

(1) 1.º Les mémoires d'Huissiers doivent être présentés
au *visa* du Préfet dans l'année, à compter de l'époque
où les premiers frais auront été faits. Ainsi, par exemple, un mémoire contenant des diligences à partir du
1.ᵉʳ d'octobre 1813, doit être visé par le Préfet avant
le 1.ᵉʳ octobre 1814; et en supposant qu'il ne fût
visé que postérieurement à cette dernière époque, on
rejetterait du mémoire toutes les diligences qui auraient
plus d'un an d'ancienneté.

2.º La surannation est aussi encourue par six mois
à partir de la date du *visa* du Préfet, pour la réclamation du paiement du mémoire.

3.º L'Huissier qui aura laissé suranner ses mémoirs,
sans que les causes de surannation lui soient imputables, devra faire une pétition adressée au Ministre de
la justice, contenant ses motifs de justification, et à laquelle il joindra les mémoires surannés. Elle devra être
approuvée par le Préfet ou par le Procureur-général
qui transmettra le tout directement à Son Excellence
pour qu'il les relève de la déchéance encourue s'il le
juge convenable.

ART. 152. Les préfets ne délivreront leur mandats et n'apposeront leur *visa* sur les exécutoires, que d'après les règles établies par notre présent décret, et après une exacte vérification de chacun des articles de dépense portés dans les états ou mémoires.

Ils réduiront au taux convenable les sommes qui surpasseraient les fixations faites par nos décrets, et les articles non tarifés qui leur paraîtraient exagérés.

Ils rejetteront en totalité les dépenses non autorisées ou non suffisamment justifiées, et celles dont la taxe ne rappellerait pas l'article qui l'autorise, ainsi qu'il est dit dans l'art. 139 ci-dessus.

Ils pourront exiger la représentation des pièces, à l'effet de vérifier les taxes soumises à leur révision.

ART. 153. Le secrétaire-général de l'administration de l'enregistrement à Paris, et les directeurs de cette administration dans les départemens, ne pourront refuser leur *visa* sur les mandats ou exécutoires qui auront été délivrés conformément aux dispositions de notre présent décret, si ce n'est dans les cas suivans :

1°. S'il existe des saisies ou oppositions au préjudice des parties prenantes, ainsi qu'il est dit dans notre décret du 13 pluviôse an 13 ;

2.° Si ces mandats ou exécutoires compren-

nent des dépenses autres que celles dont l'administration de l'enregistrement est chargée de
faire l'avance sur les crédits ouverts à notre
Grand-Juge Ministre de la justice.

Dans ces deux cas, le secrétaire-général et
les directeurs de l'administration feront mention, en marge ou au bas des mandats ou exécutoires, des motifs de leur refus de les viser (1).

Art. 154. Les mandats et exécutoires délivrés pour les causes et dans les formes détermi-

---

(1) Nous allons transcrire ici le décret du 13 pluviôse
an 13.

Art. 1.er Les saisies-arrêt et oppositions aux paiemens à faire par les préposés de l'administration de
l'enregistrement et des domaines, pour les objets susceptibles d'être ainsi arrêtés, ne seront valables qu'autant qu'elles auront été notifiées au directeur de cette
administration dans le département où ce paiement devra être effectué, et que l'original en aura été visé par
le directeur, avec indication de la date et du numéro
du registre par lui tenu à cet effet.

Art. 2. Les ordonnances, mandats et exécutoires
(excepté ceux pour indemnité aux jurés, taxes à témoins, et autres frais de justice qui doivent être payés
sur-le-champ), ne pourront être acquittés par les préposés qu'après qu'ils auront été revêtus du *visa* du directeur, constatant qu'il n'existe point de saisie-arrêt, ni
d'opposition.

minées par notre présent décret, seront payables chez les receveurs établis près le Tribunal
de qui ils émaneront.

ART. 155. Les greffiers et les Huissiers ne
pourront réclamer directement des parties le
paiement des droits qui leur sont attribués.

~~~~~~~~~~~~~~~~~~~~~~~~~~~~~~~~

CHAPITRE II.

DE LA LIQUIDATION ET DU RECOUVREMENT DES FRAIS.

ART. 156. La condamnation aux frais sera
prononcée, dans toutes les procédures, *solidairement* contre tous les auteurs et complices
du même fait, et contre les personnes civilement responsables du délit.

ART. 157. Ceux qui se seront constitués parties civiles, soit qu'ils succombent ou non,
seront personnellement tenus des frais d'instruction, expédition et signification des jugemens, sauf leur recours contre les prévenus ou
accusés qui seront condamnés, et contre les
personnes civilement responsables du délit.

ART. 158. Sont assimilées aux parties civiles,

1.° Toute régie ou administration publique,
relativement aux procès suivis, soit à sa re-

quête, soit même d'office et dans son intérêt;

2.° Les communes et les établissemens publics, dans. les procès instruits, ou à leur requête, ou même d'office, pour crimes ou délits commis dans leurs propriétés (1).

(1) Il résulte des dispositions de cet article,

1.° Que tous les procès poursuivis à la requête d'une régie ou d'une administration publique quelconque, ou même poursuivis d'office et dans leurs intérêts, sont à la charge de cette administration ou régie. Ainsi sont à la charge du Ministre de la guerre, les frais faits en matière de recelage de déserteur, de favorisation de désertion, etc. A la charge de l'administration générale des droits-réunis, ceux pour contravention aux lois sur les droits-réunis, pour contravention à la marque des matières d'or et d'argent, pour délit de pêche sur des rivières navigables, pour outrages à des employés des droits-réunis dans l'exercice de leurs fonctions, etc. A la charge de l'administration des poids et mesures, ceux pour contravention aux lois qui concernent cette administration. A la charge de l'administration des douanes, tous les frais faits en matière de douanes, contrebande, etc. A la charge de l'administration des eaux et forêts, ceux pour délits et vols de bois commis dans des bois ou forêts appartenant au Gouvernement, ou dans les forêts impériales; ceux relatifs à des gardes forestiers accusés de concussion, ou insultés dans l'exercice de leurs fonctions, etc., etc., etc.

2.° Sont aussi à la charge des communes et des éta-

ART. 159. Toutes les fois qu'il y aura partie
civile en cause, et qu'elle n'aura pas justifié de
son indigence dans la forme prescrite par l'article 420 du Code d'instruction criminelle, les
exécutoires pour les frais d'instruction, expédition et signification des jugemens, pourront
être décernés directement contre elle (1).

blissemens publics, les frais faits dans des procès qui
concernent ces communes ou ces établissemens, comme
ceux poursuivis contre une communauté d'habitans,
pour anticipation sur un communal, avoir défriché un
communal, droit de parcours, vaine pâture, etc.; ceux
poursuivis contre une ville, une commune, un lycée,
un hospice, etc.

3.º Les Huissiers porteront sur des mémoires séparés
tous les frais étrangers aux frais de justice, afin de les
faire supporter par les administrations dans l'intérêt
desquels ils ont été faits. Ils doivent observer les mêmes
formalités dans la rédaction et dans le mode de paiement de ces mémoires.

4.º Les Huissiers doivent donc désigner clairement la
nature des affaires à chaque article de leurs mémoires,
afin que ceux qui les vérifieront puissent bien s'assurer
qu'ils ne comprennent que des frais à la charge des fonds
généraux de justice.

(1) L'article 420 du Code d'instruction criminelle est
ainsi conçu : sont dispensés de l'amende, 1.º les condamnés en matière criminelle ; 2.º les agens publics

426 DÉCRET DU 18 JUIN 1811.

ART. 160. En matière de police simple ou correctionnelle, la partie civile qui n'aura pas justifié de son indigence, sera tenue, avant toutes poursuites, de déposer au greffe ou entre les mains du receveur de l'enregistrement, la somme présumée nécessaire pour les frais de la procédure.

Il ne sera exigé aucune rétribution pour la garde de ce dépôt, à peine de concussion.

ART. 161. Dans les exécutoires décernés sur les caisses de l'administration de l'enregistrement pour des frais qui ne sont point à la charge de l'État, il sera fait mention qu'il n'y a point de partie civile en cause, ou que la partie civile a justifié de son indigence.

---

pour affaires qui concernent directement l'administration et les domaines, ou revenus de l'État.

A l'égard de toutes autres personnes, l'amende sera encourue par celles qui succomberont dans leurs recours : seront néanmoins dispensés de la consigner, celles qui joindront à leur demande en cassation, 1.º un extrait du rôle des contributions, constatant qu'elles paient moins de six francs, ou un certificat du percepteur de leur commune, portant qu'elles ne sont point imposées ; 2.º un certificat d'indigence à elles délivré par le maire de la commune de leur domicile, ou par son adjoint, visé par le Sous-Préfet et approuvé par le Préfet de leur département.

ART. 162. Sont déclarés, dans tous les cas, à la charge de l'État, et sans recours envers les condamnés,

1º. Les frais de voyage des conseillers de nos Cours impériales, et des conseillers-auditeurs qui seront délégués aux Cours d'assises ou spéciales ;

2.º L'indemnité des jurés pour leur déplacement ;

3.º Toutes les dépenses pour l'exécution des arrêts criminels.

ART. 163. Il sera dressé, pour chaque affaire criminelle, correctionnelle ou de simple police, un état de liquidation des frais, autres que ceux qui sont mentionnés dans l'article précédent ; et lorsque cette liquidation n'aura pu être insérée, soit dans l'ordonnance de mise en liberté, soit dans l'arrêt ou le jugement de condamnation, d'absolution ou d'acquittement, le juge compétent décernera exécutoire contre qui de droit, au bas dudit état de liquidation.

ART. 164. Le greffier remettra dans le plus court délai, au préposé de l'administration de l'enregistrement chargé du recouvrement, un extrait de l'ordonnance, arrêt ou jugement, pour ce qui concerne la liquidation et la condamnation au remboursement des frais, ou une copie de l'état de liquidation rendu exécutoire, ainsi qu'il est dit dans l'article précédent.

Il en transmettra un double à notre Grand-Juge Ministre de la justice, pour servir à la vérification de l'état de trimestre dont il sera parlé ci-après.

ART. 165. Les préfets inscriront sur un registre particulier, sommairement et par ordre de dates et de numéros, les mandats qu'ils délivreront en vertu de notre présent décret, ainsi que les *visa* qu'ils apposeront sur les états ou mémoires, avec indication du nombre et de la nature des pièces produites au soutien.

Ils porteront le numéro de l'inscription, tant sur leurs mandats que sur les trois expéditions desdits états ou mémoires, et sur chacune des pièces produites à l'appui; ces pièces seront en outre cotées par première et dernière.

ART. 166. Dans la première quinzaine de chaque trimestre, les préfets adresseront à notre Grand-Juge Ministre de la justice un état relevé sur le registre mentionné dans l'article précédent, et conforme au modèle arrêté par ce Ministre; ils y joindront les doubles des états ou mémoires qu'ils auront visés pendant le trimestre expiré.

ART. 167. Dans la première quinzaine du second mois de chaque trimestre, les directeurs de l'administration de l'enregistrement adresseront au directeur-général de cette administration, un état conforme au modèle arrêté par

notre Grand-Juge Ministre de la justice , avec
les mandats et exécutoires que les receveurs de
leur arrondissement auront acquittés pendant
le trimestre précédent.

Ces mandats et exécutoires seront accompagnés des originaux des pièces justificatives.

ART. 168. Le directeur-général de l'administration de l'enregistrement fera parvenir à notre
Grand-Juge Ministre de la justice, dans les trois
mois, au plus tard, après l'expiration de chaque
trimestre , un état général conforme au modèle
arrêté par ce Ministre , auquel seront joints les
états particuliers des directeurs , ainsi que les
mandats et exécutoires accompagnés des originaux de pièces justificatives.

ART. 169. Notre Grand-Juge Ministre de la
justice fera procéder à la vérification de l'état
général qui lui aura été adressé ;

Il l'arrêtera à la somme totale des paiemens
qui lui paraîtront avoir été régulièrement faits.

Il délivrera du montant une ordonnance au
profit de l'administration de l'enregistrement ,
le tout sans préjudice des restitutions qu'il
pourrait y avoir lieu d'ordonner ultérieurement.

ART. 170. Cette ordonnance sera remise ,
avec l'état général ci-dessus mentionné et les
pièces à l'appui , par l'administration de l'enregistrement , à notre Ministre du trésor impé-

rial, lequel délivrera, en échange, un récépissé admissible dans les comptes de cette administration.

ART. 171. Notre Grand-Juge Ministre de la justice pourra, lorsqu'il le croira convenable, envoyer des inspecteurs pour visiter les greffes et y faire toutes vérifications relatives aux frais de justice.

ART. 172. Toutes les fois que notre Grand-Juge Ministre de la justice reconnaîtra que des sommes ont été indûment allouées à titre de frais de justice criminelle, il en fera dresser des rôles de restitution, lesquels seront par lui déclarés exécutoires contre qui de droit, lors même que ces sommes se trouveront comprises dans les états déja ordonnancés par lui; pourvu néanmoins qu'il ne se soit pas écoulé plus de deux ans depuis la date de ses ordonnances.

ART. 173. Si, dans les états de frais urgens dressés par les receveurs de l'enregistrement, les préfets trouvent qu'il y ait abus ou surtaxe, ils dresseront, du montant des sommes qu'ils ne croiront pas légitimement allouées, des rôles de restitution conformes au modèle arrêté par notre Grand-Juge Ministre de la justice, et ils les adresseront à ce Ministre pour être par lui déclarés exécutoires, s'il y a lieu.

ART. 174. Le recouvrement des frais de justice avancés par l'administration de l'enregistrement, conformément aux dispositions de notre présent décret, et qui ne sont point à la charge de l'État, ainsi que les restitutions ordonnées par notre Grand-Juge Ministre de la justice, en exécution des deux articles précédens, seront poursuivis par toutes voies de droit, et même par celle de la contrainte par corps, à la diligence des préposés de l'administration, en vertu des exécutoires mentionnés aux articles ci-dessus.

ART. 175. Pour l'exécution de la contrainte par corps dans les cas ci-dessus prévus, il suffira de donner copie au débiteur, en tête du commandement à lui signifié,

1.º Du rôle ou des articles du rôle sur lesquels sera intervenue l'ordonnance de recouvrement;

2.º De l'ordonnance de notre Grand-Juge Ministre de la justice, portant restitution de la somme à recouvrer, en ce qui concernera le débiteur contraint.

ART. 176. Des Huissiers préposés pour les actes relatifs au recouvrement, pourront recevoir les sommes dont les parties offriront de se libérer dans leurs mains; à la charge par eux d'en faire mention sur leurs répertoires, et de les verser immédiatement dans la caisse du receveur de l'enregistrement, à peine d'être poursuivis et punis conformément aux art. 169, 171

et 172 du Code pénal, s'ils sont en retard de
plus de trois jours (1).

ART. 177. L'administration de l'enregistrement rendra compte des recouvremens effec-

_____

(1) Voici les articles du Code pénal.

ART. 169. Tout percepteur, tout commis à une perception, dépositaire ou comptable public qui aura détourné ou soustrait des deniers publics ou privés, ou
effets actifs en tenant lieu, ou des pièces, titres, actes,
effets mobiliers qui étaient entre ses mains en vertu de
ses fonctions, sera puni des travaux forcés à temps, si
les choses détournées ou soustraites sont d'une valeur
au-dessus de trois mille francs.

ART. 170. La peine des travaux forcés à temps aura
lieu également, quelle que soit la valeur des deniers
ou des effets détournés ou soustraits, si cette valeur
égale ou excède, soit le tiers de la recette ou du dépôt,
s'il s'agit de deniers ou effets une fois reçus ou déposés,
soit le cautionnement s'il s'agit d'une recette ou d'un
dépôt attaché à une place sujette à cautionnement, soit
enfin le tiers du produit commun de la recette pendant
un mois, s'il s'agit d'une recette composée de rentrées
successives et non sujettes à cautionnement.

ART. 171. Si les valeurs détournées ou soustraites
sont au-dessous de trois mille francs, et en outre inférieures aux mesures exprimées en l'article précédent, la
peine sera un emprisonnement de deux ans au moins,
et de cinq ans au plus, et le condamné sera de plus déclaré à jamais incapable d'exercer aucune fonction publique.

tués, de la même manière que de ses autres recettes.

En cas d'insolvabilité des parties contre lesquelles seront décernés les exécutoires, les receveurs seront déchargés des recouvremens qui concerneront ces parties, en justifiant de leurs diligences, et en rapportant des certificats d'indigence légalement délivrés, sans préjudice toutefois des poursuites qui pourront être exercées dans le cas où lesdites parties deviendraient solvables.

Art 178. Dans le courant de chaque trimestre, l'administration de l'enregistrement remettra à notre Grand-Juge Ministre de la justice, des états de situation des recouvremens du trimestre précédent, dressés dans la forme qui sera par lui déterminée.

A la fin de chaque trimestre ou de chaque exercice, le montant des sommes recouvrées sera compensé, jusqu'à due concurrence, avec les avances faites par l'administration, pendant le même exercice, pour frais généraux de justice, et il en sera fait déduction dans ses comptes.

Art. 179. Notre Grand-Juge Ministre de la justice nous présentera chaque année un bordereau général tant des ordonnances qu'il aura délivrées pour frais de justice, que des sommes qui auront été recouvrées par l'administration de l'enregistrement sur le montant de ces ordonnances.

~~~~~~~~~~~~~~~~~~~~~~

TITRE IV.

Des frais de justice devant la Haute-Cour impériale, les Cours prévôtales et les Tribunaux des douanes.

~~~~~~~~~~

CHAPITRE PREMIER.

DE LA HAUTE-COUR IMPÉRIALE.

ART. 180. NOTRE grand Procureur-général près la Haute-Cour impériale taxera lui-même, selon les règles établies par notre présent décret, les frais de procédures instruites par notre dite Cour.

ART. 181. Il réglera les dépenses du parquet et du greffe auxquelles donneront lieu les formes particulières de procéder de la Haute-Cour impériale.

ART. 182. Il proposera et notre Grand-Juge Ministre de la justice déterminera les frais de voyage et de séjour des Magistrats du parquet, lorsqu'ils seront forcés de se déplacer pour le service de la Haute-Cour.

ART. 183. Les dispositions de notre décret du 17 mars 1809 seront applicables aux Huissiers qui seront nommés par le prince archichancelier, pour le service de la Haute-Cour impériale et de son parquet.

ART. 184. Toutes les dépenses ci-dessus seront acquittées sur les mandats de notre grand Procureur-général, visés par le préfet du département de la Seine, et approuvés par notre Grand-Juge Ministre de la justice.

ART. 185. Le recouvrement desdits frais sera fait suivant les règles et dans les formes prescrites par notre présent décret.

CHAPITRE II.

DES COURS PRÉVÔTALES ET TRIBUNAUX DES DOUANES.

ART. 186. LES dispositions du présent décret sont applicables aux procédures instruites devant nos Cours prévôtales et nos Tribunaux ordinaires des douanes, dans les cas prévus et dont la connaissance leur est attribuée par notre décret du 18 octobre 1810 (1).

---

(1) On sait que le décret du 18 octobre 1810, établit

ART. 187. Les dispositions des art. 98, 99 et 100 du présent décret, relatifs aux états de crédit pour la franchise et le contre-seing, sont applicables,

1.º Aux grands-prévôts, Procureurs-généraux et greffiers en chef des Cours prévôtales ;

2.º Aux présidens, Procureurs-impériaux et greffiers en chef des Tribunaux ordinaires des douanes.

Les greffiers se conformeront, pour l'ouverture des lettres et paquets, aux dispositions de l'art. 101 ci-dessus.

ART. 188. Il n'est point dérogé aux dispositions de l'art. 10 de notre décret du 8 novembre 1810.

---

jusqu'à la paix générale une juridiction particulière sous le nom de Cours prévôtales et de Tribunaux de douanes, qui connaissent des délits commis en matière de douanes ; ce sont des Tribunaux correctionnels et des Cours criminelles où se portent toutes les affaires relatives aux douanes. L'article 2 de ce décret porte : Les Cours prévôtales seront composées d'un président, grand-prévôt des douanes, de huit assesseurs au moins, d'un Procureur-général, d'un greffier, et du nombre d'Huissiers nécessaires à leur service.

L'art. 8. Les Tribunaux seront composés d'un président, de quatre assesseurs, d'un Procureur-impérial, d'un greffier, et des Huissiers nécessaires à leur service.

En conséquence, il sera pourvu au paiement des frais d'instruction, ainsi qu'il est dit dans ledit article, sur les exécutoires des grands prévôts et Procureurs-généraux près les Cours prévôtales, des présidens et Procureurs-impériaux près des Tribunaux des douanes, et sur le *visa* des préfets.

Notre Grand-Juge Ministre de la justice fera vérifier ces exécutoires, les réglera définitivement et les régularisera, tous les trois mois, par ses ordonnances, pour le recouvrement en être poursuivi aux formes de droit, et conformément aux dispositions des art. 174 et 175 ci-dessus, au profit de l'administration des douanes, qui aura fait l'avance des frais de toute nature (1).

_____

(1) Les Huissiers attachés aux Tribunaux des douanes et aux Cours prévôtales, doivent sur-tout bien se pénétrer qu'au moyen du traitement fixe qui leur est accordé en vertu de l'art. 7 du décret du 8 novembre 1810, il ne peut leur être accordé aucun salaire pour les actes de leur ministère, excepté les frais de copie au taux fixé par l'art. 71, N.° 10 du présent réglement, en observant toujours qu'ils doivent déduire le premier rôle de chaque copie.

Quant aux voyages auxquels leurs actes peuvent donner lieu, il ne peut leur être alloué que ceux faits hors du canton de leur résidence, et justifiés par les

Dispositions générales.

ART. 189. Tous réglemens relatifs au tarif et au mode de paiement et recouvrement des frais de justice en matière criminelle, notamment l'arrêté du Gouvernement du 6 messidor an 6 et notre décret du 24 février 1806 sont abrogés.

ART. 190. Notre Grand-Juge Ministre de la justice, nos Ministres de l'intérieur, des finances et du trésor impérial, sont chargés, chacun en ce qui le concerne, de l'exécution du présent décret, qui sera inséré au Bulletin des lois.

---

mandemens exprès prescrits par l'art. 84 du même décret du 18 juin 1811. Ils doivent aussi joindre ces mandemens à leurs mémoires.

Nous ne rapportons pas ici les art. 7 et 10 du décret du 8 novembre 1810, parce qu'ils se trouvent compris dans l'extrait que nous en avons donné ci-devant pag. 343.

Extrait du décret impérial qui assujettit les greffiers et les Huissiers des Cours prévôtales et des Tribunaux ordinaires des douanes, à fournir un cautionnement en numéraire, et à payer le droit de patente.

Du 17 mars 1812.

ART. 1.er LES greffiers et les Huissiers attachés aux Cours prévôtales et aux Tribunaux ordinaires des douanes, sont tenus de fournir des cautionnemens en numéraire, lesquels sont fixés, savoir :

Pour les greffiers, ...

Pour les Huissiers des Cours prévôtales, ... 300 f.

Et pour les Huissiers des Tribunaux ordinaires, à. 200

ART. 3. Les lois et réglemens relatifs aux cautionnemens des officiers ministériels des Cours et Tribunaux, sont déclarés applicables aux greffiers et Huissiers des Cours prévôtales et Tribunaux ordinaires des douanes.

ART. 4. Les Huissiers attachés aux Cours et Tribunaux, seront soumis, comme tous les autres Huissiers, au droit de patente.

Extrait du décret impérial qui modifie quelques dispositions de celui du 18 juin 1811, contenant réglement sur les frais de justice criminelle, correctionnelle et de simple police.

Au Palais de l'Elysée, le 7 avril 1813.

NAPOLÉON, etc.

Sur le rapport de notre Grand-Juge Ministre de la justice ;

Vu notre décret du 18 juin 1811, contenant réglement sur les frais de justice en matière criminelle, correctionnelle et de simple police ;

Notre Conseil-d'Etat entendu,

Nous avons décrété et décrétons ce qui suit :

ART. 1.er Il ne sera plus accordé de double taxe aux témoins dans les cas prévus par l'article 29 du réglement du 18 juin 1811.

ART. 2. Les témoins qui ne seront pas domiciliés à plus d'un myriamètre du lieu où ils seront entendus, n'auront droit à aucune indemnité de voyage : il ne pourra leur être alloué que la taxe fixée par les art. 27 et 28 du réglement.

Ceux domiciliés à plus d'un myriamètre, recevront, pour indemnité de voyage, s'ils ne sortent point de leur arrondissement, un franc par myriamètre parcouru en allant, et autant pour le retour.

S'ils sont appelés hors de leur arrondissement, cette indemnité sera d'un franc cinquante centimes.

Dans les deux derniers cas, la taxe fixée par les art. 27 et 28 sus-énoncés, ne sera point allouée, sans néanmoins rien innover à l'art. 30 dudit réglement relatif aux frais de séjour.

ART. 3. il n'est dû aucuns frais de voyage aux gardes champêtres ou forestiers, tant pour la remise qu'ils sont tenus de faire de leurs procès-verbaux, conformément aux art. 18 et 20 du Code d'instruction criminelle, que pour la conduite des personnes par eux arrêtées, devant l'autorité compétente.

Mais lorsque ces gardes seront appelés en justice, soit pour être entendus comme témoins, lorsqu'ils n'auront point dressé de procès-verbaux, soit pour donner des explications sur les faits contenus dans les procès-verbaux qu'ils auront dressés, ils auront droit aux mêmes taxes que les témoins ordinaires.

Il en sera de même des gendarmes.

ART. 4. L'augmentation de taxe accordée par l'art. 94, pour frais de voyage pendant les mois de novembre, décembre, janvier et février, est également supprimée, tant pour les

témoins, que pour les autres parties prenantes,
désignées dans l'art. 91.

ART. 5. Lorsqu'un mandat d'amener sera
suivi d'un mandat de dépôt, et que l'un et
l'autre auront été exécutés dans les vingt-quatre
heures par le même Huissier, il ne sera alloué
à l'Huissier, pour l'exécution de ces deux mandats, que le droit fixé par l'article 73 du réglement, quand bien même les deux mandats
n'auraient pas été décernés dans les mêmes
vingt-quatre heures, ni par le même Magistrat.

ART. 6. Le droit à allouer aux Huissiers,
gendarmes, gardes champêtres ou forestiers,
ou agens de police, suivant le mode et dans les
cas prévus par les art. 71, n.º 5, et 77 du réglement, demeure fixé de la manière suivante,
savoir :

1.º Pour capture ou saisie de la personne,
en exécution d'un jugement de simple police,
sans qu'il puisse être alloué aucun droit de
perquisition,

A Paris, ... 5 f.

Dans les villes de quarante mille ames
et au-dessus, ... 4

Dans les autres villes et communes, . 3

2.º Pour capture en exécution d'un
mandat d'arrêt, ou d'un jugement ou

arrêt en matière correctionnelle emportant peine d'emprisonnement,

A Paris , ... 18 f.

Dans les villes de quarante mille ames
et au-dessus , ... 15

Dans les autres villes et communes , . 12

3.º Pour capture en exécution d'une
ordonnance de prise de corps, ou arrêt
portant la peine de réclusion ,

A Paris , ... 21

Dans les villes de quarante mille ames
et au-dessus , ... 18

Dans les autres villes et communes , . 15

4.º Pour capture en exécution d'un
arrêt de condamnation aux travaux forcés
ou à une peine plus forte ,

A Paris , ... 30

Dans les villes de quarante mille ames
et au-dessus , ... 25

Dans les autres villes et communes , . 20

ART. 7. Conformément à l'art. 50 du réglement , les extraits de jugemens ou d'arrêts en
matière criminelle ou correctionnelle , continueront d'être payés aux greffiers , à raison de
soixante centimes ; et , en matière de délits forestiers , à raison de vingt-cinq centimes seulement.

A l'avenir, il ne sera payé que vingt-cinq
centimes pour les extraits de jugemens en ma-

tière de police simple, et généralement pour
tous extraits délivrés aux receveurs ou préposés
des régies, pour le recouvrement des condamnations pécuniaires, sans préjudice de la disposition de l'art. 62 du réglement, en ce qui
concerne les expéditions ou extraits qui auraient
été délivrés au Ministère public.

ART. 8. Notredit réglement du 18 juin 1811
continuera d'être exécuté dans toutes les dispositions auxquelles il n'est pas dérogé par le présent décret.

ART. 9. Notre Grand-Juge Ministre de la
justice est chargé de l'exécution du présent décret, qui sera inséré au Bulletin des lois.

INSTRUCTION

Sur la manière dont les Huissiers doivent faire leurs mémoires de frais de justice en matière criminelle , correctionnelle et de police , lorsque ces frais sont à la charge du Gouvernement.

INDÉPENDAMMENT des observations détaillées , faites sur les articles du réglement du 18 juin 1811, qui nous en ont paru susceptibles, nous croyons qu'il sera utile de donner un modéle de mémoire des actes et diligences des Huissiers , tel qu'il a été envoyé par S. Ex. le Grand-Juge Ministre de la justice, aux préfets et aux Procureurs-généraux et impériaux, afin que les Huissiers se pénètrent bien de la manière dont ils doivent faire leurs mémoires. Ils sont d'autant plus intéressés à se conformer scrupuleusement à ce modèle , que leurs mémoires sont rejetés , toutes les fois qu'ils ne sont pas rédigés dans la forme qui leur est prescrite.

On a tâché d'insérer dans ce modèle , tous les actes et diligences que l'on peut allouer aux Huissiers sur les fonds généraux des frais de justice, et pour que l'on puisse appliquer plus facilement à chaque article du modèle, les observations faites sur différens articles du réglement, nous allons les résumer dans cette instruction.

I. Le format de cet ouvrage ne nous a pas permis de mettre le modèle du mémoire, que l'on trouvera à la fin de l'instruction, sur un papier de la même dimension que celui que les Huissiers sont obligés d'employer. Nous leur observons qu'ils doivent toujours faire leurs mémoires sur le petit ou le moyen papier, dont il est parlé dans l'art. 1.er du décret du 29 août 1813. Ils pourront se servir d'une demi-feuille, lorsqu'elle suffira pour contenir leur mémoire ; mais ils auront soin de ne jamais employer le grand papier. Nous leur observons aussi, que pour mettre de l'uniformité dans l'intitulé des mémoires qui sont envoyés au ministère de la justice, et pour faciliter leur classement, il faut que sur le *recto* de la première page, on ait soin d'y transcrire l'intitulé tel qu'il est figuré sur la page suivante.

FRAIS DE JUSTICE

CRIMINELLE.

Mois d . . . .

. . . de l'an 181 . .

. . . . . . Huissier.

MÉMOIRE

Des Actes et diligences faits par . . . .

. . . . . . Huissier à . . . .

département d . . . .

pendant le mois d . . . . de

l'an 181 . . . .

II. Quoique les Huissiers puissent faire leurs mémoires sur une demi-feuille de petit papier, lorsque leurs actes sont peu nombreux, ils ne seraient pas admis à présenter dans chaque trimestre un grand nombre de ces petits mémoires, parce que la vérification en devient plus difficile, par l'impossibilité de les mettre en ordre facilement, et de suivre la marche de la procédure de chaque affaire, et parce que l'on pourrait par ce moyen éviter des droits de timbre, en faisant en sorte qu'aucun des mémoires ne s'élevât au-dessus de dix francs. Ils doivent comprendre dans un seul mémoire, au

moins tous leurs actes et diligences d'un mois,
de manière à ne pas faire plus de trois mémoires par trimestre : ils peuvent même , s'ils
le jugent convenable , n'en faire qu'un seul par
trimestre , par semestre ou même pour un plus
long terme , mais non pas pour plus d'une année , autrement ils s'exposeraient à laisser suranner quelques-unes de leurs diligences , ou
même tout le mémoire , ainsi que nous l'avons
dit à l'art. 89 du réglement du 18 juin 1811.

III. Les Huissiers ne doivent pas oublier
d'indiquer sur leurs mémoires le lieu de leur
résidence , et à quel Tribunal ils sont spécialement attachés. Ainsi , par exemple , les Huissiers de justice de paix ne doivent pas se contenter de dire qu'ils sont immatriculés au Tribunal de première instance ; ils doivent encore
désigner le canton de la justice de paix près laquelle ils exercent , et sur tout l'arrondissement
dont elle dépend.

IV. Ils commenceront les colonnes de leurs
mémoires sur le *verso* de la première feuille,
et sur le *recto* de la seconde , en les faisant,
autant que possible , semblables à celles du
modèle. Ils doivent observer qu'il est inutile
de faire les colonnes dans lesquelles ils n'auraient pas d'actes à inscrire : ainsi , s'ils n'ont
à porter dans la première page que des originaux et des copies , ils n'y mettront que les

deux colonnes qui doivent les contenir, si à la seconde page ils ont des procès-verbaux de perquisition à porter, ils ajouteront cette colonne, seulement à cette page, et ainsi de suite pour le reste du mémoire ; de manière qu'il ne sera nécessaire de mettre toutes les colonnes dans une page, qu'autant qu'il y aurait des actes à porter dans chacune de ces colonnes.

V. Les Huissiers doivent écrire leurs mémoires lisiblement, et ne mettre à chaque page que le nombre de lignes prescrit par l'article 1.er du décret du 29 août 1813, c'est-à-dire trente-cinq lignes par page de petit papier, et quarante lignes par page de moyen papier, à peine de rejet de leurs mémoires et de l'amende qui sera prononcée contr'eux par la Cour ou le Tribunal où siège le Magistrat à qui leur mémoire aura été renvoyé. Cette mesure est de rigueur, parce que si les mémoires sont illisibles, il est impossible de les vérifier, et les Huissiers pourraient alors frustrer impunément le trésor.

VI. Les mémoires doivent toujours contenir un numéro d'ordre à chaque article ; *voyez* la première colonne du modèle. Cette formalité, qui est rigoureusement exigée, ainsi que toutes celles voulues par le modèle, est sur-tout dans l'intérêt des Huissiers, parce que si les mémoires sont rejetés, on peut leur indiquer au moyen de ces numéros, les articles susceptibles d'être rectifiés, et sur lesquels frappe principalement le rejet.

VII. Il est aussi nécessaire que l'on connaisse la date précise de chacun des actes et diligences, pour s'assurer que les Huissiers ne réclament que ceux qui sont réellement dûs. Par exemple, qu'il n'y en a pas de surannés ; que l'on n'a pas fait plusieurs originaux de citations à témoins ou à prévenus d'un même jour et dans la même affaire ; qu'ils ne réclament pas plusieurs transports dans un même lieu, du même jour, quoique dans des affaires différentes, etc. ; *voyez* la deuxième colonne du modèle.

VIII. La nature des affaires doit être désignée à tous les articles, de manière à ce que les vérificateurs, et notamment ceux du ministère de la justice, puissent s'assurer que l'on ne réclame d'autres frais que ceux qui sont à la charge des fonds généraux des frais de justice. C'est une conséquence de l'art. 158 du règlement, qui met à la charge des administrations, des communes, etc., les frais de tous les procès poursuivis dans leur intérêt. Ainsi, il ne suffirait pas de dire, *vol de bois*, *escroquerie*, parce que si le vol a été commis dans un bois ou une forêt appartenant au gouvernement, les frais sont à la charge de la direction des eaux et forêts ; et si l'escroquerie a été commise en matière de conscription, les frais sont à la charge du directeur de la conscription : il est donc indispensable que les Huissiers spécifient clairement dans leurs mémoires la nature de chaque affaire.

Le réglement du 18 juin n'a rien introduit de nouveau à cet égard ; l'art. 18 de l'arrêté du 6 messidor an 6, contenait une pareille disposition ; il était ainsi conçu : « Ils désigneront à » chaque article de leurs mémoires, l'affaire » où ils auront instrumenté, la date et le nom- » bre des significations, les personnes à qui » elles auront été faites, les lieux où ils se se- » ront transportés, et leur distance de celui de » leur résidence. »

Voyez la troisième colonne du modèle, et particulièrement les art. 1, 2, 3, 10, 11 et 14 à 19.

IX. Ils doivent toujours désigner à chaque article du mémoire, les actes et diligences en se servant des qualifications employées dans les différens Codes. Sans cette désignation spéciale, il est impossible que les vérificateurs puissent s'assurer que les Huissiers ne réclament que ceux qui sont autorisés par la loi. *Voyez* la quatrième colonne du modèle, intitulée : *Dénomination des actes.*

Les Huissiers ne sauraient trop consulter le modèle à ce sujet, parce que, comme nous l'avons déjà dit, on a tâché d'y insérer tous les actes et diligences que l'on peut leur passer en taxe. Ainsi, toutes les fois qu'ils seront incertains si tel ou tel acte doit être payé sur les crédits du Ministre de la justice, ils consulteront le modèle, comme un guide sûr ; et s'ils n'y trouvent pas cet acte, ils peuvent presque être assurés qu'il ne leur est pas dû.

X. Il est sur-tout important que les Huissiers se conforment au modèle pour le libellé de leurs mémoires. *Voyez* la cinquième colonne de ce modèle, intitulée : *Libellé*. Ils ne doivent pas craindre à cet égard d'entrer dans des détails qui leur paraîtraient minutieux, parce qu'ils sont tous très-importans pour empêcher de rejeter leurs mémoires, et pour que la vérification puisse s'en faire d'une manière exacte. Ainsi ils indiqueront toujours, 1.º le nom de la personne qu'ils auront assignée, ou qui aura été l'objet de tout autre de leurs actes, par exemple, qu'ils auront capturée, écrouée, etc. ; 2.º la qualité sous laquelle elle est assignée, si c'est comme prévenu, témoin, plaignant, partie civile, dénonciateur, expert, officier de santé, interprète, traducteur, juré, etc. ; 3.º la cause pour laquelle elle est assignée, ainsi, si c'est un prévenu, ils désigneront l'espèce de crime ou de délit qu'on lui impute ; si c'est un témoin, l'espèce de l'affaire dans laquelle il doit donner son témoignage, etc. ;

4.º l'endroit où elle est domiciliée, et si cet endroit est situé dans le canton ou hors le canton de la résidence de l'Huissier; 5.º l'autorité devant laquelle elle a dû comparaître.

XI. Ils ne doivent mettre à chaque article qu'un seul de leurs actes ou diligences; car s'ils pouvaient mettre plusieurs actes à chaque article, ou même des diligences relatives à des affaires différentes, leurs mémoires se compliqueraient au point de ne pouvoir plus reconnaître les actes frustratoires, d'avec ceux qui sont légitimes, ou pour mieux dire, il ne serait plus possible de les vérifier.

XII. Ils éviteront de mettre dans leurs mémoires des frais faits en matière de douanes, de droits-réunis, de délits forestiers ou qui concernent la conscription, et autres qui ne peuvent être acquittés sur les crédits du Ministre de la justice. Un seul article de frais de cette nature, quelque modique qu'il fût, suffirait pour faire rejeter le mémoire en entier, et pour que l'Huissier fût forcé à restituer la somme induement reçue.

XIII. Ils doivent avoir soin de ne pas faire plus d'originaux d'exploits qu'il est nécessaire. Ainsi, tous les témoins assignés en vertu de la même cédule ou ordonnance, doivent être compris dans un seul et même original; il doit en être de même de tous les prévenus du même fait, et de tous les jurés d'une même session, assignés par le même Huissier. *Voyez* les art. 14 et 18 du modèle.

XIV. Ils ne doivent jamais signifier l'arrêt de renvoi à la Cour impériale ou spéciale, et l'acte d'accusation par deux exploits séparés ; il suffit d'un seul original pour ces deux actes. C'est une conséquence des art. 242 et 567 du Code d'instruction criminelle, ainsi conçus :

ART. 242. « L'arrêt de renvoi et l'acte d'ac- » cusation seront signifiés à l'accusé, et il lui » sera laissé copie du tout.

ART. 567. » L'arrêt de la Cour impériale » qui renvoie à la Cour spéciale, et l'acte d'ac- » cusation, seront dans les trois jours signifiés » à l'accusé. »

Voyez l'art. 14 du modèle.

XV. Le ministère des Huissiers est inutile pour assigner les officiers de santé, médecins, chirurgiens, interprète, traducteur, experts, etc., pour être employés par les Magistrats à faire des visites, opérations, traductions, expertises, etc. Ils doivent être avertis sans frais par l'ordre des juges : les Huissiers ne peuvent donc réclamer aucuns frais d'assignation à ce sujet.

XVI. Ils ne doivent jamais porter des rôles de copie pour tous les actes dont le salaire a été fixé par l'art. 71, n.os 1 et 2 du réglement. : s'il en était autrement, ils se feraient payer deux droits de copie au lieu d'un, ce qui n'a pu entrer dans l'intention de la loi. D'ailleurs ces actes ne peuvent jamais faire plus d'un rôle, et comme le premier rôle ne doit jamais leur être passé en taxe, il est bien clair qu'ils ne peuvent exiger aucun salaire à ce sujet.

Il n'est pas encore dû de rôles de copie pour cédules de citations, réquisitoires, ordonnances, procès-verbaux, rapports, plaintes et autres actes semblables, dont les Huissiers sont en usage de donner copie, soit parce qu'il est inutile de signifier ces actes, mais seulement d'en faire mention dans la citation ; soit parce qu'en supposant même que la signification en soit nécessaire, ces actes ne peuvent faire ordinairement plus d'un rôle, qui ne peut leur être payé. *Voyez* les art. 1, 2, 4, 5, 11, 16, 18, 20, 21, 24, 25, 27 et 29 du modèle.

XVII. Lorsqu'ils portent des rôles de copie avec salaire de scribes, ils doivent toujours en désigner clairement l'espèce, et si c'est un jugement ou un arrêt, ils doivent dire s'il a été rendu contradictoirement ou par défaut, et l'espèce de condamnation qu'il a prononcé : ils doivent sur-tout déduire le premier rôle de chaque copie, et en faire la mention expresse à chaque article. *Voyez* les art. 7, 8, 9, 10, 12, 13, 14 et 17 du modèle.

XVIII. En matière criminelle et de police correctionnelle, ils ne doivent point porter des significations d'arrêts ou de jugemens contradictoires, parce qu'il est inutile qu'ils les signifient, ainsi qu'il résulte des dispositions de l'article 205 du Code d'instruction criminelle. Ce n'est qu'autant qu'ils ont été rendus par défaut, que la signification en est nécessaire. *Voyez* les art. 9, 10, 12 et 13 du modèle.

XIX. Ils ne doivent pas porter des significations d'ordonnances de mise en jugement, c'est-à-dire des significations qui ont eu lieu pour prévenir l'accusé traduit devant la Cour spéciale, du jour où il doit être jugé. Elles sont inutiles, puisque l'arrêt de renvoi et l'acte d'accusation lui ont été signifiés, et que d'ailleurs il peut en être donné avis à l'accusé par le greffier, comme dans le cas prévu par le second alinéa de l'art. 418 du Code d'instruction criminelle.

XX. Les Huissiers ne doivent pas signifier les ordonnances de prise de corps décernées par la chambre du conseil, dans le cas prévu par l'art. 134 du Code d'instruction criminelle. Ces ordonnances doivent être insérées dans l'arrêt de mise en accusation, aux termes de l'article 233 du même Code, ainsi conçu :

« L'ordonnance de prise de corps, soit qu'elle
» ait été rendue par les premiers juges, soit
» qu'elle l'ait été par la Cour, sera insérée
» dans l'arrêt de mise en accusation, lequel
» contiendra l'ordre de conduire l'accusé dans
» la maison de justice établie près la Cour où
» il sera renvoyé. »

Il n'y a donc pas lieu de signifier cette ordonnance séparément, puisque l'accusé en reçoit une copie avec l'arrêt de mise en accusation, dans lequel elle est insérée.

XXI. Lorsqu'ils portent sur leurs mémoires des notifications de déclarations d'appel,
ils doivent toujours indiquer l'officier du Ministère public près la Cour où le Tribunal qui
doit connaître de l'appel ; parce que c'est par
lui seul que l'appel peut être interjeté, aux
termes de l'art. 205 du Code d'instruction criminelle, ainsi conçu ;

« Le Ministère public près le Tribunal ou la
» Cour qui doit connaître de l'appel, devra no-
» tifier son recours, soit au prévenu, soit à la
» personne civilement responsable du délit,
» dans les deux mois, à compter du jour de
» la prononciation du jugement, ou, si le
» jugement lui a été légalement notifié par
» l'une des parties, dans le mois du jour de
» cette notification, sinon il sera déchu. »

Lorsqu'il s'agira d'un pourvoi en cassation,

ils indiqueront le nom du Ministère public qui
a exercé le recours.

Ils indiqueront aussi le domicile de l'accusé ;
parce que s'il était détenu au moment du recours, il ne doit pas lui être notifié, aux termes de l'art. 418 du même Code, ainsi conçu :

« Lorsque le recours en cassation contre un
» arrêt ou jugement en dernier ressort, rendu
» en matière criminelle, correctionnelle ou de
» police, sera exercé, soit par la partie civile,
» s'il y en a une, soit par le Ministère public,
» ce recours, outre l'inscription énoncée dans
» l'article précédent, sera notifié à la partie
2 contre laquelle il sera dirigé, dans le délai
» de trois jours.

» Lorsque cette partie sera actuellement dé-
» tenue, l'acte contenant la déclaration du
» recours lui sera lu par le greffier ; elle le si-
» gnera, et si elle ne le peut ou ne le veut, le
» greffier en fera mention.

» Lorsqu'elle sera en liberté, le demandeur
» en cassation lui notifiera son recours, par le
» ministère d'un Huissier, soit à sa personne,
» soit au domicile par elle élu : le délai sera,
» en ce cas, augmenté d'un jour par chaque
» distance de trois myriamètres. »

Ils ne doivent jamais réclamer de salaire de
scribe pour cette copie de déclaration d'appel
ou de pourvoi, parce qu'elle ne forme or-

dinairement qu'un rôle. *Voyez* l'art. 11 du
modèle, pour la déclaration d'appel, et l'article 21 pour le recours en cassation.

XXII. Les Huissiers ne doivent pas porter
sur leurs mémoires des significations d'arrêts
ou jugemens et ordonnances de traduction ou
de renvoi en police correctionnelle. Il est inutile
qu'ils donnent copie de ces pièces ; il suffit
qu'ils en fassent mention dans la citation donnée aux prévenus, en exécution de ces jugemens
ou ordonnances.

Ils ne doivent pas également signifier les ordonnances de mise en liberté, parce que la mise
en liberté peut s'effectuer sur un ordre adressé
directement aux concierges par le Ministère
public.

XXIII. Il n'est pas dû de rôles de copie aux
Huissiers pour notification aux accusés de la
liste des témoins ; et il ne peut tout au plus en
être dû qu'un seul pour notification de la liste
des jurés. *Voyez* les art. 16 et 17 du modèle.

XXIV. Ils doivent indiquer si les mandats
d'amener et de dépôt ont été exécutés par la
saisie de la personne, ou s'il n'en a été fait que
de simples significations.

Ils ne peuvent cumuler avec le droit d'exécution de ces mandats, ni le droit d'original
et copie de signification, ni celui de salaire de
scribe pour rôles de copie, ni celui d'assistance

à l'inscription de l'écrou. *Voyez* les art. 26, 28
et 31 du modèle.

XXV. Dans le cas où les individus contre
lesquels il a été décerné des mandats d'amener,
de dépôt ou d'arrêt se seront présentés volontairement, et sans que les Huissiers aient été
obligés d'interposer leur ministère pour les y
forcer, ou s'ils n'ont fait que de simples significations de ces mandats, ils ne peuvent leur être
payés que comme simples significations, au taux
fixé par l'art. 71, n.ᵒˢ 1 et 2 du réglement. *Voy.*
les art. 25, 27 et 29 du modèle.

XXVI. L'Huissier ne pouvant écrouer un
individu, ni en vertu du mandat d'amener, ni
en vertu du mandat de dépôt, il en résulte la
conséquence nécessaire, qu'il ne peut réclamer
une assistance à l'inscription de l'écrou, ni en
vertu de l'exécution, ni de la signification de
ces mandats. *Voyez* les art. 25, 26, 27, 28 et
31 du modèle.

XXVII. Ils ne peuvent faire une capture
qu'en exécution d'un mandat d'arrêt, ordonnance de prise de corps, arrêt ou jugement de
condamnation. Ainsi ils doivent toujours indiquer dans leurs mémoires le titre en vertu duquel la capture a été faite, afin que l'on ne
puisse pas leur en contester la légitimité.

En matière de simple police, il arrive souvent
que les Huissiers, pour se ménager un droit de

capture, laissent ou même font évader les condamnés présens au jugement ; mais pour faire
cesser un pareil abus, il a été décidé au ministère de la justice, que les captures ne seraient
allouées, que dans le cas où elles auraient eu
lieu en vertu d'un jugement par défaut, ce qui
est conforme à l'esprit et aux dispositions de
l'art. 74 du réglement.

Ils ne peuvent cumuler avec le droit de capture, ni celui d'assistance à l'inscription de l'é-
crou, ni celui d'original et copie de signification, ni celui de rôles de copie. *Voyez* les articles 30, 32 et 33 du modèle.

XXVIII. Ils doivent toujours indiquer le but
des extractions et réintégrations, parce qu'on
ne peut leur allouer que celles qui ont eu lieu
pour conduite à l'audience ou devant le juge.
Ils doivent sur-tout avoir soin de ne pas en
porter plusieurs en masse dans un seul article.
Voyez l'art. 39 du modèle.

XXIX. Les Huissiers ne peuvent dresser
qu'un seul procès-verbal de perquisition contre
un même individu, et ils ne peuvent le dresser,
comme pour les captures, qu'en vertu d'un
mandat d'arrêt, ordonnance de prise de corps,
arrêt ou jugement de condamnation. Ils doivent
donc indiquer dans leurs mémoires, le titre en
vertu duquel la perquisition a été faite.

Ils ne peuvent non plus cumuler avec le droit

de perquisition, ni celui d'original et copie de signification, ni celui de rôles de copie. *Voyez* les art. 34 et 35 du modèle.

XXX. Ils doivent indiquer dans leurs mémoires les lieux où l'ordonnance de contumace a été publiée et affichée, pour que l'on puisse s'assurer que la totalité du salaire fixé par l'article 71, n.° 8 du réglement, leur est dû.

Dans le cas où deux Huissiers auraient concouru à cette publication, ils doivent en partager le salaire entr'eux par égales portions, conformément à l'art. 80 du même réglement, et ne porter chacun qu'un demi-droit sur leurs mémoires. Ce partage en portions égales est de rigueur, pour l'exacte vérification du mémoire. Supposons en effet que deux Huissiers de deux arrondissemens différens, ou d'un même arrondissement, aient fait concurremment une publication et affiche d'ordonnance, et qu'un des Huissiers qui aura pris plus de peine que l'autre, porte sur son mémoire les deux tiers du droit ; dans ce cas, il ne sera dû à son collègue que le tiers restant. Mais comment les juges taxateurs pourront-ils s'assurer que l'autre Huissier n'a pris que le tiers du droit ? Comment pourra-t-on le vérifier dans les bureaux du Ministre de la justice, sur-tout si ces deux Huissiers n'ont pas fait leurs mémoires dans le même trimestre ? Cet inconvénient est cependant inséparable de cette manière de partager : d'où nous concluons qu'elle ne peut être tolérée. Il doit donc demeurer pour constant, que le partage doit se faire entre les deux Huissiers par portions égales.

XXXI. Lorsque les Huissiers portent sur leurs mémoires des droits pour lecture de l'arrêt de condamnation à mort, ils doivent toujours indiquer que l'individu a été condamné pour parricide, parce que c'est le seul cas dans lequel ce droit peut leur être alloué. *Voyez* l'art. 40 du modèle.

XXXII. Les assistances à l'inscription de l'écrou ne sont dues, que lorsque l'individu écroué se trouvait déja incarcéré d'une manière quelconque, indépendamment du fait de l'Huissier. Ainsi, lorsqu'il a été rendu une ordonnance de prise de corps contre un individu déja détenu en vertu d'un mandat d'amener ou de dépôt, l'Huissier, en signifiant l'ordonnance de prise de corps, assiste à l'écrou, et cette assistance lui est allouée. Elle lui est encore due, lorsqu'un condamné se présente volontairement pour subir sa peine.

Les radiations d'écrou ne sont dues que lorsque l'individu a été absous ou mis en liberté par un jugement. Dans tous les autres cas cette radiation doit se faire sans le ministère de l'Huissier. Il est donc indispensable d'indiquer

le titre en vertu duquel les inscriptions et radiations d'écrou ont été faites.

Les Huissiers ne doivent jamais porter sur
leurs mémoires des procès-verbaux d'écrou. Ces
actes sont frustratoires et ne sauraient dès-lors
leur être alloués. Le procès-verbal d'écrou doit
être fait par le gardien, aux termes de l'art. 608
du Code d'Instruction criminelle ; l'Huissier
est seulement tenu de le faire rédiger devant
lui, et de le signer. Il ne peut donc réclamer
un droit pour un procès-verbal qu'il n'a pas
fait, ou qu'il n'était pas tenu de faire. *Voyez*
les art. 15, 37 et 38 du modèle.

XXXIII. Les Huissiers ne peuvent se faire
payer aucun salaire à titre de frais de recors,
de main-forte ou de guides, soit pour les assister dans leurs captures, soit lorsqu'ils se transportent dans la saison des neiges dans des endroits peu connus.

XXXIV. Ils ne peuvent se transporter hors
de leurs cantons, qu'en vertu d'un mandement
exprès délivré en vertu de l'art. 84 du réglement, par les Procureurs-généraux et impériaux, et par les juges d'instruction. Ce mandement ne peut être donné que pour un motif
grave ; il doit toujours contenir la désignation
des motifs qui l'ont fait délivrer, et être joint
au mémoire.

Les mandemens seront numérotés, et les

Huissiers relateront les numéros aux articles correspondans de leurs mémoires. *Voyez* l'article 6 du modèle.

XXXV. Il n'est dû aucun salaire aux Huissiers lorsqu'ils accompagnent les Magistrats dans des transports hors de leur résidence.

XXXVI. On ne saurait trop recommander aux Huissiers de ne porter dans leurs mémoires, que le nombre de myriamètres qu'ils ont parcourus, et de ne pas se faire payer plusieurs droits du même jour, pour s'être transportés dans un même endroit, quoique pour y instrumenter dans des affaires différentes.

Quant aux fractions de kilomètres, nous les engageons à se conformer ponctuellement à l'article 92 du réglement, et aux observations que nous avons faites sur cet article.

XXXVII. Les séjours forcés des Huissiers doivent être constatés par certificat du juge-de-paix ou de ses suppléans, ou par le maire, ou à son défaut par ses adjoints. Ce certificat relatera les causes du séjour forcé en route, et sera toujours joint au mémoire. S'il y a d'autres pièces à l'appui, il sera de plus numéroté, et mention en sera faite à l'article correspondant du mémoire. *Voyez* l'art. 6 du modèle.

XXXVIII. En matière d'interdiction d'office, les Huissiers doivent indiquer la cause pour laquelle l'interdiction est poursuivie, et dans le cas de démence ou d'imbécillité, si l'individu à interdire n'a ni époux, ni épouse, ni parens connus. Ces frais ne sont à la charge du trésor, qu'autant que l'interdit et ses père, mère, époux ou épouse sont en état d'indigence dûment constatée par un certificat du maire, visé et approuvé par le sous-préfet. Ce certificat doit être joint au mémoire des Huissiers, et numéroté, ainsi que nous l'avons dit pour les voyages hors du canton, et les séjours forcés. *Voyez* les art. 22 et 23 du modèle.

XXXIX. Les frais faits à la requête du Ministère public, poursuivant la restitution des amendes encourues par les officiers de l'état civil, et les demandes en nullité de mariage, en conformité des art. 50, 53, 81, 184, 191 et 192 du Code Napoléon, ne seront encore à la charge du trésor, qu'autant que les parties intéressées, et leurs père, mère, époux ou épouse seront en état d'indigence, dûment constatée par certificat, ainsi que nous venons de le dire au paragraphe précédent.

Il en sera de même de ceux faits par le Ministère public, poursuivant la rectification des actes de l'état civil, en conformité de l'avis du Conseil-d'État du 22 brumaire an 11, et l'exécution de la loi du 25 ventôse an 11, sur le notariat.

XL. La récapitulation du mémoire devra se

trouver au *verso* de la dernière page, et être
en tout conforme au modèle, en observant cependant, comme au §. 4, de n'y comprendre
que les seuls actes que les Huissiers auront
faits.

XLI. Toutes les colonnes de la récapitulation
doivent être remplies, comme dans le modèle,
tant sur la pièce comptable, que sur les doubles
pièces. Ainsi, les Huissiers ne doivent pas oublier de faire remplir par le juge et par le préfet, les colonnes contenant la taxe et le réglement. Cela est d'autant plus important, que le
juge et le préfet, pour les remplir article par
article, sont obligés de vérifier en même temps
le mémoire, et d'en retrancher tous les actes
frustratoires qui pourraient s'y trouver.

XLII. La réduction faite par le juge et par le
préfet, ou par l'un ou l'autre, doit être mentionnée par forme d'observation, dans la huitième colonne de la récapitulation, avec l'indication des articles réduits ou rejetés.

Indépendamment de cette mention à la récapitulation, les Huissiers doivent rectifier les
articles réduits, rayer en entier ceux rejetés,
et refaire les additions à chaque page.

XLIII. Les Huissiers certifieront leurs mémoires véritables, et déclareront que toutes les
diligences qu'ils contiennent, ont été faites à
la requête du Ministère public. Cette formalité,

qui est de rigueur, sera mise immédiatement au-dessous de la récapitulation, comme dans le modèle.

XLIV. L'exécutoire doit toujours être décerné sur le réquisitoire du Ministère public, et non sur celui de la partie prenante, comme quelques Huissiers se l'étaient imaginé. Dans le cas où cet exécutoire serait d'une somme moindre que celle portée au mémoire, le taxateur doit, par une observation qui sera revêtue de sa signature, et qui précédera l'exécutoire, donner les motifs de ses réductions, et indiquer les articles du mémoire sur lesquels elles portent.

Dans le cas où le Ministère public requerrait une diminution de taxe, il donnera son réquisitoire motivé au pied du certificat de la partie prenante : alors, dans l'exécutoire, au lieu de ces mots, *sur le réquisitoire de*, etc., on mettra ceux-ci : *Vu le réquisitoire ci-dessus, et y ayant égard*, ou *sans y avoir égard*, etc. *Voyez* le modèle.

XLV. Les Huissiers feront leurs mémoires en triple expédition, l'une sera sur papier timbré, c'est celle qu'on appelle la pièce comptable ; les deux autres seront sur papier libre, ce sont celles qu'on appelle doubles pièces. La pièce comptable et une des expéditions sont destinées pour le Ministre de la justice, et l'au-

tre pour le préfet, comme on le verra au S. 48,
ci-après.

La taxe et l'exécutoire du juge seront mis
sur les trois expéditions, qui contiendront en
tout les mêmes formalités.

Les frais de timbre sont toujours à la charge
de l'Huissier.

XLVI. Les mémoires seront toujours revêtus
du *visa* du préfet, qui remplira la colonne de
la récapitulation, intitulée : *Réglement du préfet*, et dans le cas où ce réglement serait inférieur à la taxe, le préfet en donnera les motifs,
comme nous l'avons déja dit au S. 42. Ces formalités seront remplies, tant sur la pièce comptable, que sur les doubles pièces.

L'exécutoire du juge et le *visa* du préfet devront être apposés à la fin de la dernière feuille
du mémoire, et non sur une feuille séparée, à
moins qu'il ne reste pas assez d'espace ; alors on
ajoutera une feuille, et l'on aura soin de porter
au pied du mémoire, au moins une ligne soit
de l'exécutoire, soit du *visa*.

XLVII. Les Huissiers mettront le moins de
retard qu'il leur sera possible à présenter leurs
mémoires au *visa* du préfet, afin d'éviter la surannation. Les mémoires sont surannés, lorsqu'ils contiennent des diligences qui ont été
faites plus d'un an avant le *visa* du préfet,

ou lorsque le paiement n'en a pas été réclamé dans les six mois de la date du *visa*.

Lorsque les causes de surannation ne leur seront point imputables, ils pourront se faire relever de la déchéance, en se conformant à l'art. 149 du réglement.

XLVIII. Une des doubles pièces sera envoyée par le préfet à Son Excellence le Grand-Juge Ministre de la justice, l'autre demeurera déposée aux archives de la préfecture. La pièce comptable sera renvoyée à l'Huissier, qui y mettra son acquit, et la présentera au receveur de l'enregistrement mentionné dans l'exécutoire, pour qu'il l'envoie au directeur de l'enregistrement qui y mettra son *bon à payer*, s'il n'existe pas entre ses mains de saisie-arrêt ou opposition; ce n'est qu'après cette dernière formalité que le mémoire peut être payé.

Les Huissiers ne seront tenus, dans aucuns cas, de mettre leur acquit sur une demi-feuille de papier timbré, comme plusieurs receveurs de l'enregistrement semblent l'avoir exigé. Cette mesure fiscale n'est pas prescrite par la loi, et ne saurait dès-lors être exigée.

XLIX. Les mémoires acquittés et revêtus de toutes les autres formalités que nous avons indiquées, seront payés aux Huissiers par le receveur de l'enregistrement de leur canton, ou par tout autre mentionné dans l'exécutoire. Ce receveur renverra le mémoire au directeur de son département ; ce dernier le transmettra à l'administration de l'enregistrement , qui le fera tenir au Ministre de la justice.

L. Les mémoires sont exactement vérifiés dans les bureaux de Son Excellence , où l'on exige rigoureusement toutes les formalités que nous venons d'indiquer ; il suffit qu'il y en ait une seule d'omise , pour qu'ils soient rejetés. Les Huissiers doivent donc apporter le plus grand soin à la rédaction de leurs mémoires , et se conformer exactement au modèle et aux instructions que nous venons de donner.

FIN.

FRAIS DE JUSTICE
CRIMINELLE.

Mois d . . . .
. . . de l'an 181

. . . . . Huissier.

(MODÈLE N.º 2.)

MÉMOIRE

Des Actes et Diligences faits par......Huissier à......département d......pendant le mois d......de l'an 181

NUMÉROS D'ORDRE.	DATES des DILIGENCES.	ESPÈCE des CRIMES, délits ou contraventions.	DÉNOMINATION des ACTES.	LIBELLÉ.	CITATIONS, notifications ou significations.		MANDATS		Mention d'instruction et quantité de minutes de pièces d'après les prix de l'original de l'expédition et de l'arrêt par feuilles.	Captures et autres actes d'instruction de la procédure.	Extraits.	Copies.	Transports avec ou sans frais de voiture.	Publication et affichage des ordonnances rendues exécutoires.	Assistances aux perquisitions consommées à comm.	Actes conservatoires.	Prix de l'emprisonnement.	Mentions et autres copies.	Total de la taxe.
					Origi- naux.	Copies.	d'arres- tat.	de dépôt.											
1.	1.ᵉʳ janvier.	Vol de bois particulier.	Citation (1).	À N . . . . . prévenu . . . . . domicilié à . . . . . pour comparaître devant à	1.	1.													
2.	2 dudit.	Idem	Idem	À trois témoins, dans l'affaire de N . . . lesdits témoins domiciliés dans le canton de ma résidence; savoir, deux à P . . . . , et un à T	2.	3.													
3.	Idem . . .	Idem	Idem	Parcourir, pour raison de ladite citation, 18 kilomètres; savoir, 6 de ma résidence à P . . à 5 de P. à T . . . . . et 7 pour revenir de T . . . à ma résidence (2)	. .	. .											2.		
4.	3 dudit.	Évasion . . .	Notification . .	Sur minute (ou sur expédition), à N . . . , domicilié à . . . , de l'ordonnance par laquelle le juge d'instruction du tribunal de . . . le condamne par défaut à . . . pour s'être évadé de la maison où s'est faite l'instruction contre N . . .	1.	1.													
5.	4 dudit.	Non-comparution.	Idem . . .	Sur expédition à N . . . témoin défaillant, domicilié à . . . , commune d . . . canton d . . . , de l'ordonnance du juge d'instruction (du jugement ou de l'arrêt), par laquelle (on lequel) il est condamné à . . .	1.	1.													
6.	Idem . . .	Idem . . .		Parcourir, pour raison de ladite notification, 36 kilomètres, en vertu du mandement ci-joint sous le n.º 61 savoir, 18 pour me transporter à . . , et 18 pour revenir de cette commune à ma résidence ; de plus, un jour de séjour forcé, suivant le certificat aussi ci-joint sous le n.º 6 bis (2)	. .	. .											3.		1.
7.	5 dudit.	Injure simple.	Signification.	Sur minute (ou sur expédition), à N . . , domicilié à . . , du jugement par lequel le tribunal de police de . . . le condamne par défaut, en dernier ressort, ledit N . . À l'amende de 4 fr. . . .	1.	1.													
8.	6 janvier.	Contravention aux réglemens contre la rapidité des voitures.	Idem . . .	Sur minute (ou sur expédition) du jugement du tribunal de police de . . qui condamne contradictoirement (ou par défaut) au premier ressort, à la prison, N . . , domicilié à . .	1.	2.													
9.	7 dudit.	Jeu de hasard tenu dans les rues.	Idem . . .	Sur minute (ou sur expédition) du jugement par lequel le tribunal correctionnel séant à . . a condamné par défaut, sur l'appel du jugement du tribunal de police de . . à l'amende de 5 francs, N . . , domicilié à . .	1.	1.													
10.	8 dudit.	Violation de la clôture d'une propriété particulière.	Idem . . .	Sur minute (ou sur expédition) du jugement par lequel le tribunal correctionnel séant à . . a condamné par défaut, en premier ressort, à l'emprisonnement de six mois, N . . , domicilié à . .	1.	1.													
11.	9 dudit.	Idem . . .	Notification . .	Sur l'expédition à N . . , domicilié à . . , de la déclaration d'appel formée par . . (indique l'officier du ministère public près la cour ou le tribunal qui doit connaître de l'appel), contre le jugement du tribunal correctionnel séant à . . , qui condamne (ou absout) ledit N . .	1.	1.													
12.	10 dudit.	Incendie de propriétés mobilières par défaut de réparations d'un four.	Signification	Sur minute (ou sur expédition) à N . . , domicilié à . . , du jugement par lequel le tribunal correctionnel séant à . . , a infirmé par défaut, sur appel, le jugement d'absolution rendu par le tribunal correctionnel séant à . . et a condamné ledit N . . à 500 francs d'amende.	1.	1.													
13.	11 dudit.	Emprisonnement de tambours . . .	Idem . . .	Sur minute (ou sur expédition) à N . . , domicilié à . . , de l'arrêt par lequel la chambre correctionnel de la cour impériale de . . a confirmé par défaut, sur appel, le jugement rendu par le tribunal correctionnel de . . et portant condamnation contre ledit N . . à l'emprisonnement d'un an et à l'amende de 300 francs.	1.	1.													
14.	12 dudit.	Faux témoignage en matière criminelle.	Idem . . .	À Pierre-Jacques et Jean, accusés détenus dans la maison d'arrêt de . . , sur minute (ou sur expédition) de l'acte d'accusation, et de l'arrêt qui les renvoie devant la cour d'assises (ou spéciale) de . . , les trois copies contenant 12 rôles, non compris le premier de chaque copie.	1.	3.											6.		
15.	Idem dudit.	Idem . . .	Assistance à l'inscription de l'écrou.	Desdits trois accusés, en vertu de l'ordonnance de prise de corps	. .	. .													3.
16.	13 dudit.	Idem . . .																	

15.	Idem dudit.	Idem.	Assistance à l'inscription de l'é- crou.	Desdits trois accusés, en vertu de l'ordonnance de prise de corps			1.	3.								6.		3.
16.	3 dudit.	Idem.	Notification.	A N., T. . ., accusé, de la liste des témoins.			1.	1.					1.				
17.	4 dudit.	Idem.	Idem.	Au même accusé, de la liste des jurés : la copie comporte un rôle, non compris le premier.			1.	1.									
18.	13 dudit.	Idem.	Idem.	A trente-six jurés, domiciliés dans le canton de ma résidence savoir : vingt-neuf à . . . ville au siège la cour d'assises, quatre à D, deux à N, un à O.			1.	36.									
19.	vingt dudit.	Idem.	. . .	Parcouru vingt-un kilomètres ; savoir, six de ma résidence à D, quatre de D à N, trois de N à O et huit de O pour revenir à ma résidence (3).												2.	
20.	16 dudit.	Non — comparu- tion.	. . .	Sur minute (ou sur expédition) à N. . ., témoin, domicilié à . . . de l'arrêt de la cour d'assises de. . ., qui renvoie les débats à la session mixtante, pour n'avoir ledit N. . . comparu			1.										
21.	17 dudit.	N. . . N. . . N.	Notification.	Sur minute (ou sur expédition) à N. . . , domicilié à . . . , du recours en cassation formé par (indiquer l'officier du ministère public qui a exercé le recours (contre l'arrêt (ou le jugement) rendu par (indiquer la cour ou le tribunal) et portant (indiquer les dispositions de l'arrêt ou du jugement.). .			1.	1.									
22.	Idem dudit.	Interdiction (4).	Signification.	A N. . . , domicilié à . . . sur minute du réquisitoire du procureur impérial près le tribunal de. . . et sur expédition de l'avis du conseil de famille, ledit N. . . et ses parents étant dans un état d'indigence, ainsi qu'il est constaté par copie du certificat ci-joint sous le n.° 22.			1.	1.									
23.	18 dudit.	Idem.	Idem.	A N. . . , domicilié à . . . , sur minute (ou sur expédition) du jugement qui prononce son interdiction (ou qui les nomme un conseil) ledit N. . . et ses parents étant dans un état d'indigence, ainsi qu'il est constaté par la copie du certificat ci-joint sous le n.° 23.			1.	1.									
24.	19 dudit.	Vol avec effrac- tion.	Notification.	A N. . . , prévenu, domicilié à . . . , d'un mandat de comparution décerné par. . . .			1.	1.									
25.	20 dudit.	Meurtre.	Idem.	A N. . . , prévenu, domicilié à . . . , du mandat d'amener décerné par. . .			1.	1.									
26.	21 dudit.	Vagabondage.	Exécution.	Saisi N. . . , et conduit à la maison d'arrêt, en vertu du mandat d'amener décerné par . . . ; y compris l'exploit de signification et la copie.						1.							
27.	22 dudit.	Idem.	Notification.	A N. . . , prévenu, domicilié à . . . , du mandat de dépôt décerné par. . .			1.	1.									
28.	23 dudit.	Idem.	Exécution.	Saisi N. . . , et conduit à la maison d'arrêt, en vertu du mandat de dépôt décerné par. . . , y compris l'exploit de signification et la copie.						1.							
29.	24 dudit.	Vagabondage.	Notification.	A N. . . , prévenu, détenu dans la maison d'arrêt de . . . du mandat d'arrêt décerné par. . .			1.	1.									
30.	25 dudit.	Meurtre avec pré- méditation.	Capture.	Saisi N. . . , prévenu, et conduit dans la maison d'arrêt de . . . , en vertu du mandat d'arrêt décerné par . . . ; y compris la signification de la copie dudit mandat.						1.							
31.	26 dudit.	Idem.	Exécution.	Saisi N. . . , prévenu, et conduit dans la maison d'arrêt de . . . , le même jour, extrait ledit N. . . conduit devant le juge d'instruction, et reconduit à ladite maison, en vertu d'un mandat de dépôt.						1.							
32.	27 dudit.	Résistance à l'exécution d'un juge- ment.	Capture.	Saisi N. . . , contumax, à . . . et conduit à la maison de justice, en vertu d'ordonnance de prise de corps, y compris la signification de l'arrêt de renvoi à la cour d'assises (ou spéciale) de . . . et de l'acte d'accusation.						1.							
33.	28 dudit.	Calomnie.	Idem.	Saisi N. . . , à . . . et conduit à la maison de détention, en vertu du jugement (ou de l'arrêt) qui le condamne à deux ans d'emprisonnement ; y compris la signification et la copie dudit arrêt ou jugement.						1.							
34.	29 dudit.	N. . . N. . . N.	Procès-verbal de perquisition.	De N. . . , en vertu du mandat d'arrêt décerné par . . . (ou du jugement ou de l'arrêt du. . . , qui le condamne à deux ans d'emprisonnement) y compris la signification et la copie du mandat d'arrêt (de l'arrêt ou du jugement).								1.					
35.	30 dudit.	Fausse monnaie.	Idem.	De N. . . , contumax, en vertu d'ordonnance de prise de corps ; y compris la signification et la copie de l'arrêt de renvoi à la cour. . . . . . et de l'acte d'accusation.								1.					
36.	31 dudit.	Idem.	Publication et af- fiche.	De l'ordonnance de se présenter rendue par le président de la cour . . . du . . . contre N. . . , contumax, domicilié à . . . y compris le procès-verbal de la publication de l'affiche.								1.					
37.	1.er dudit.	N. . . N.	Assistance à l'ins- cription de l'é- crou.	De N. . . , à la maison de . . . , en vertu du jugement du . . . qui le condamne con- tradictoirement à dix-huit mois d'emprisonnement								1.					
38.	2 dudit.	N. . . N.	Idem à la radia- tion de l'écrou (5).	De N. . . , à la maison de . . . absous (ou mis en liberté) par arrêt (ou jugement) du . . .								1.					
39.	Idem dudit.	N. . . N.	L'extraction (6).	De N. . . , de la maison de . . . conduite devant le juge instructeur (ou aux débats, ou à l'audience) et réintégration dans ladite maison.									1.				
40.	Idem dudit.	Parricide.	Lecture de l'arrêt.	De N. . . condamné à mort par la cour.										1.			
				TOTAUX.			21.	62.	1.	1.	1.	3.	1.	3.	1.	1.	7.	5.	7.	1.

(1) L'huissier doit toujours désigner la qualité sous laquelle une personne est citée, si c'est, par exemple, comme prévenu, témoin, plaignant, partie civile, dénonciateur, expert, officier de santé, interprète, tra- ducteur, juré, etc.

(2) Il doit aussi indiquer la commune à laquelle appartient le lieu où il s'est transporté, et le canton dont la commune dépend.

(3) Voir la note 2.

(4) Il faut désigner pour quelle cause l'interdiction est poursuivie, et, dans le cas de démence ou d'imbé- cillité, si l'individu à interdire n'a ni époux, ni épouse, ni parents connus.

(5) L'huissier doit toujours indiquer le titre en vertu duquel l'inscription ou la radiation sont faites.

(6) Il doit aussi indiquer le but ou l'objet de l'extraction.

RÉCAPITULATION.	NOMBRE.	PRIX.	MONTANT.	ARTICLES du RÉGLEMENT.	TAXE du JUGE.	RÉGLEMENT du Préfet.	OBSERVATIONS.
Originaux de citation, etc. . .	24.	0 f. 50 c.	12 f. 00 c.	71. N.º 1.er	11 f. 50 c.	11 f. 50 c.	Retranché un original à l'article 2. — Un seul suffit.
Copies de citations, etc. . . .	62.	0. 50.	31. 00.	N.º 2.	31. 00.	31. 00.	
Mandats d'amener	1.	5. 00.	5. 00.	N.º 3.	5. 00.	5. 00.	Les juges et le préfet ne doivent jamais omettre de remplir, par leur
Mandats de dépôt	1.	3. 00.	3. 00.	N.º 4.	3. 00.	3. 00.	taxe et réglement, les deux dernières colonnes, même lorsqu'il n'y a au-
Mandat d'amener suivi du mandat de dépôt, etc.	1.	6. 00.	6. 00.	73.	6. 00.	6. 00.	cune réduction à faire.
Capture en exécution de mandat d'arrêt, etc.	3.	15. 00.	45. 00.	71. N.º 5.	45. 00.	45. 00.	Ils ne doivent pas non plus oublier d'indiquer ici les articles du mémoire sur lesquels portent les réductions, et les motifs de ces réductions (7).
Extraction, etc.	1.	0. 50.	0. 50.	N.º 6.	0. 50.	0. 50.	
Procès-verbaux de perquisition.	2.	3. 00.	6. 00.	N.º 7.	6. 00.	6. 00.	
Publication, affiche, etc. . .	1.	12. 00.	12. 00.	N.º 8.	12. 00.	12. 00.	
Lecture des arrêts de condamnation à mort.	1.	18. 00.	18. 00.	N.º 9.	18. 00.	18. 00.	
Rôles de copie.	7.	0. 30.	2. 10.	N.º 10.	2. 10.	2. 10.	
Assistance aux inscriptions, etc.	5.	0. 50.	2. 50.	N.º 11.	2. 50.	2. 50.	
Myriamètres parcourus, etc. .	7 ½.	2. 00.	15. 00.		15. 00.	15. 00.	
Jours de séjour forcé. . . .	1.	1. 50.	1. 50.	95. N.º 2.	1. 50.	1. 50.	
TOTAUX		. . . .	159. 60.	. . . .	159. 10.	159. 10.	

(7) Quelques Juges et Préfets ont cru pouvoir compenser les articles trop élevés avec des articles qui leur ont paru n'avoir pas été portés à leur prix; ils n'ont, en conséquence, fait aucune réduction. Cette marche a été sur-tout suivie relativement aux myriamètres parcourus, et c'est une erreur dans laquelle ils doivent éviter de retomber.

Je soussigné, Huissier, déclare avoir fait, à la requête du ministère public, toutes les diligences comprises au présent mémoire, et le certifie véritable pour la somme de cent cinquante-neuf francs soixante centimes.

A le

A   le

~~~~~~~~~~~~~~~~~~~~~~~~~~

EXÉCUTOIRE. (MODELE N.° 9.)

Nous, Président de la Cour (*ou du Tribunal de première instance de...., département de....,*
ou Juge d'instruction du Tribunal de première instance de...., département de...., ou Juge du
Tribunal de police de....., arrondissement de....., département de....), sur le réquisitoire
de..... (*indiquer l'Officier du ministère public*), qui a signé avec nous, avons arrêté et rendu
exécutoire le présent état (*ou mémoire*), pour la somme de...., montant de la taxe que nous en
avons faite (8) et ordonnons que ladite somme sera payée par le Receveur de l'enregistrement (*ou*
des domaines), au bureau de............

(8) Lorsque la taxe est inférieure au montant de l'état (ou mémoire), le taxateur doit, par une observation qui sera revêtue de sa signature et qui précédera l'exécutoire, donner les motifs de ses réductions, et indiquer les articles de l'état (ou mémoire) sur lesquels elles portent.

A............le..........

VISA.

Vérifié et visé par nous, Préfet du département de...., pour la somme de.... (9), à laquelle
nous avons réglé le présent état (*ou mémoire.*)

(9) Si le réglement est inférieur à la taxe, le Préfet en donnera les motifs de la manière prescrite par la note précédente.

A.........le..........

Nota. *L'exécutoire et le visa seront apposés au pied des états (ou mémoires) et non sur une*
feuille séparée, à moins qu'il ne reste pas assez d'espace; alors on ajoutera une feuille, et l'on aura
soin de porter au pied de l'état au moins une ligne soit de l'exécutoire, soit du visa.

OBSERVATIONS.

Dans le cas où le ministère public requerrait une diminution de taxe, il donnera son réquisitoire motivé au pied du
certificat de la partie prenante : alors, dans l'exécutoire, au lieu de ces mots, *sur le réquisitoire de, etc.*, on mettra

Le réquisitoire motivé, dans ce cas, a pour but de décharger l'Officier du ministère public, de la responsabilité qui lui est imposée par l'art. 141 du réglement.

TABLE

DES MATIÈRES

CONTENUES DANS CET OUVRAGE.

~~~~~~~~~

FIN DE LA TABLE DES MATIÈRES.

TABLE CHONOLOGIQUE

Des Décrets, Lois, Arrêtés, Avis du Conseil-d'État et Réglemens contenus dans cet ouvrage.

DATES.	DÉCRETS, LOIS, ARRÊTÉS, etc.
An 11.	
2 nivôse . . .	Arrêté (Extrait de l') qui fixe le costume des Membres de tous les Tribunaux (1).
An 13.	
25 nivôse. . .	Loi relative aux cautionnemens. 266
28 nivôse. . .	Loi relative aux consignations. 269
13 pluviôse. .	Décret impérial (Extrait du) concernant les saisies-arrêt qui peuvent être formées sur les sommes dues par l'administration de l'enregistrement. 276
2 ventôse . .	Loi (Extrait de la) relative aux cautionnemens. *Ibid.*
3 ventôse . .	Avis du Conseil-d'État sur la nature des fonctions des Huissiers, et sur les cas où ils sont exempts des droits de péage. *Ibid.*
An 14.	
10 brumaire .	Décret impérial concernant les formalités à observer, et le droit d'enregistrement à payer pour les procès-verbaux d'apposition de scellés, d'inventaires, etc. 278
1807.	
16 février. . .	Décret impérial (Extrait du) contenant le tarif des frais et dépens en matière civile. 279
Idem.	Décret qui rend commun à plusieurs cours et tribunaux le tarif des frais et

(1) Cet arrêté ayant été omis dans le supplément, nous allons rapporter ici les dispositions relatives au costume des Huissiers.

Art. 6. Tous les Huissiers porteront un habit noir complet, à la française, avec un manteau de laine noire, revenant par-devant, et de la longueur de l'habit. Ils auront à la main une baguette noire.

FIN.